HARO ASO

1

AUS DEM JAPANISCHEN VON LASSE CHRISTIAN CHRISTIANSEN

Vor zehn Jahren begann ich meine Arbeit an Alice in Borderland. Eigentlich wollte ich wie Ryohei nie wieder in diese grausame Welt zurückkehren, aber das Schicksal hat es wohl so gewollt, dass ich nun diese kleine Fortsetzung zeichne.

Was bedeutet es, zu leben? Was ist ein Leben wert?

Ich bin nun 40 Jahre alt und werde nun mit diesen Gedanken im Borderland ein Retry versuchen.

Haro Aso

ALICE IN BORDERLAND RETRY 1

INHALT

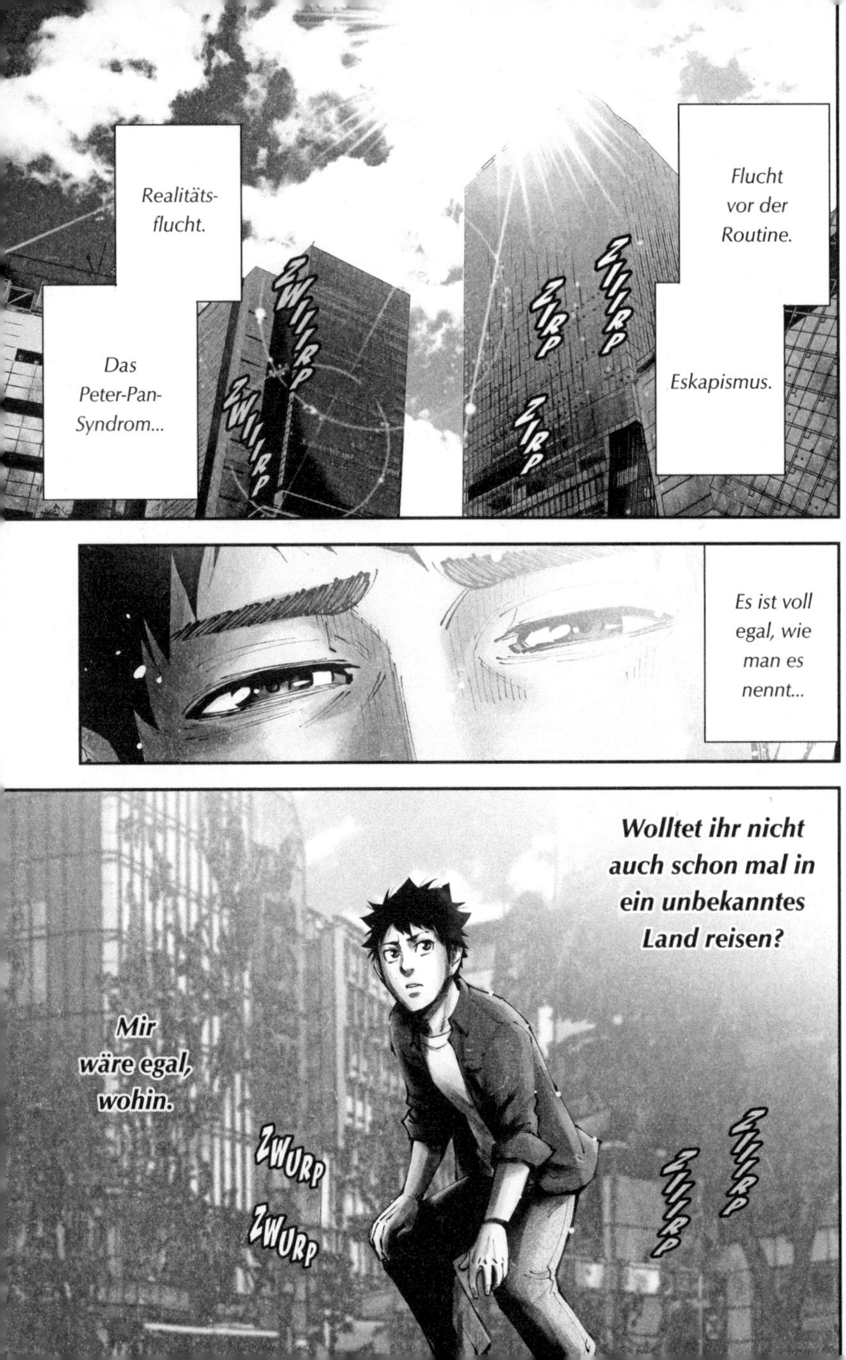
Flucht vor der Routine.
Eskapismus.
ZIIIRP
ZIRP
ZIRP
Realitätsflucht.
Das Peter-Pan-Syndrom...
ZWIIIRP
ZWIIIRP
Es ist voll egal, wie man es nennt...
Wolltet ihr nicht auch schon mal in ein unbekanntes Land reisen?
ZIIIRP
ZIIIRP
ZWURP
ZWURP
Mir wäre egal, wohin.

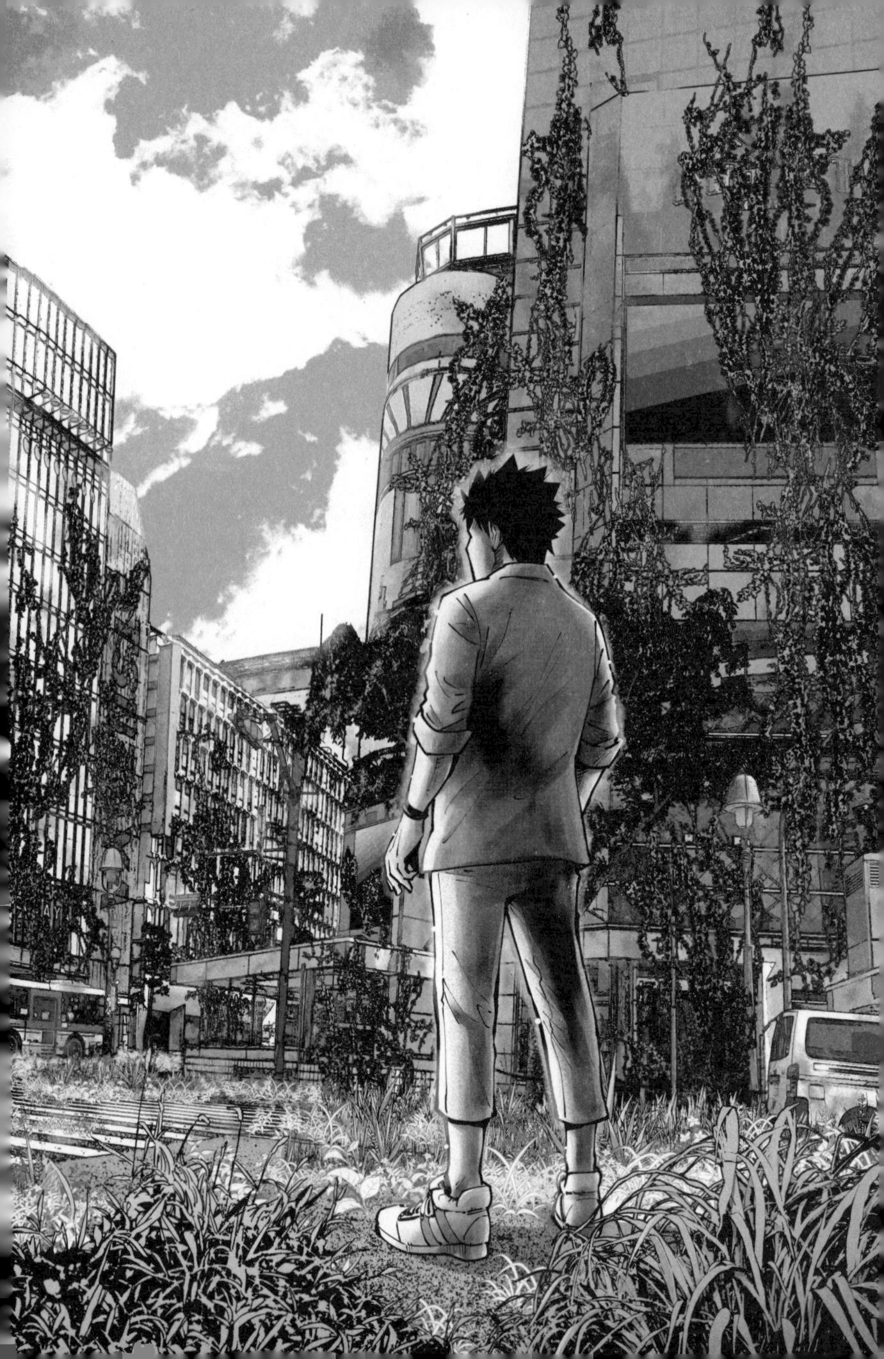

KAPITEL 1: HERZ NEUN - TEIL 1

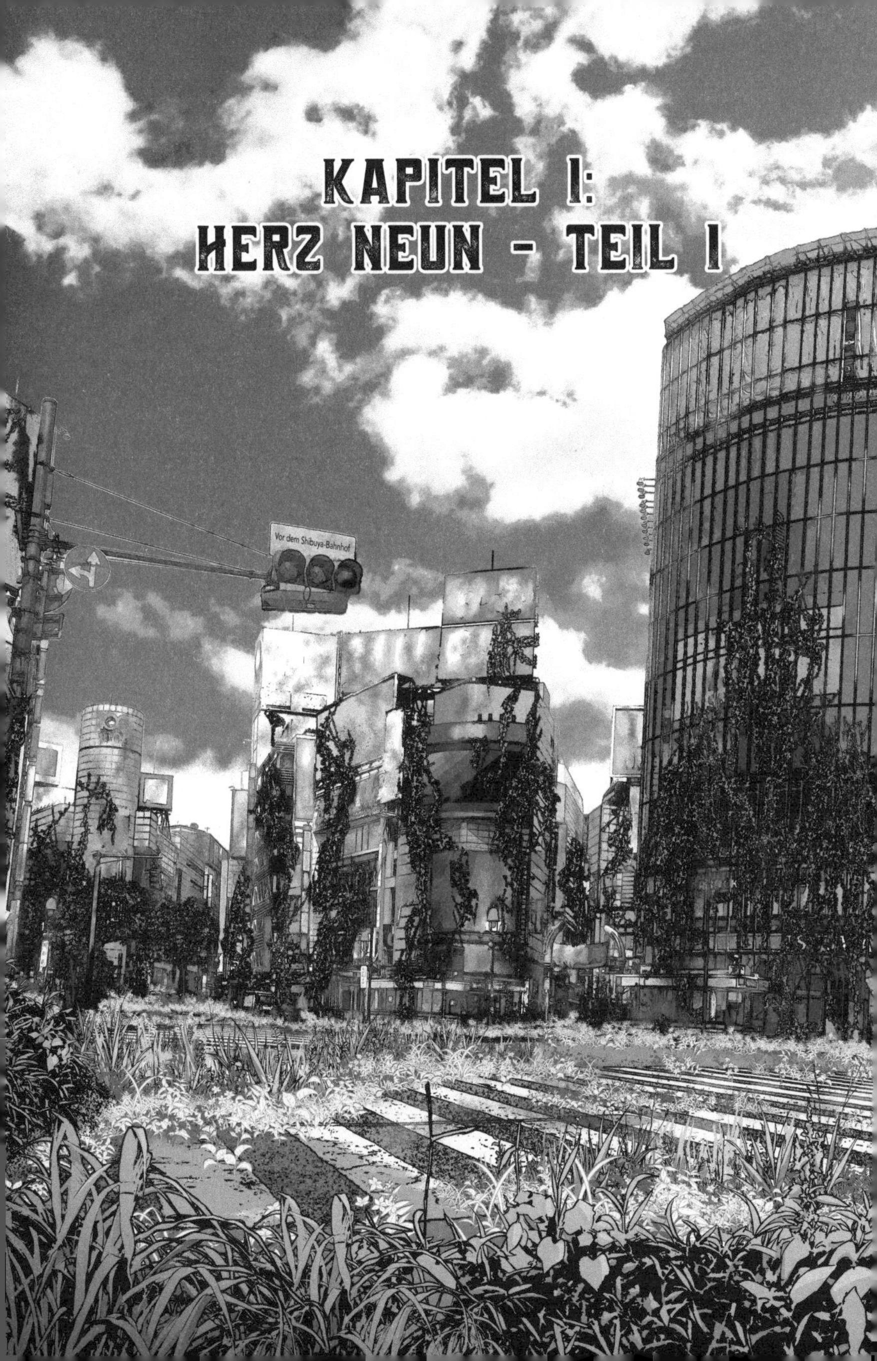

ALICE
IN BORDERLAND RETRY

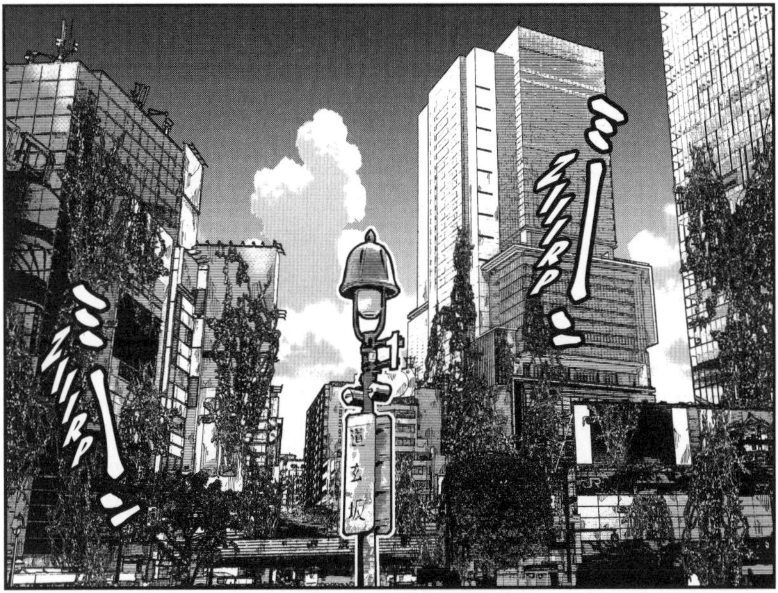
ZIIIRP
ZIIIRP
道玄坂

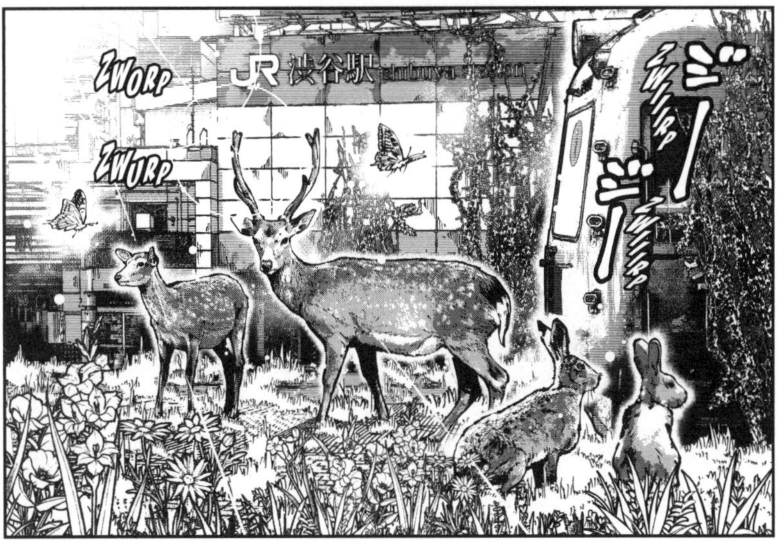
JR 渋谷駅
ZWORP
ZWURP
ZWIIIRP
ZWIIIRP

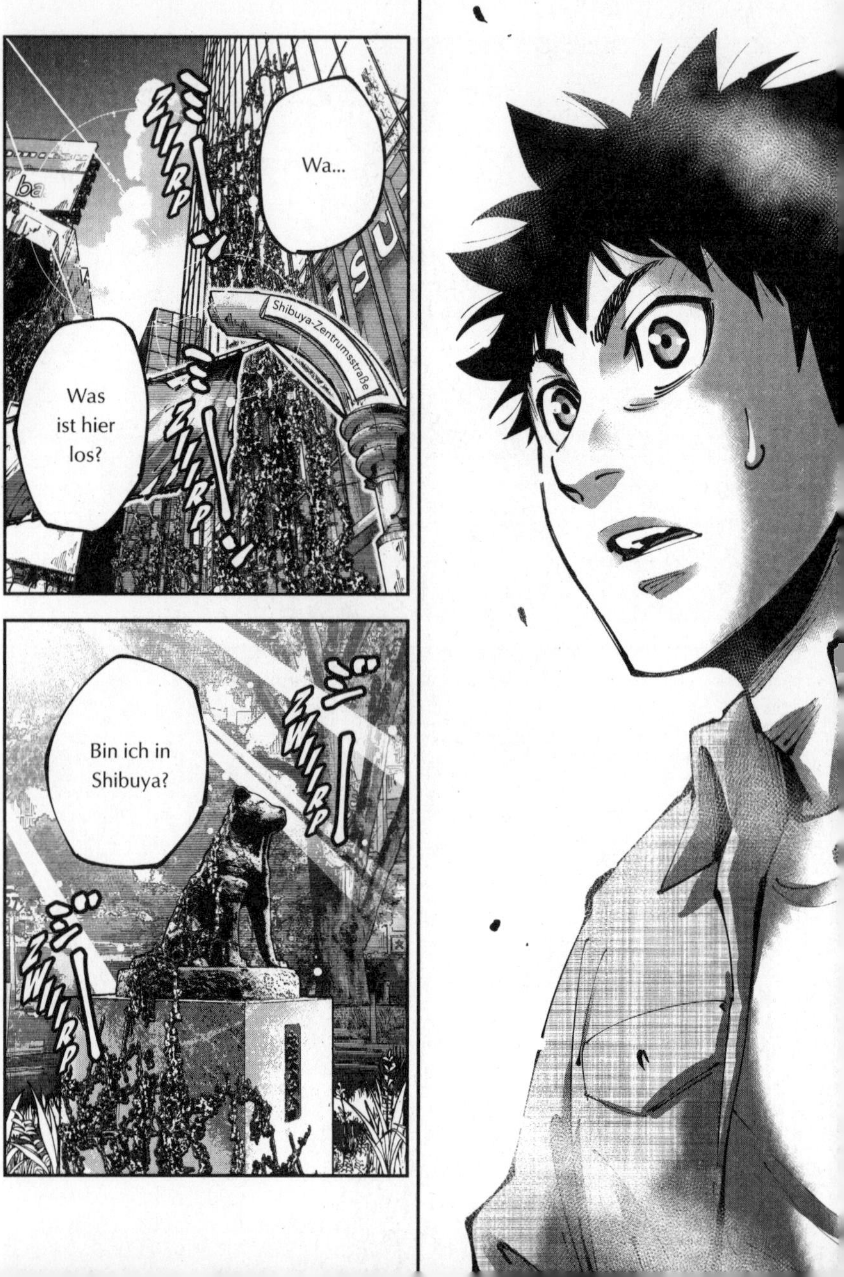
ZIIIRP
Wa...
Shibuya-Zentrumsstraße
ZIIIRP
Was ist hier los?
ZWIIIRP
Bin ich in Shibuya?
ZWIIIRP

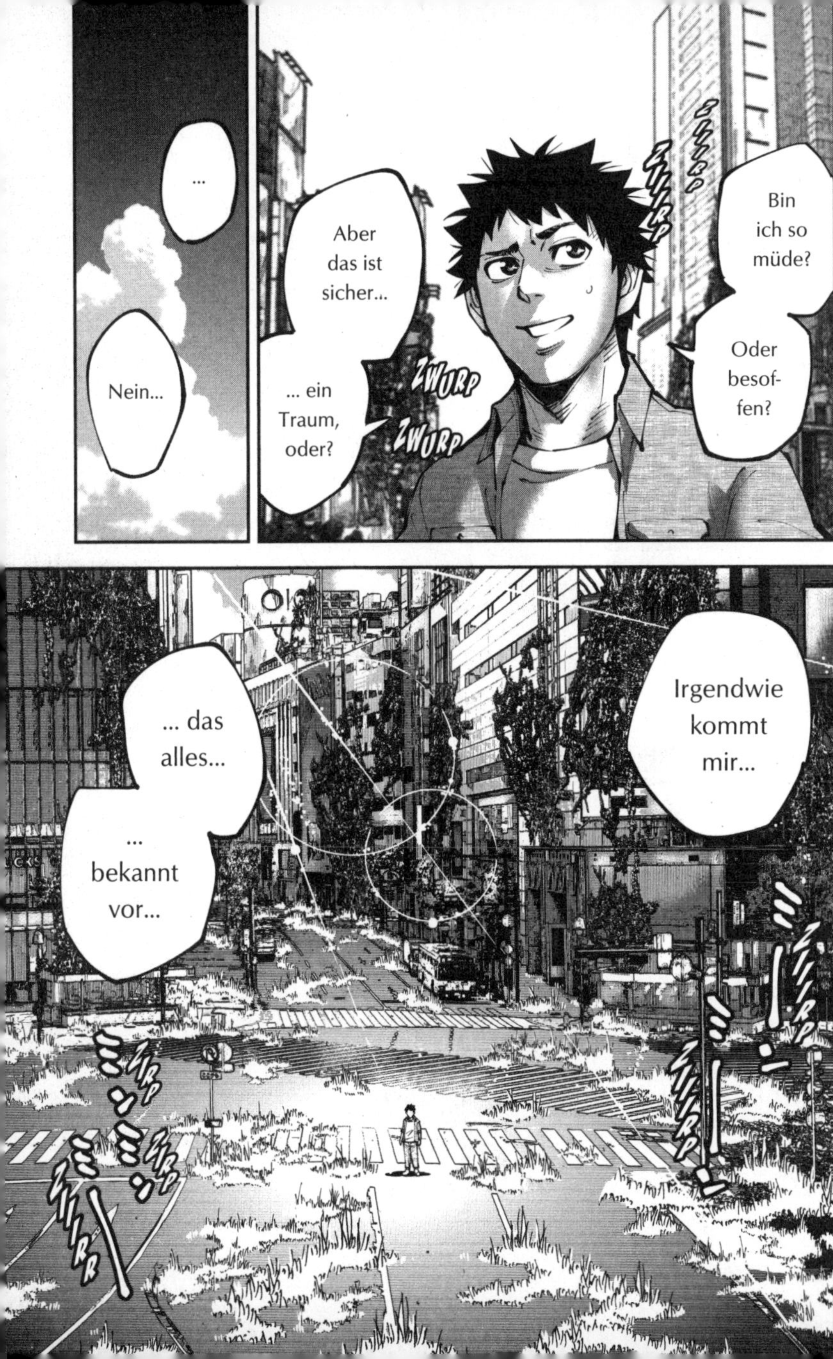

Bin ich so müde?
Oder besoffen?
ZWURP
ZWURP
Aber das ist sicher...
... ein Traum, oder?
...
Nein...
Irgendwie kommt mir...
... das alles...
... bekannt vor...

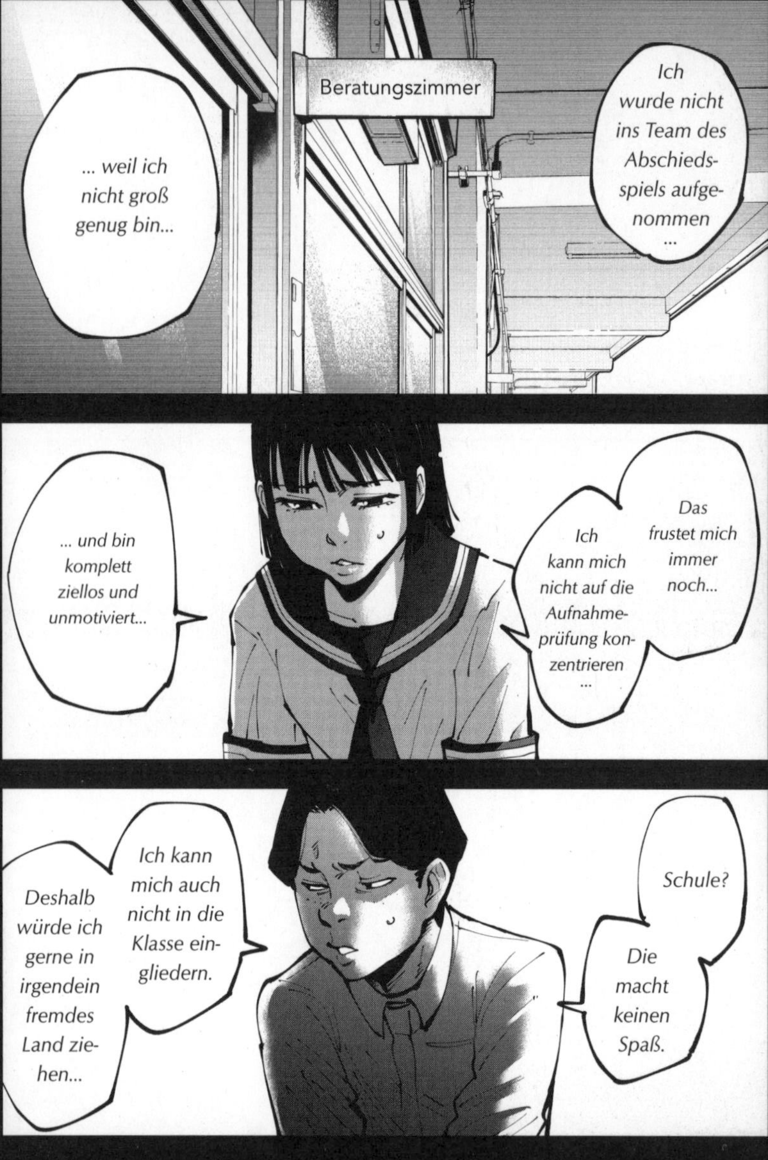
Beratungszimmer
Ich wurde nicht ins Team des Abschiedsspiels aufgenommen ...
... weil ich nicht groß genug bin...
Das frustet mich immer noch...
Ich kann mich nicht auf die Aufnahmeprüfung konzentrieren ...
... und bin komplett ziellos und unmotiviert...
Schule?
Die macht keinen Spaß.
Ich kann mich auch nicht in die Klasse eingliedern.
Deshalb würde ich gerne in irgendein fremdes Land ziehen...

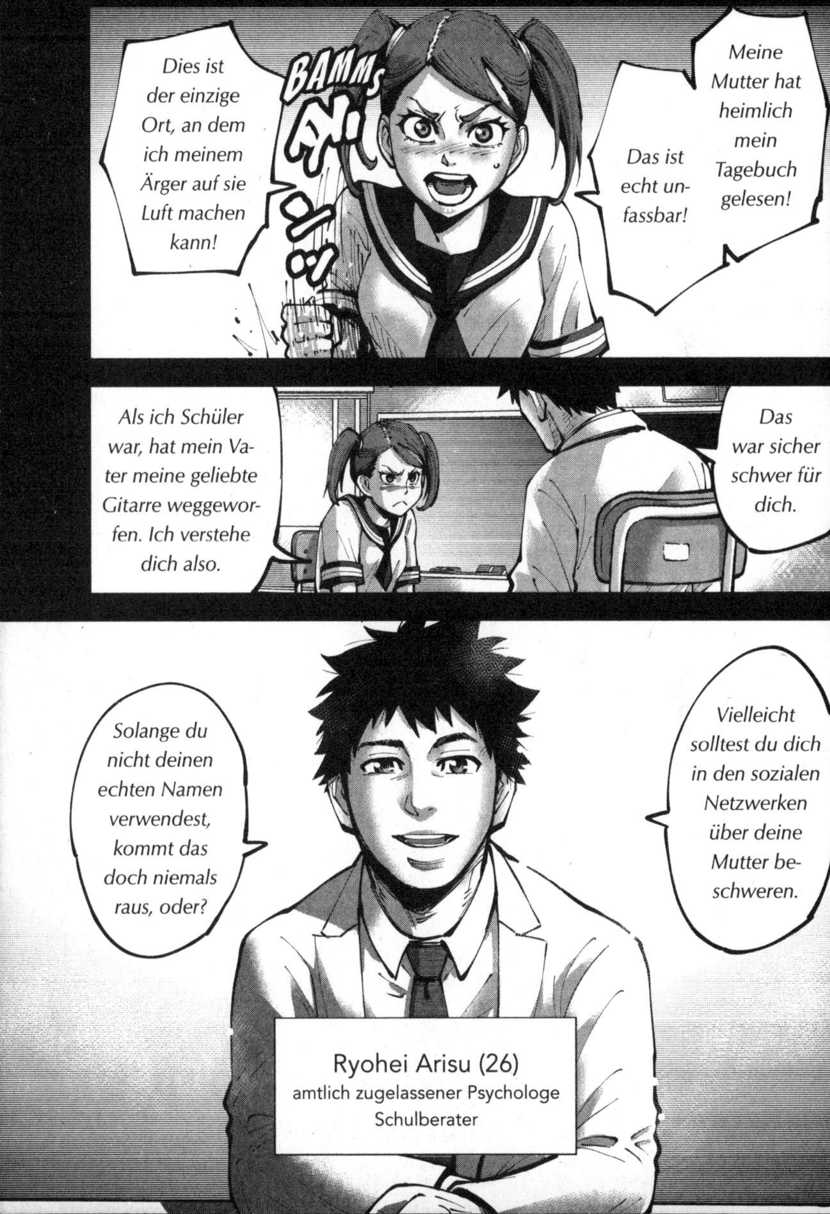
Meine Mutter hat heimlich mein Tagebuch gelesen!
Das ist echt unfassbar!
BAMMS
Dies ist der einzige Ort, an dem ich meinem Ärger auf sie Luft machen kann!
Das war sicher schwer für dich.
Als ich Schüler war, hat mein Vater meine geliebte Gitarre weggeworfen. Ich verstehe dich also.
Vielleicht solltest du dich in den sozialen Netzwerken über deine Mutter beschweren.
Solange du nicht deinen echten Namen verwendest, kommt das doch niemals raus, oder?
Ryohei Arisu (26)
amtlich zugelassener Psychologe
Schulberater

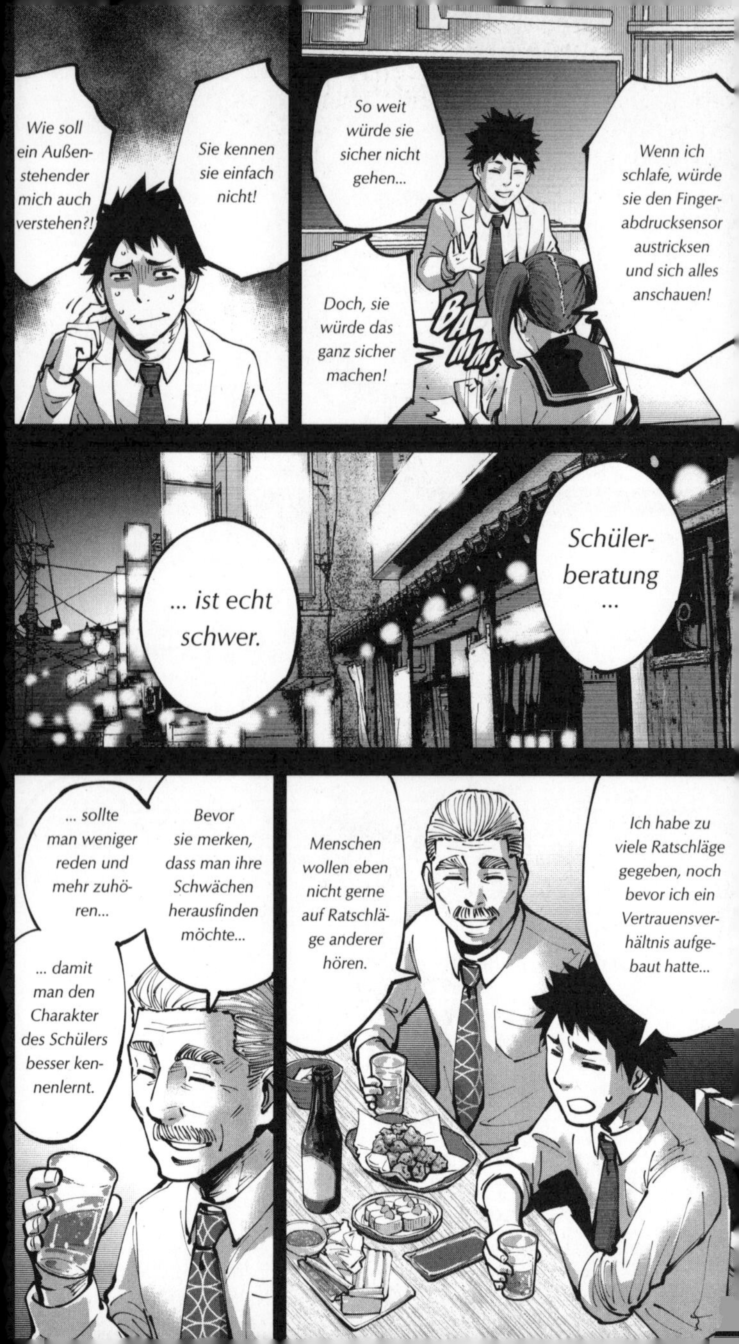
Wenn ich schlafe, würde sie den Fingerabdrucksensor austricksen und sich alles anschauen!
So weit würde sie sicher nicht gehen...
BAMMS
Doch, sie würde das ganz sicher machen!
Sie kennen sie einfach nicht!
Wie soll ein Außenstehender mich auch verstehen?!
Schülerberatung ...
... ist echt schwer.
Ich habe zu viele Ratschläge gegeben, noch bevor ich ein Vertrauensverhältnis aufgebaut hatte...
Menschen wollen eben nicht gerne auf Ratschläge anderer hören.
Bevor sie merken, dass man ihre Schwächen herausfinden möchte...
... sollte man weniger reden und mehr zuhören...
... damit man den Charakter des Schülers besser kennenlernt.

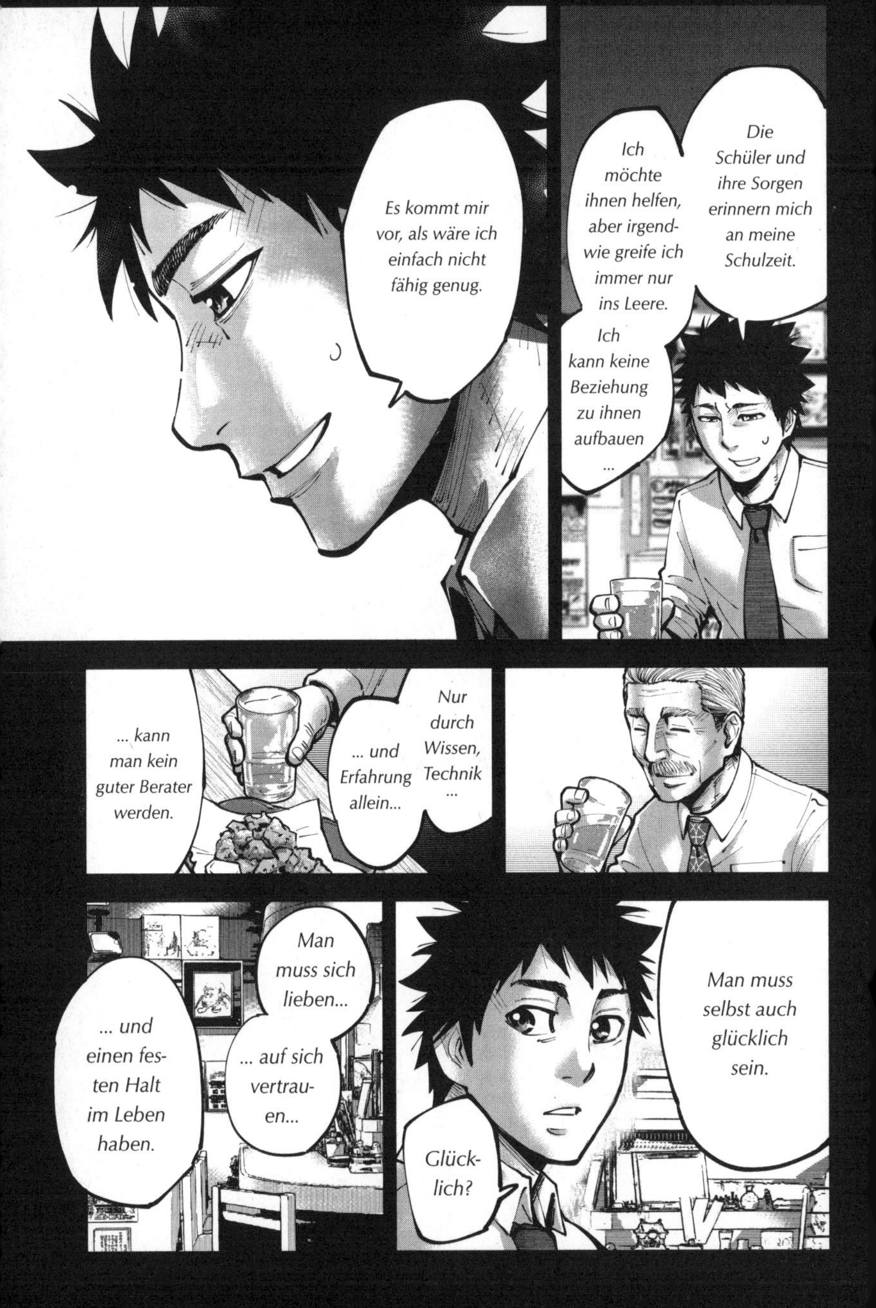
Die Schüler und ihre Sorgen erinnern mich an meine Schulzeit.
Ich möchte ihnen helfen, aber irgend-wie greife ich immer nur ins Leere.
Ich kann keine Beziehung zu ihnen aufbauen ...
Es kommt mir vor, als wäre ich einfach nicht fähig genug.
Nur durch Wissen, Technik ...
... und Erfahrung allein...
... kann man kein guter Berater werden.
Man muss selbst auch glücklich sein.
Glück-lich?
Man muss sich lieben...
... auf sich vertrau-en...
... und einen fes-ten Halt im Leben haben.

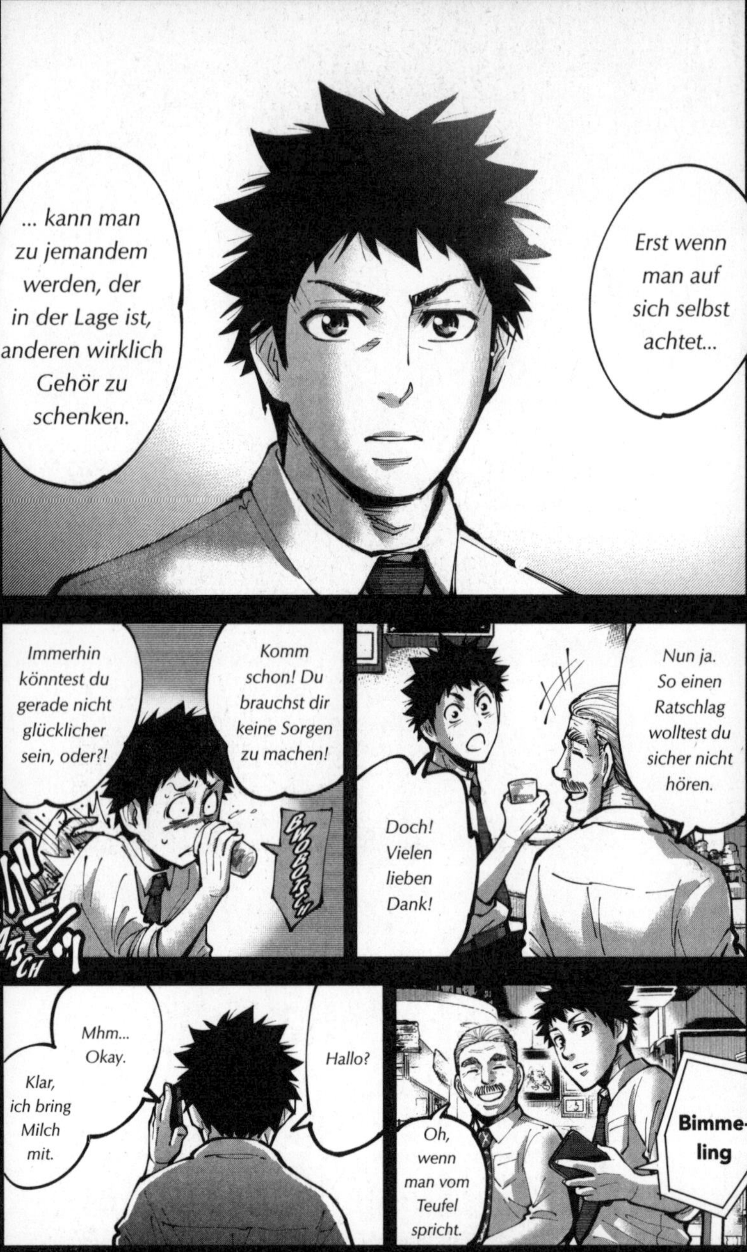
Erst wenn man auf sich selbst achtet...
... kann man zu jemandem werden, der in der Lage ist, anderen wirklich Gehör zu schenken.
Nun ja. So einen Ratschlag wolltest du sicher nicht hören.
Doch! Vielen lieben Dank!
Komm schon! Du brauchst dir keine Sorgen zu machen!
BWOBOTSCH
Immerhin könntest du gerade nicht glücklicher sein, oder?!
BATSCH
Bimmeling
Oh, wenn man vom Teufel spricht.
Hallo?
Mhm... Okay.
Klar, ich bring Milch mit.

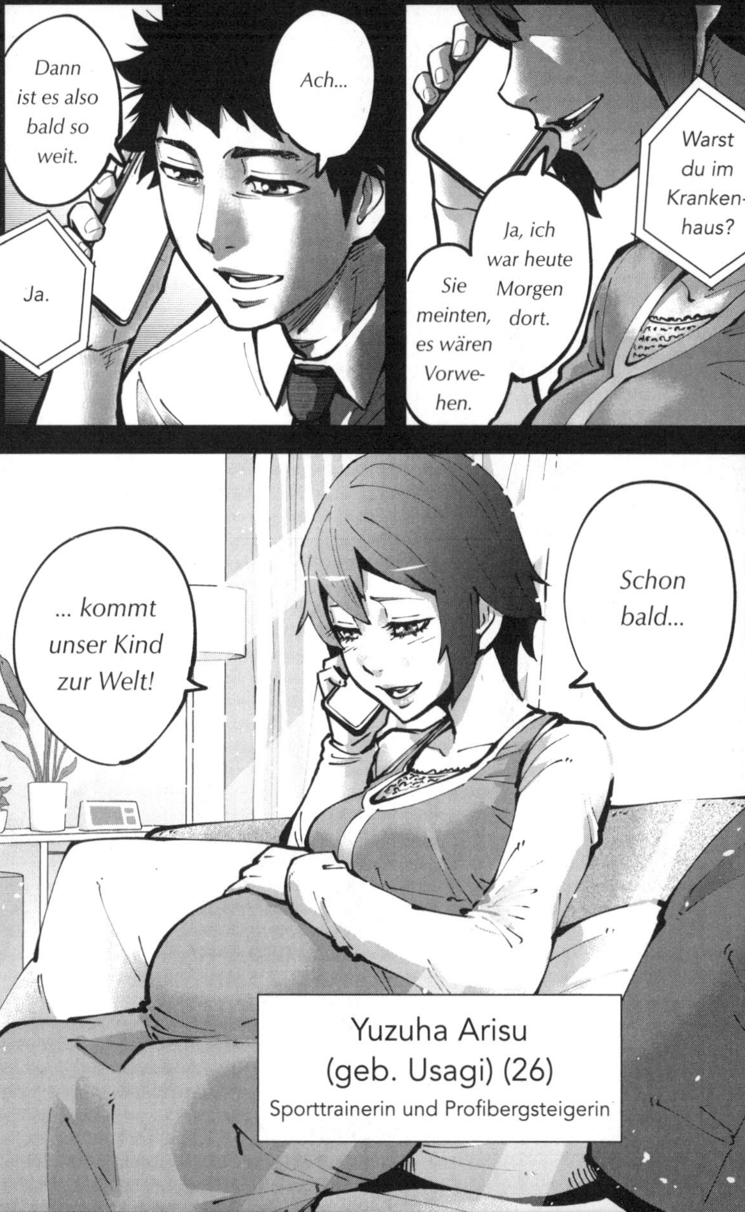
Warst du im Kranken-haus?
Ja, ich war heute Morgen dort.
Sie meinten, es wären Vorwe-hen.
Ach...
Dann ist es also bald so weit.
Ja.
Schon bald...
... kommt unser Kind zur Welt!
Yuzuha Arisu (geb. Usagi) (26)
Sporttrainerin und Profibergsteigerin

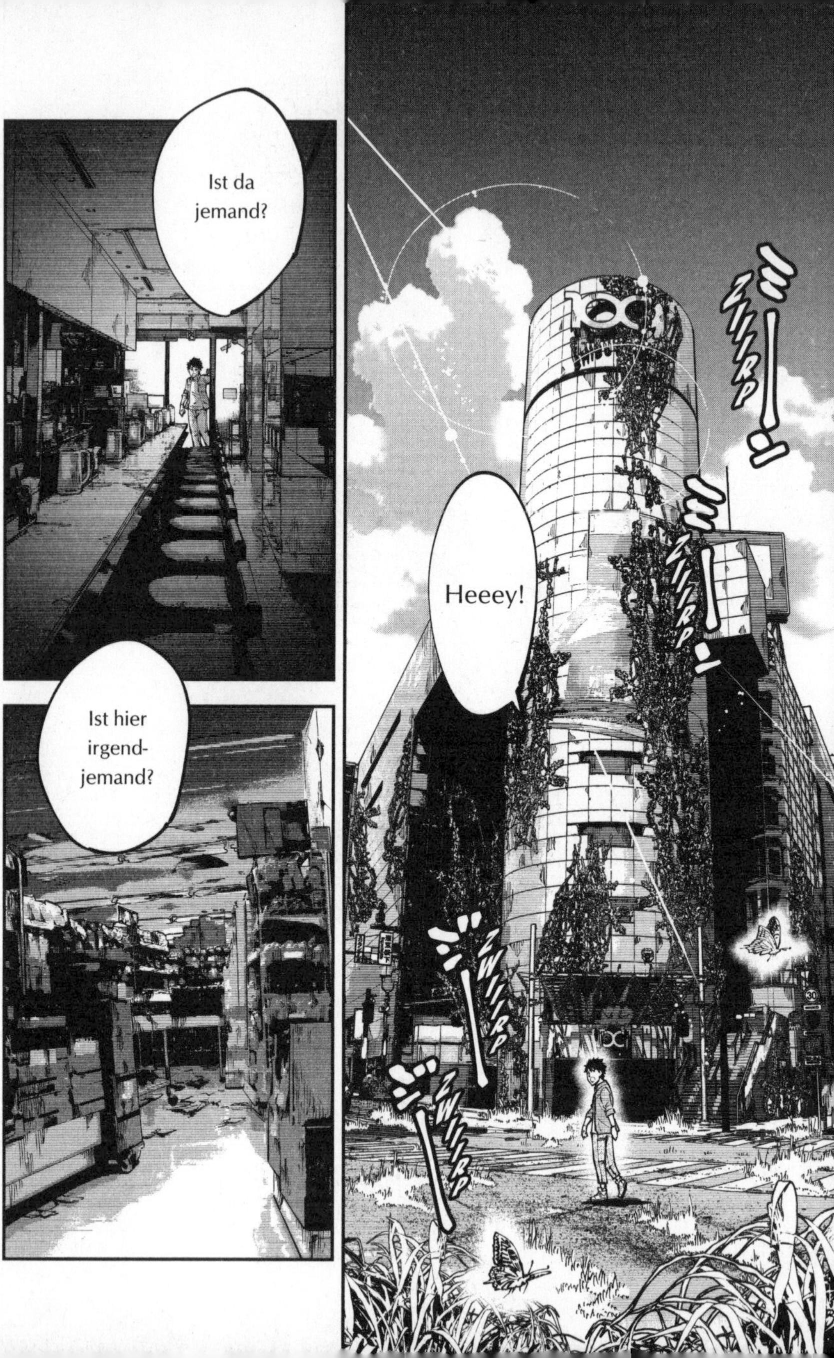
ZIIIRP
ZIIIRP
Heeey!
ZWIIIRP
ZWIIIRP
Ist da jemand?
Ist hier irgend-
jemand?

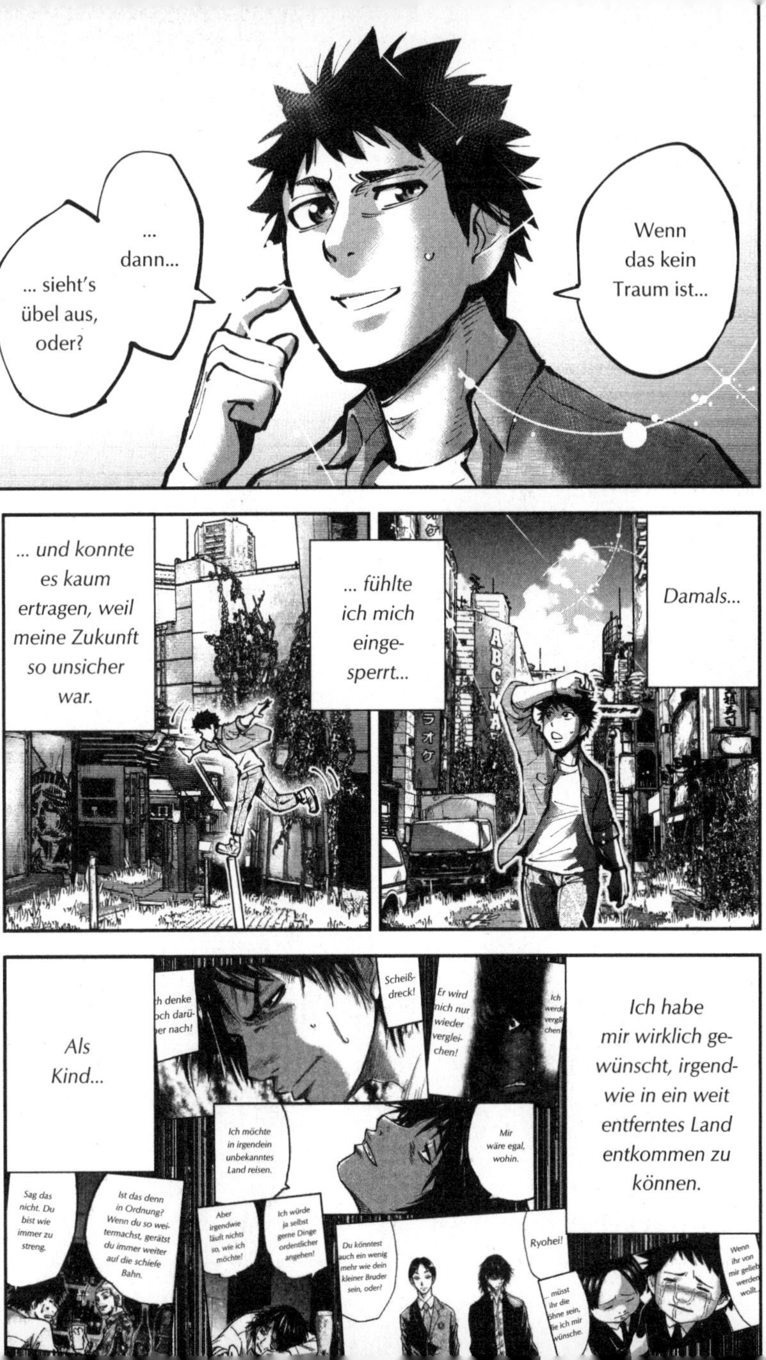

Wenn das kein Traum ist...
... dann...
... sieht's übel aus, oder?
Damals...
... fühlte ich mich einge- sperrt...
... und konnte es kaum ertragen, weil meine Zukunft so unsicher war.
Ich habe mir wirklich ge- wünscht, irgend- wie in ein weit entferntes Land entkommen zu können.
Als Kind...
Er wird mich nur wieder verglei- chen!
Scheiß- dreck!
Mir wäre egal, wohin.
Ich möchte in irgendein unbekanntes Land reisen.
Ryohei!
Du könntest auch ein wenig mehr wie dein kleiner Bruder sein, oder?
Ich würde ja selbst gerne Dinge ordentlicher angehen!
Aber irgendwie läuft nichts so, wie ich möchte!
Ist das denn in Ordnung? Wenn du so wei- termachst, gerätst du immer weiter auf die schiefe Bahn.
Sag das nicht. Du bist wie immer zu streng.

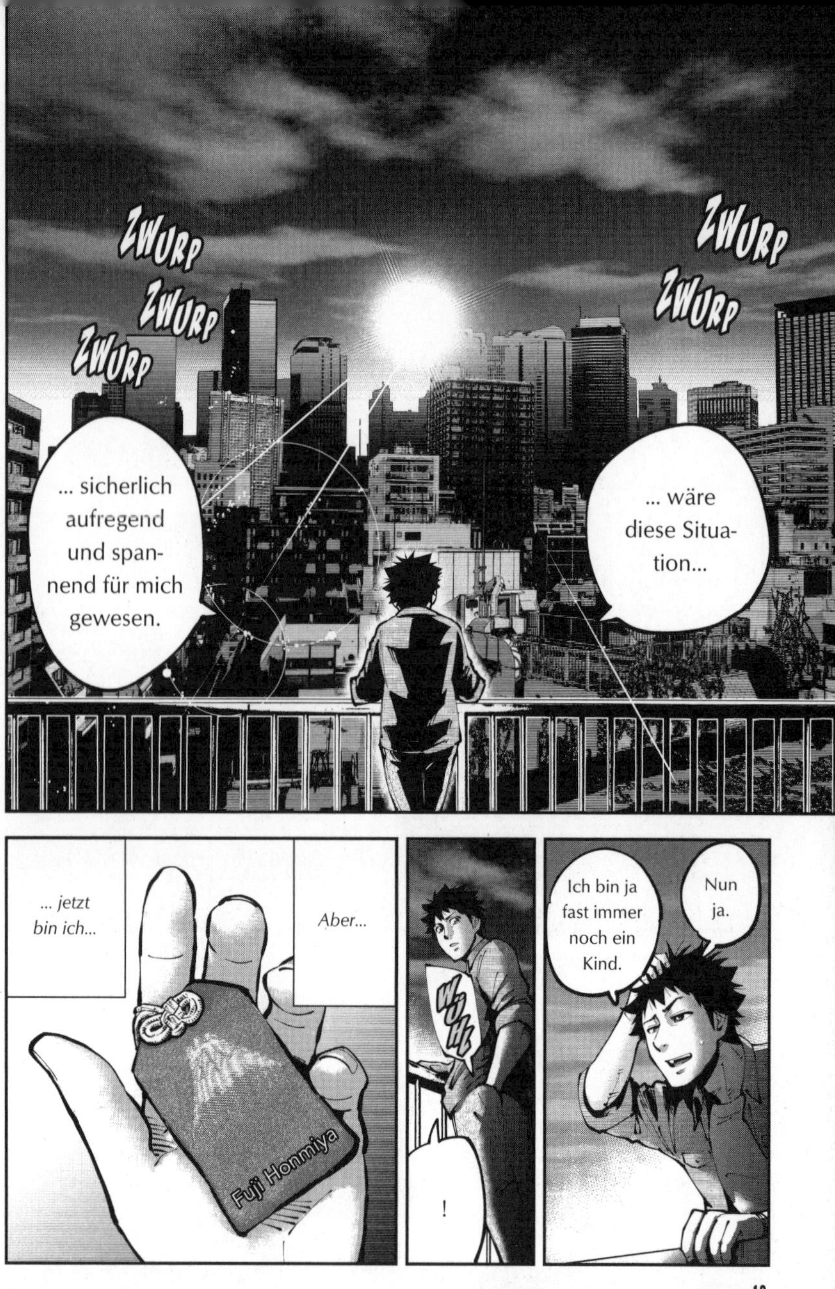
ZWURP
ZWURP
ZWURP
ZWURP
ZWURP
... wäre diese Situation...
... sicherlich aufregend und spannend für mich gewesen.
Nun ja.
Ich bin ja fast immer noch ein Kind.
!
Aber...
... jetzt bin ich...
Fuji Honmiya

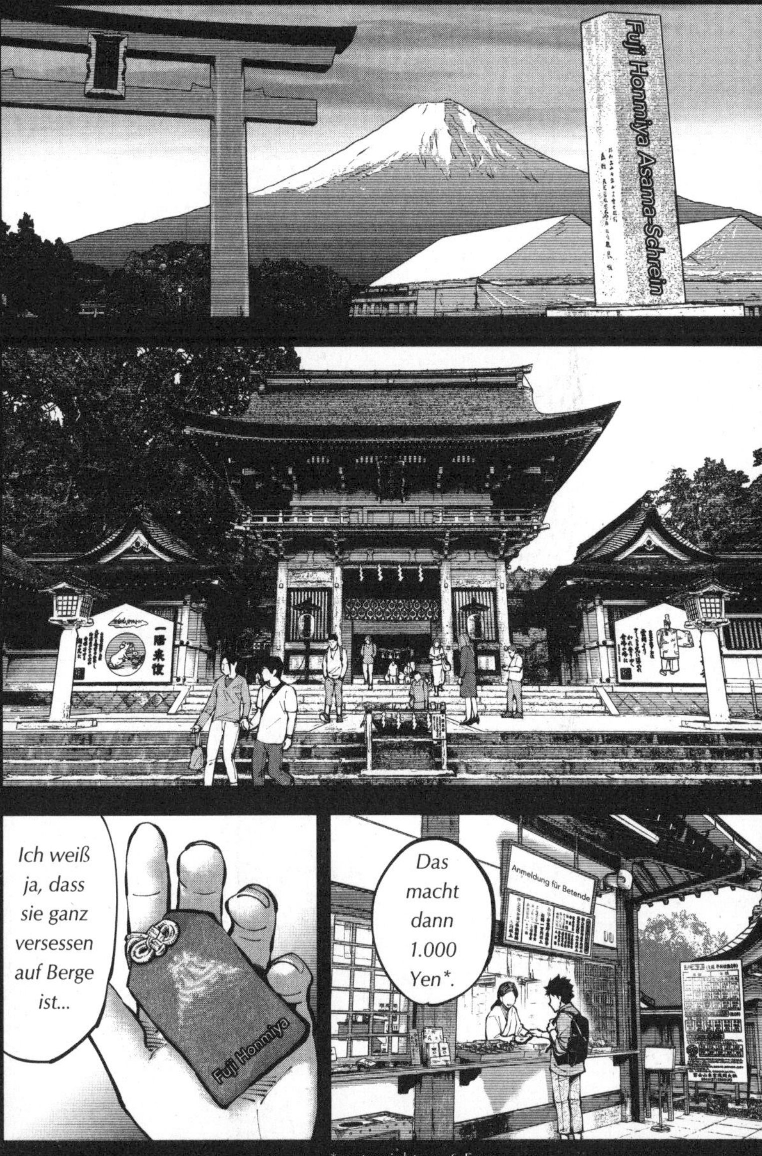

* entspricht ca. 6 Euro

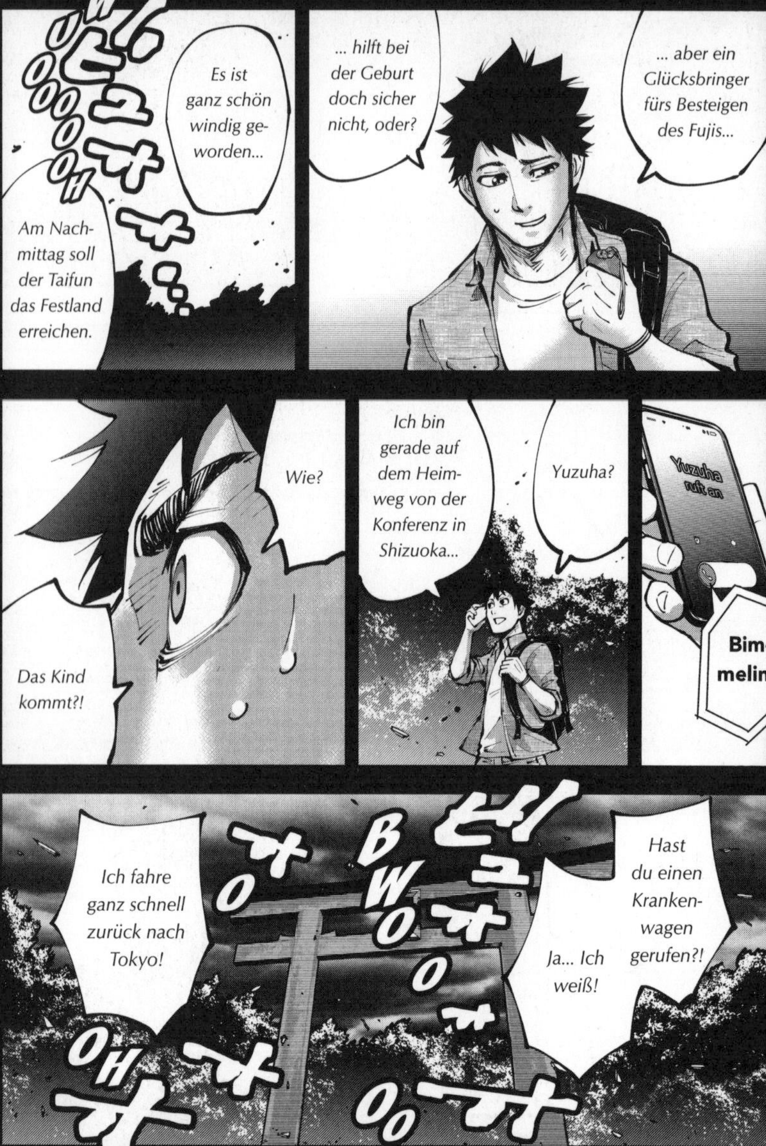
... aber ein Glücksbringer fürs Besteigen des Fujis...
... hilft bei der Geburt doch sicher nicht, oder?
BWOOOOOOOH
Es ist ganz schön windig geworden...
Am Nachmittag soll der Taifun das Festland erreichen.
Yuzuha ruft an
Bimmeling
Yuzuha?
Ich bin gerade auf dem Heimweg von der Konferenz in Shizuoka...
Wie?
Das Kind kommt?!
Hast du einen Krankenwagen gerufen?!
Ja... Ich weiß!
BWOOOO
Ich fahre ganz schnell zurück nach Tokyo!

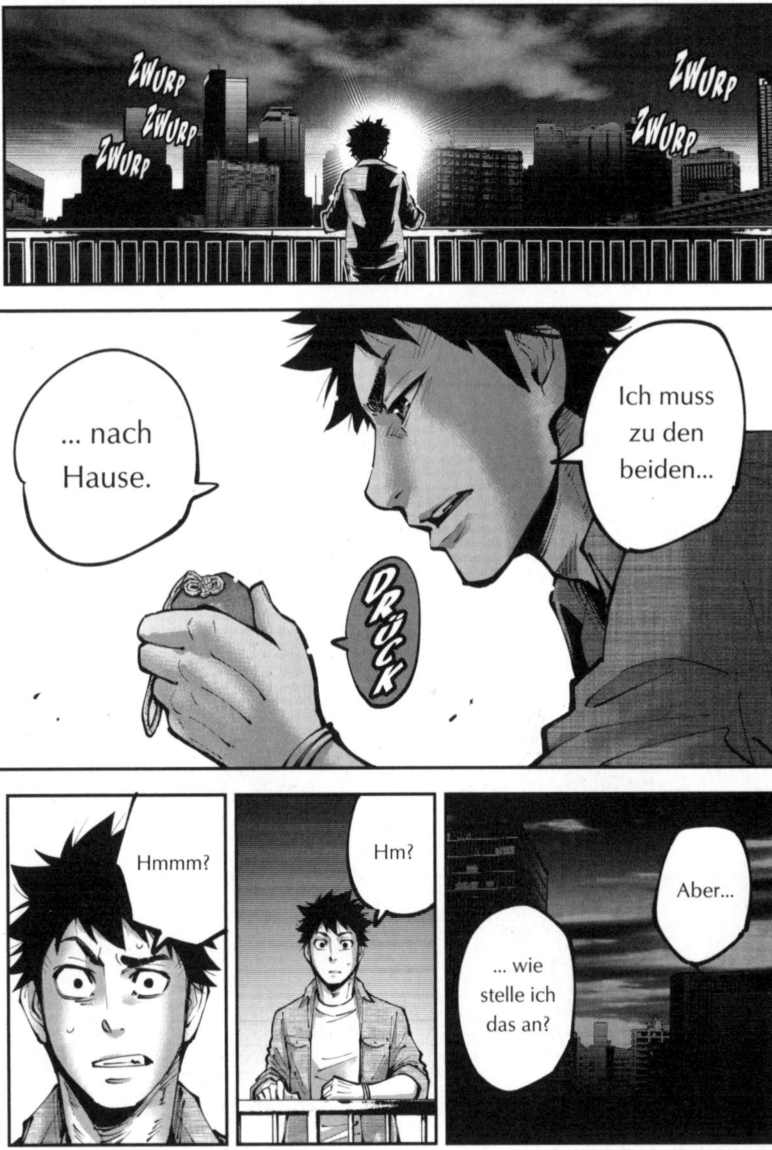
ZWURP
ZWURP
ZWURP
ZWURP
ZWURP
Ich muss zu den beiden...
... nach Hause.
DRÜCK
Aber...
... wie stelle ich das an?
Hm?
Hmmm?

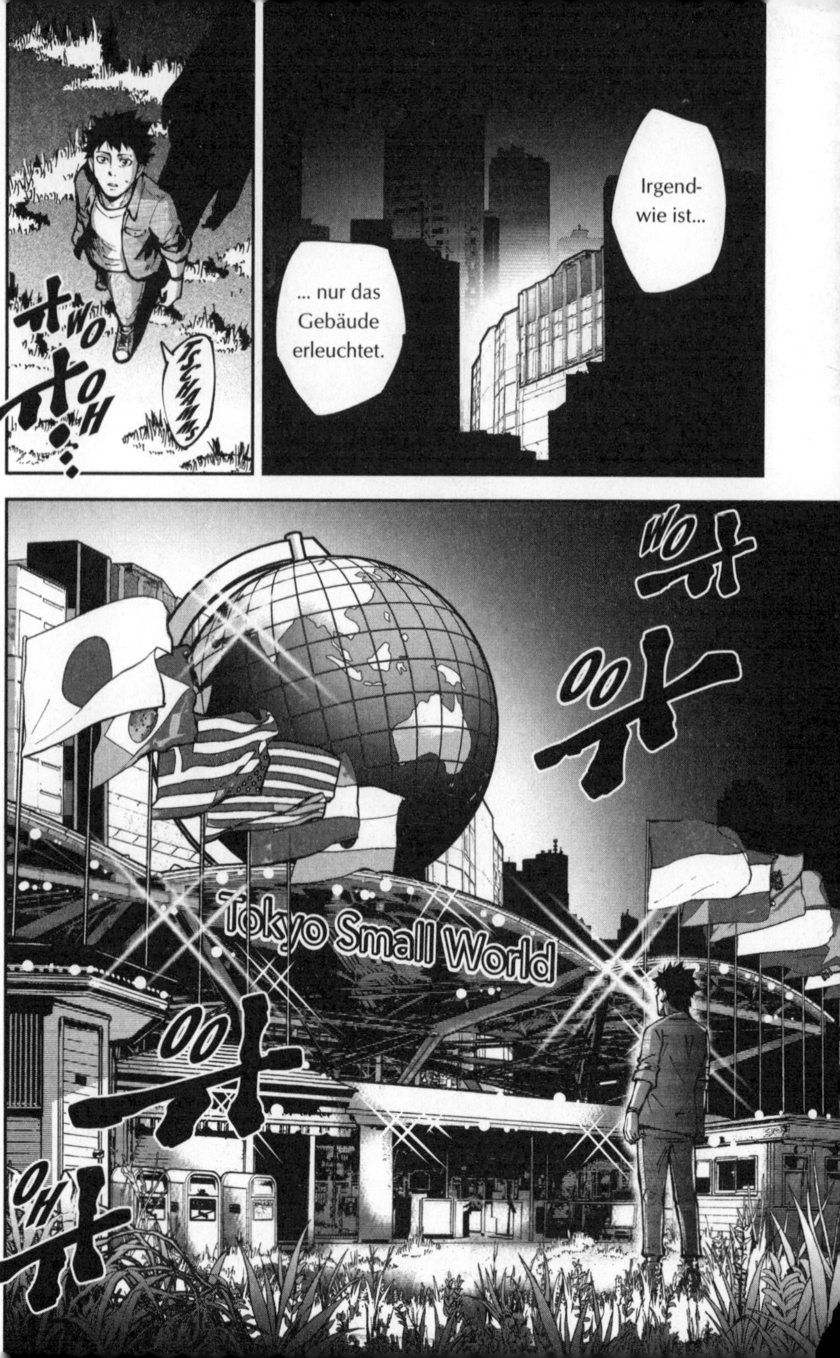
Irgend-
wie ist...
... nur das
Gebäude
erleuchtet.
WOOH...
TSCHAMMS
WO
OO
Tokyo Small World
OO
OH

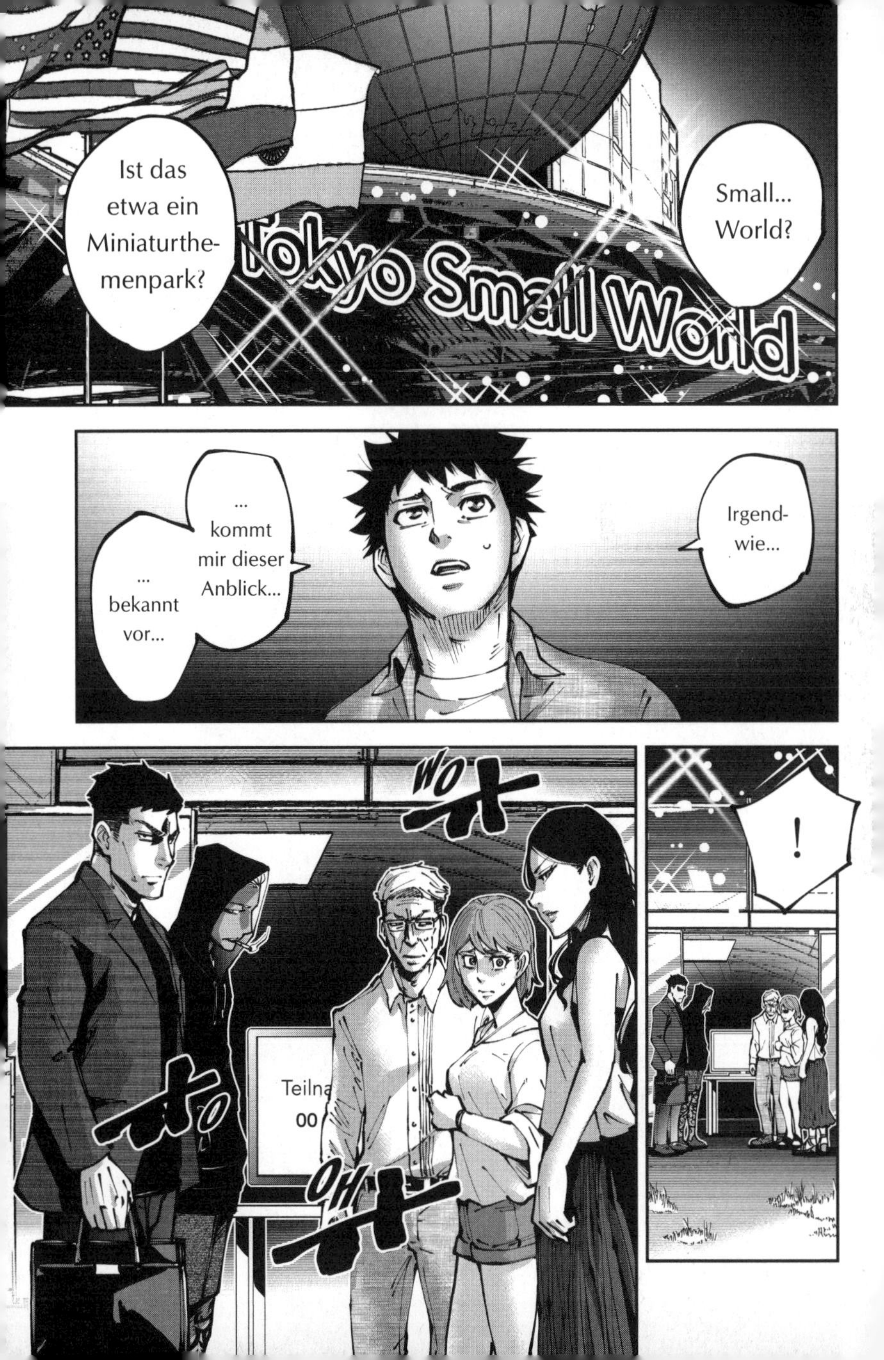
Tokyo Small World
Small... World?
Ist das etwa ein Miniaturthemenpark?
Irgendwie...
... kommt mir dieser Anblick...
... bekannt vor...
!
WO
OH
Teilna
00

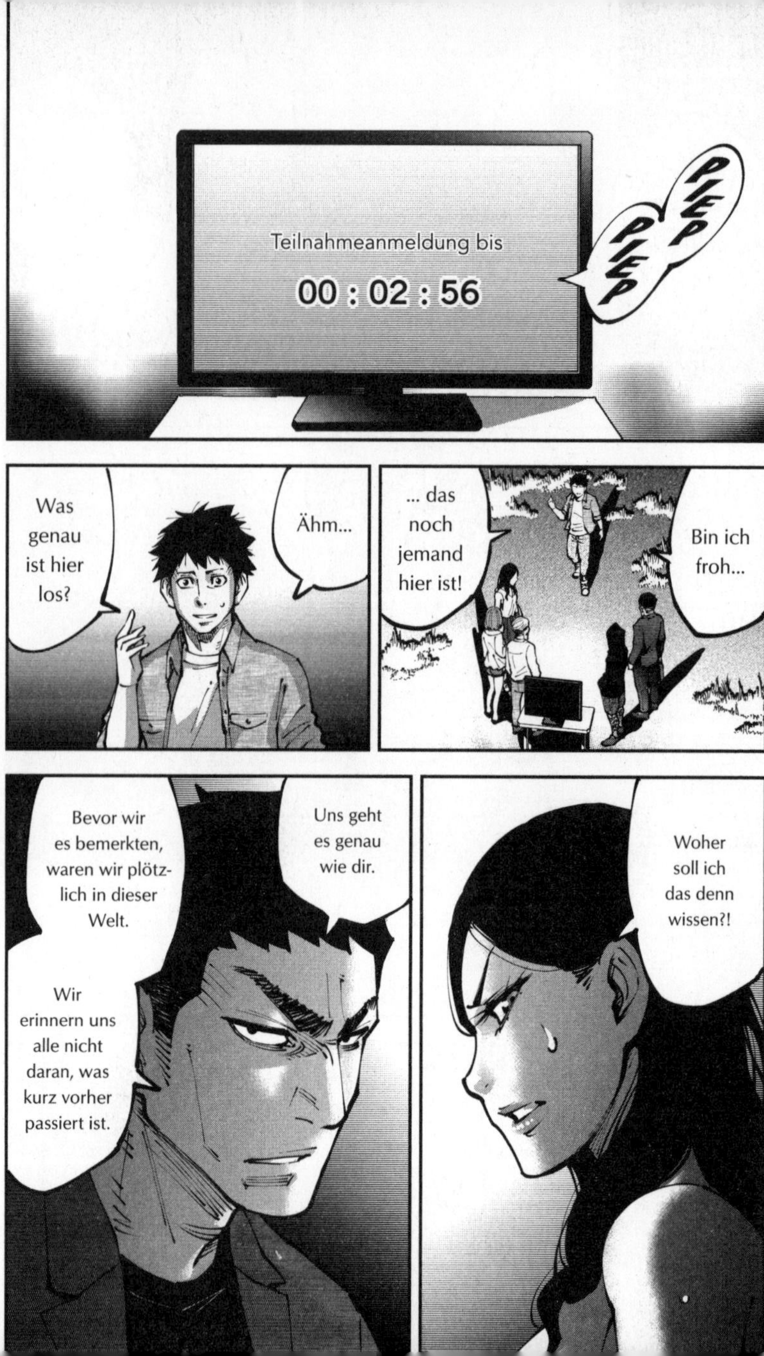
Teilnahmeanmeldung bis
00 : 02 : 56
PIEP PIEP
Bin ich froh...
... das noch jemand hier ist!
Ähm...
Was genau ist hier los?
Woher soll ich das denn wissen?!
Uns geht es genau wie dir.
Bevor wir es bemerkten, waren wir plötzlich in dieser Welt.
Wir erinnern uns alle nicht daran, was kurz vorher passiert ist.

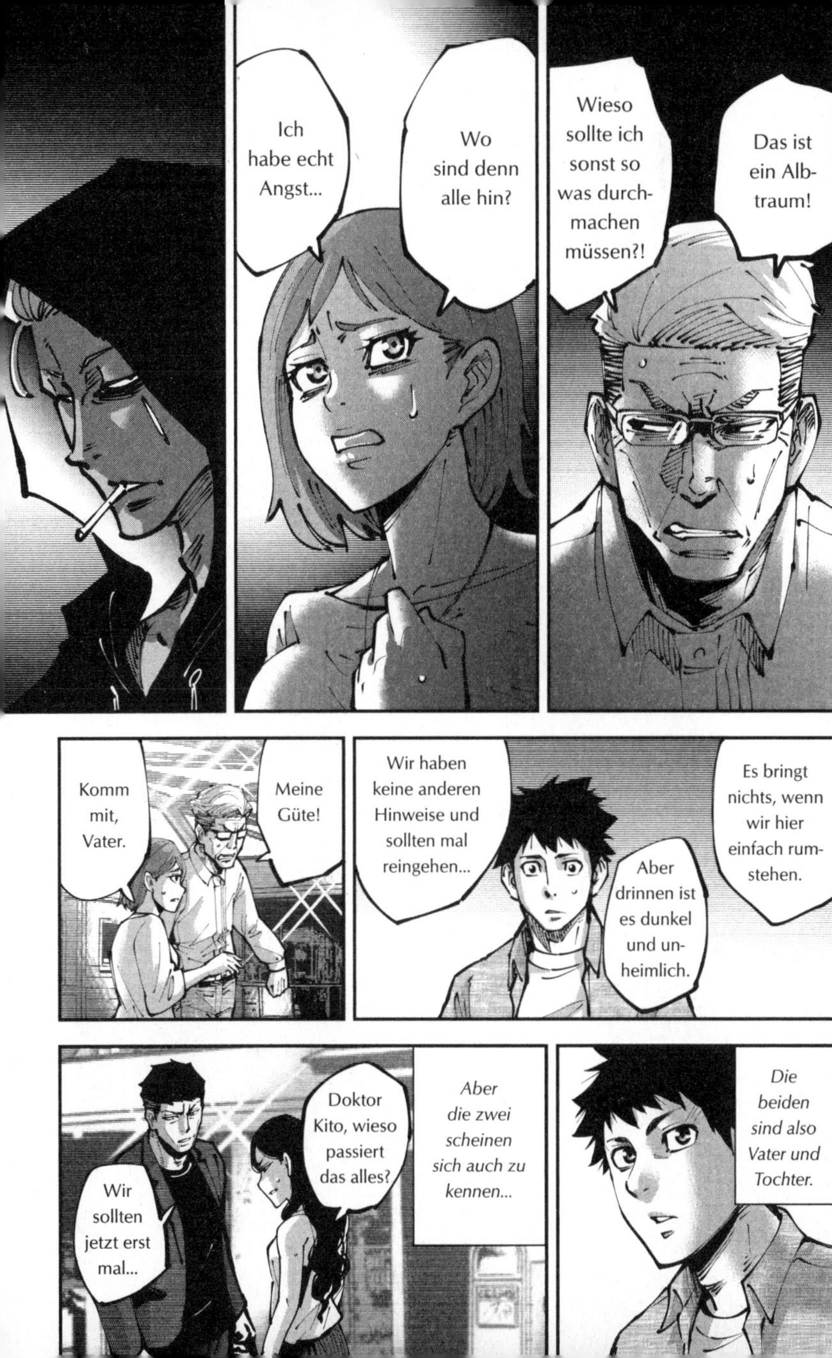
Das ist ein Albtraum!
Wieso sollte ich sonst so was durchmachen müssen?!
Wo sind denn alle hin?
Ich habe echt Angst...
Es bringt nichts, wenn wir hier einfach rumstehen.
Aber drinnen ist es dunkel und unheimlich.
Wir haben keine anderen Hinweise und sollten mal reingehen...
Meine Güte!
Komm mit, Vater.
Die beiden sind also Vater und Tochter.
Aber die zwei scheinen sich auch zu kennen...
Doktor Kito, wieso passiert das alles?
Wir sollten jetzt erst mal...

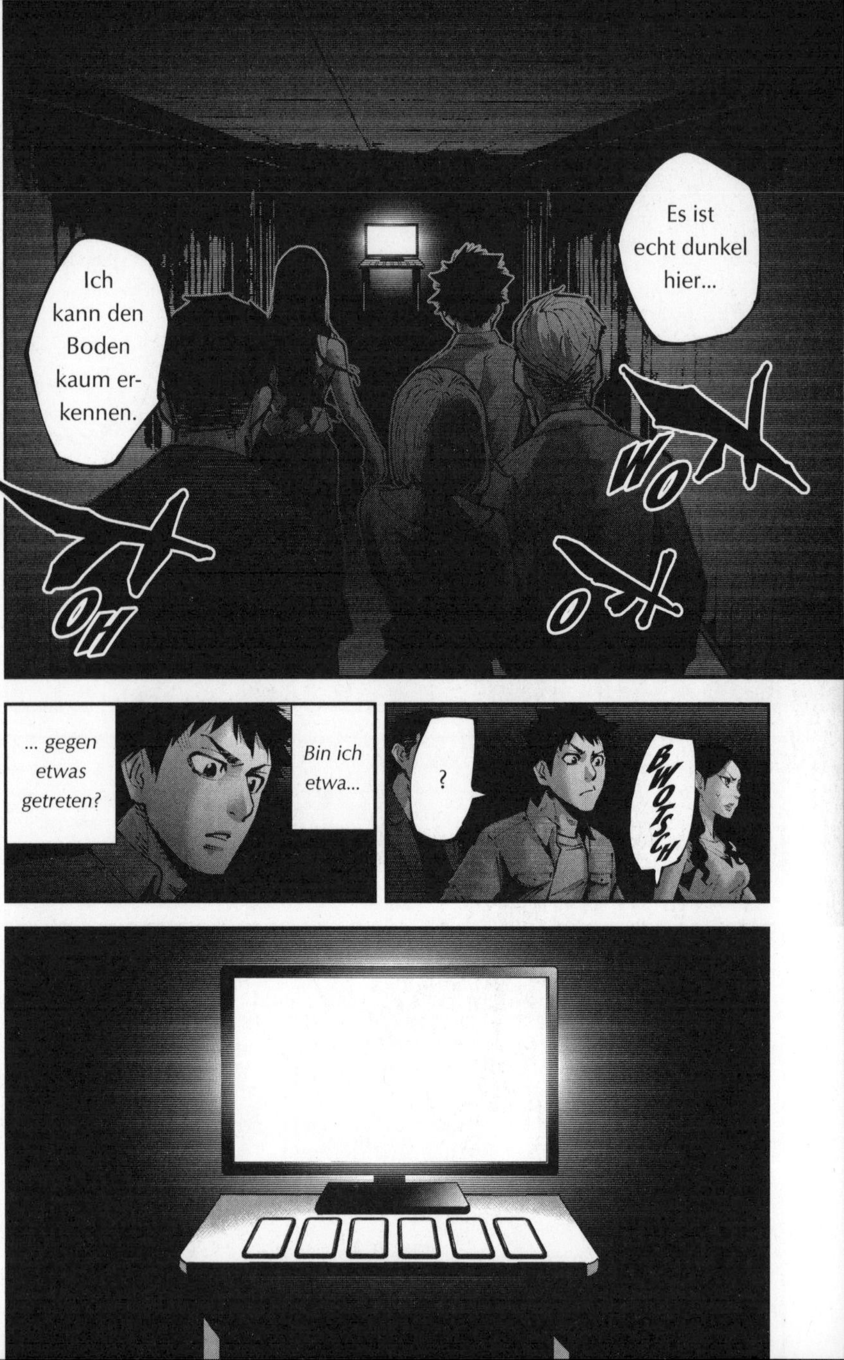
Es ist echt dunkel hier...
Ich kann den Boden kaum erkennen.
?
BWOTSCH
Bin ich etwa...
... gegen etwas getreten?

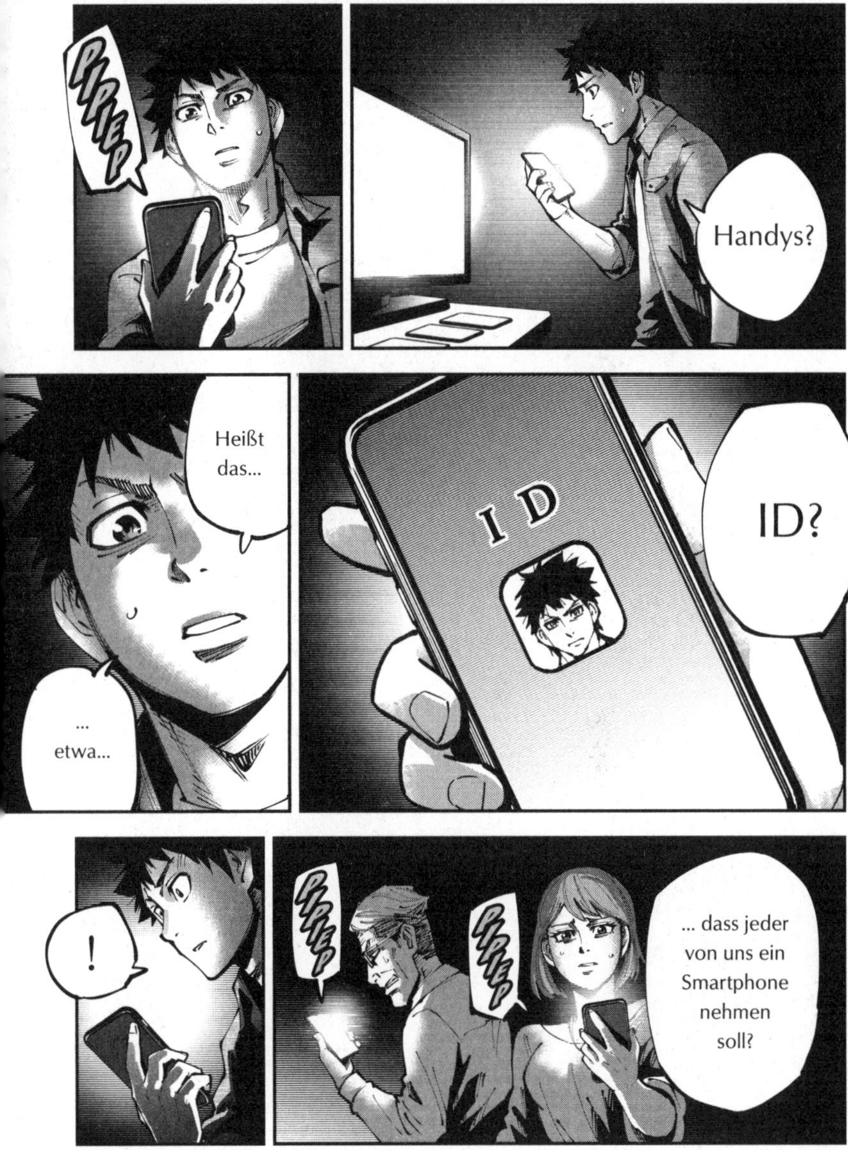
PIPIEP
Handys?
ID?
ID
Heißt das...
... etwa...
... dass jeder von uns ein Smartphone nehmen soll?
PIPIEP
PIPIEP
!

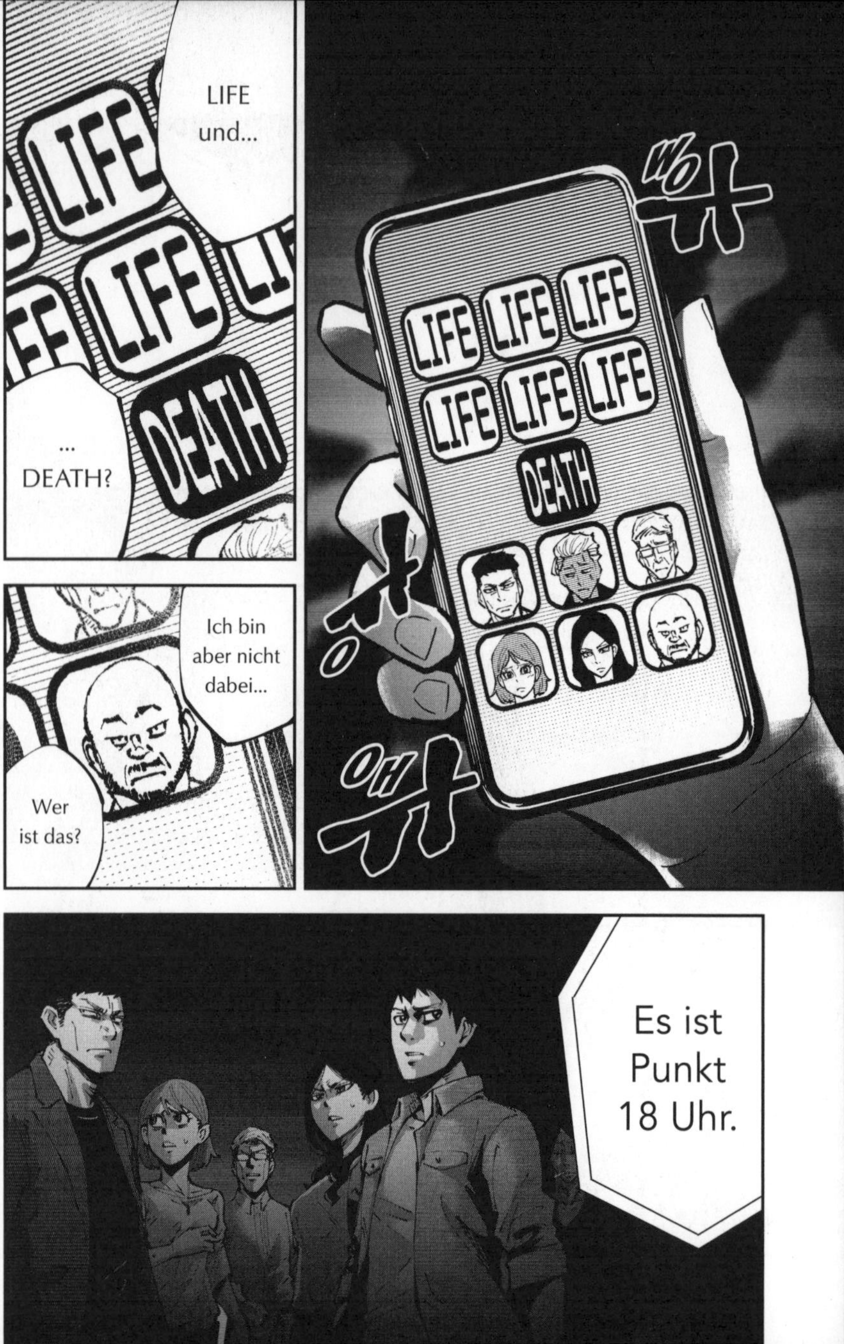
LIFE LIFE LIFE
LIFE LIFE LIFE
DEATH
LIFE und...
... DEATH?
Ich bin aber nicht dabei...
Wer ist das?
Es ist Punkt 18 Uhr.

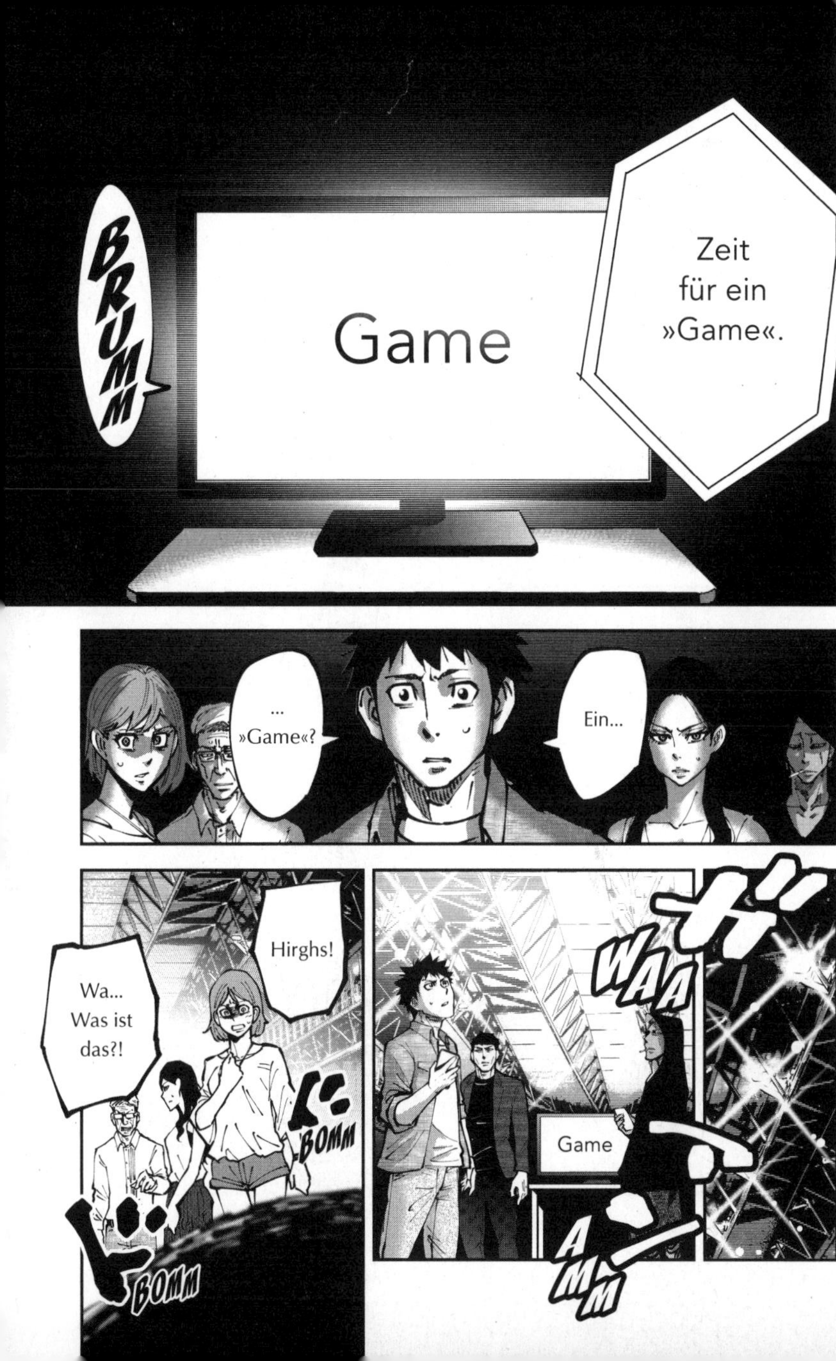
Game
BRUMM
Zeit für ein »Game«.
Ein...
... »Game«?
WAAA
Game
AMMM
Hirghs!
Wa... Was ist das?!
BOMM
BOMM

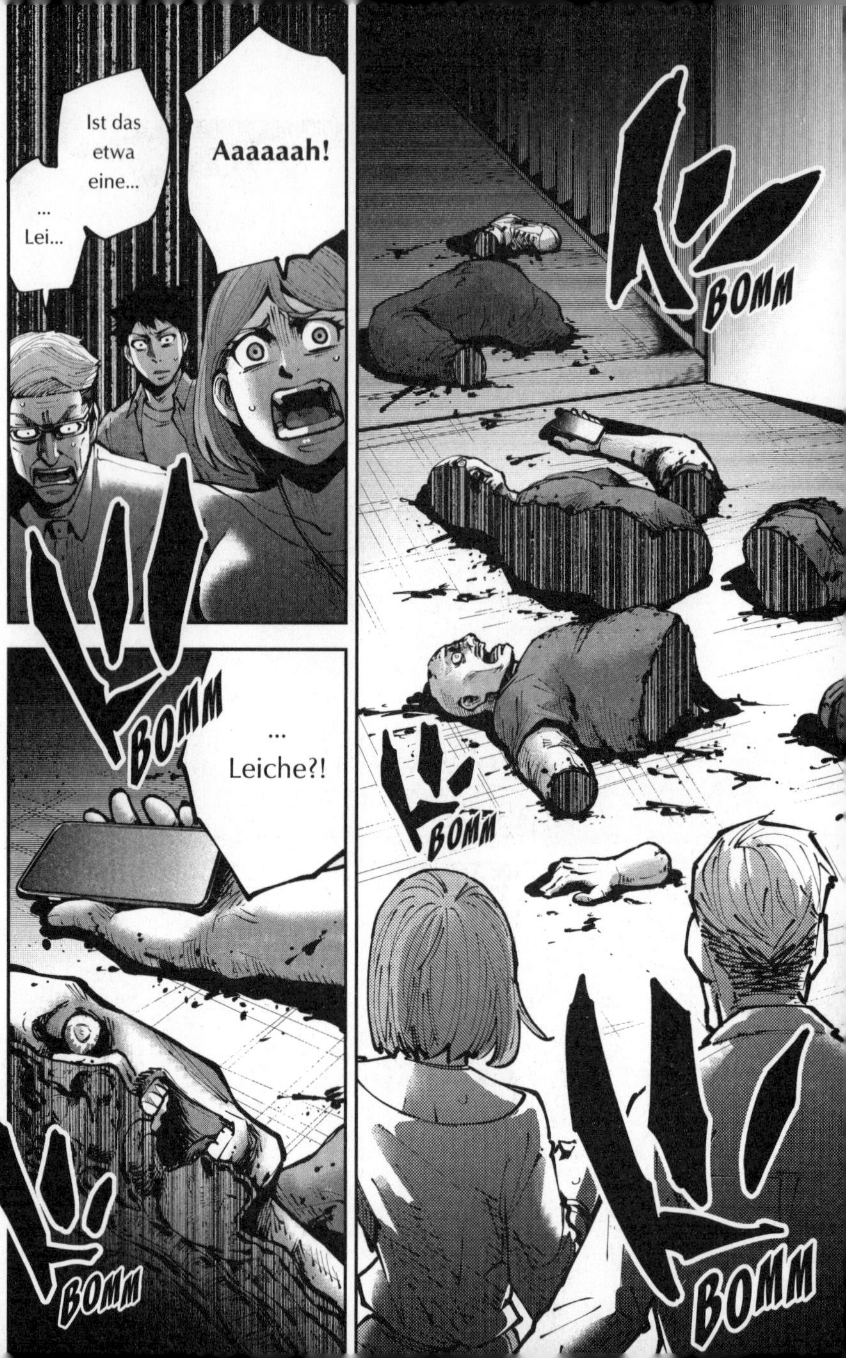
BOMM
BOMM
BOMM
Aaaaaah!
Ist das etwa eine...
... Lei...
BOMM
... Leiche?!
BOMM

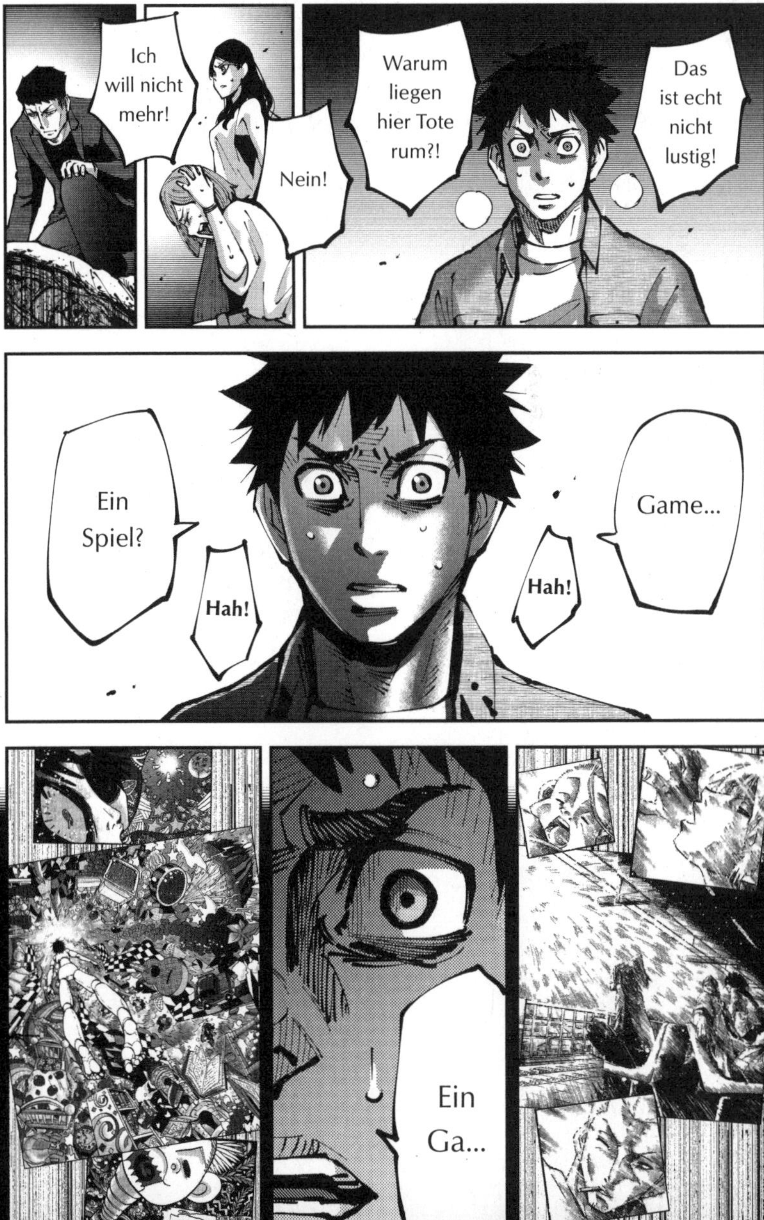
Das ist echt nicht lustig!
Warum liegen hier Tote rum?!
Nein!
Ich will nicht mehr!
Game...
Hah!
Hah!
Ein Spiel?
Ein Ga...

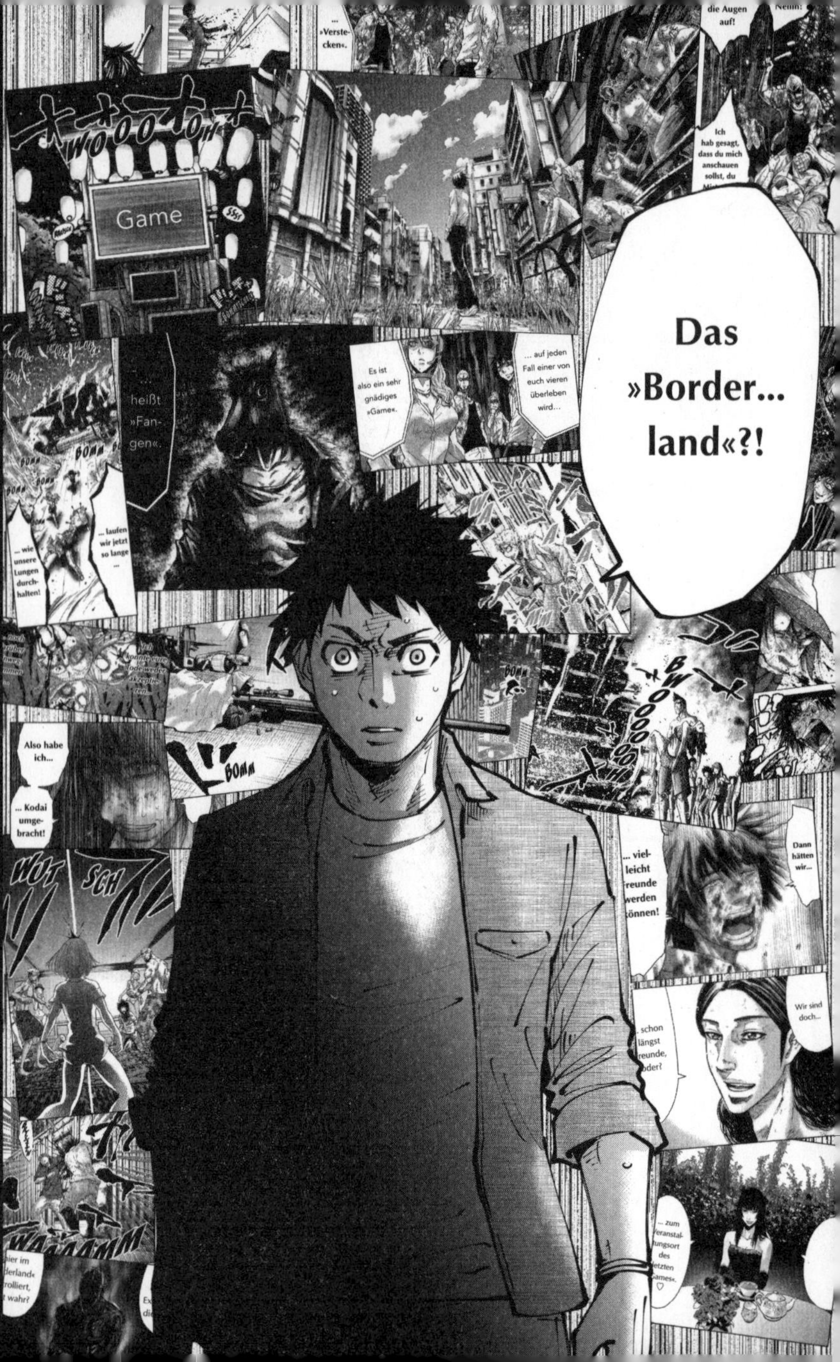
Nein!
die Augen auf!
Ich hab gesagt, dass du mich anschauen sollst, du
... »Verstecken«.
WOOOOOH
Game
Das »Border... land«?!
... auf jeden Fall einer von euch vieren überleben wird...
Es ist also ein sehr gnädiges »Game«.
... heißt »Fangen«.
... laufen wir jetzt so lange ...
... wie unsere Lungen durchhalten!
BOMM
BWOOOOOOOH
Dann hätten wir...
... vielleicht Freunde werden können!
Also habe ich...
... Kodai umgebracht!
Wir sind doch...
... schon längst Freunde, oder?
WUT
SCH
... zum Veranstaltungsort des letzten Games«.
WAAAMM

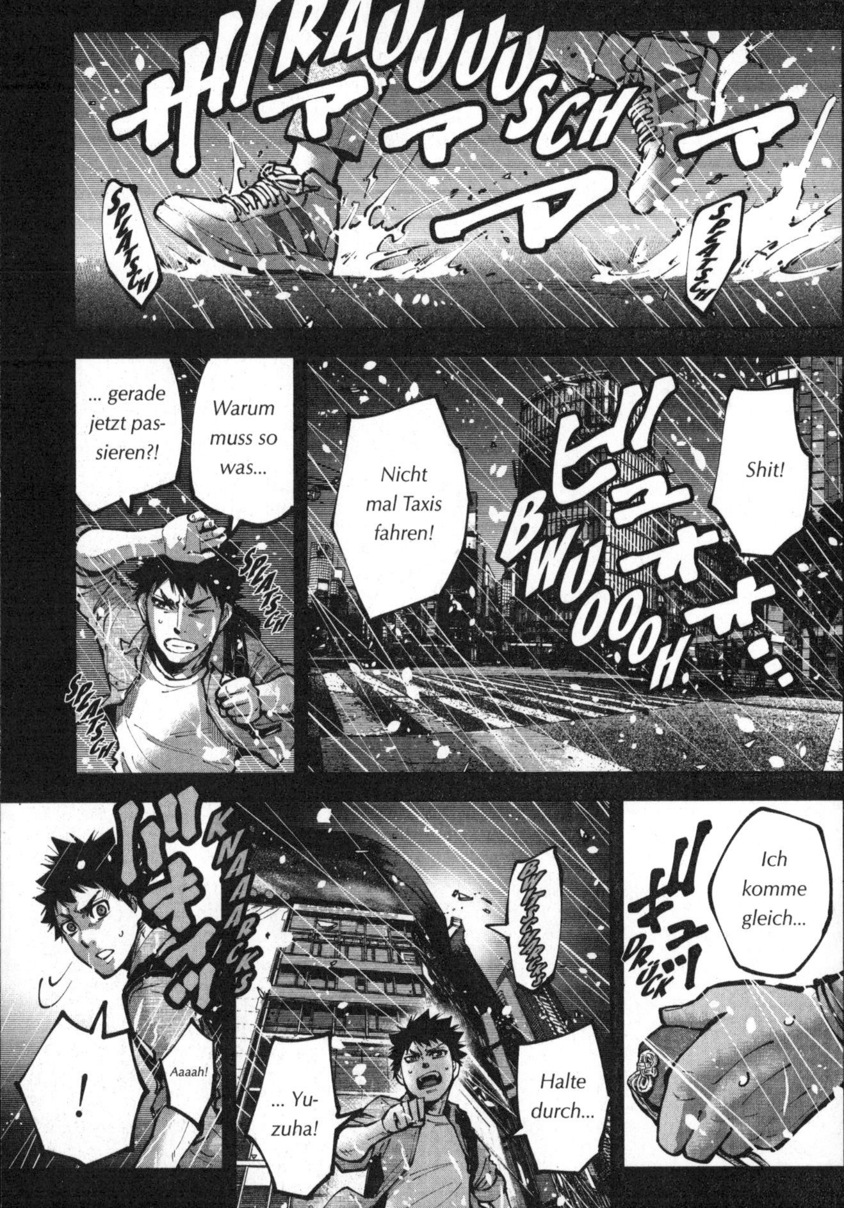

SPLATSCH
SPLATSCH
Shit!
Nicht mal Taxis fahren!
BWUOOOOH
Warum muss so was...
... gerade jetzt pas-
sieren?!
SPLATSCH
SPLATSCH
Ich komme gleich...
DRÜCK
Halte durch...
... Yu-
zuha!
KNAAARCKS
Aaaah!
!

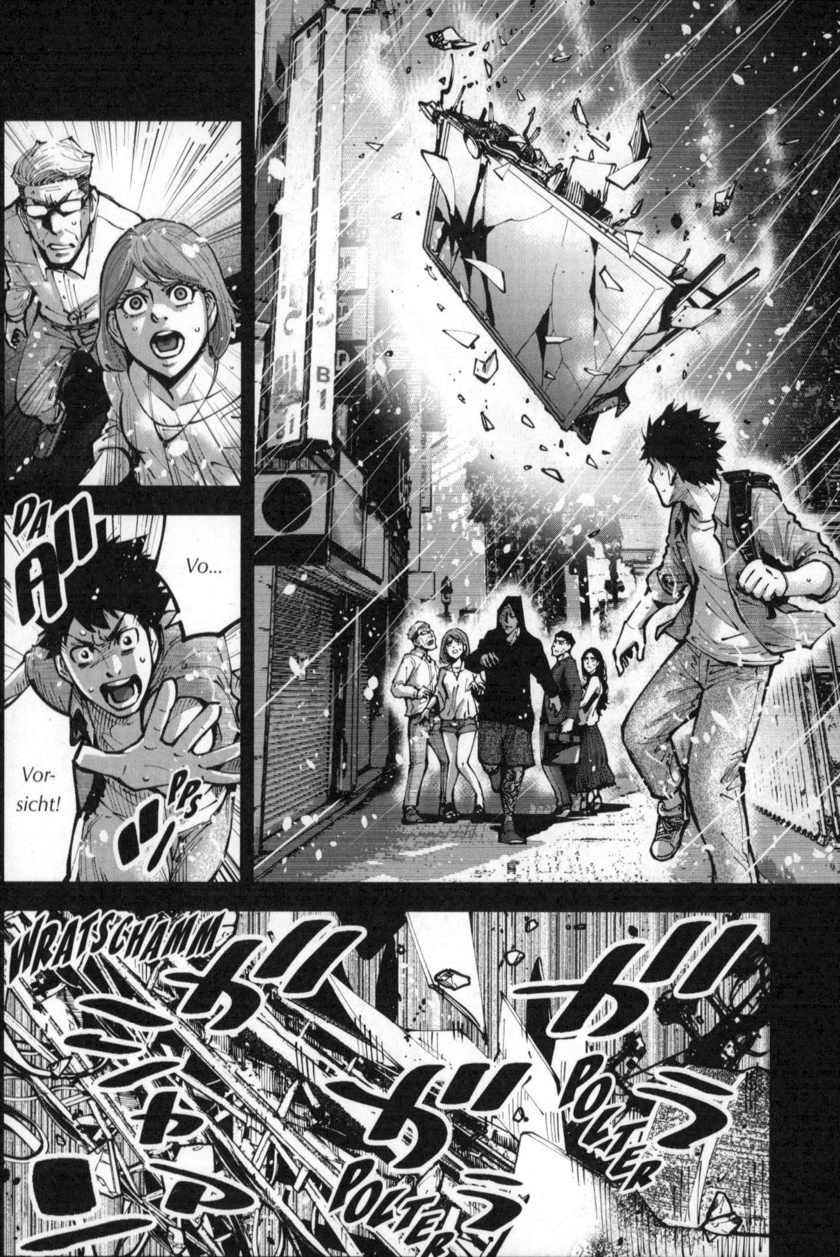

Vo...
DAAA
Vor-
sicht!
PPS
WRATSCHAMM
POLTER
POLTER

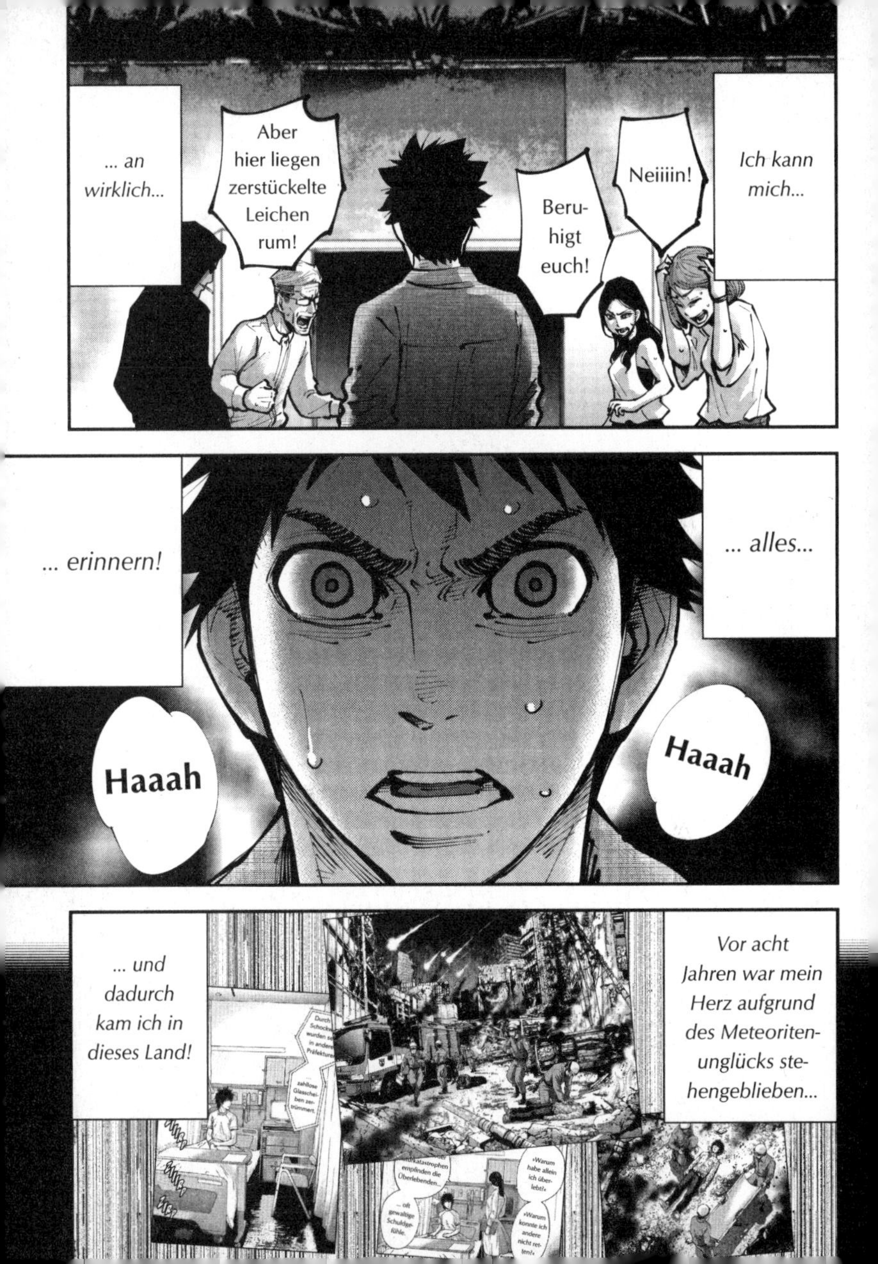
Ich kann mich...
Neiiiin!
Beru-
higt
euch!
Aber hier liegen zerstückelte Leichen rum!
... an wirklich...
... alles...
Haaah
... erinnern!
Haaah
Vor acht Jahren war mein Herz aufgrund des Meteoriten-unglücks ste-hengeblieben...
... und dadurch kam ich in dieses Land!
»Warum habe allein ich über-lebt?«
»Warum konnte ich andere nicht ret-ten?«
... oft gewaltige Schuldge-fühle.
... zahllose Glasschei-ben zer-trümmert.

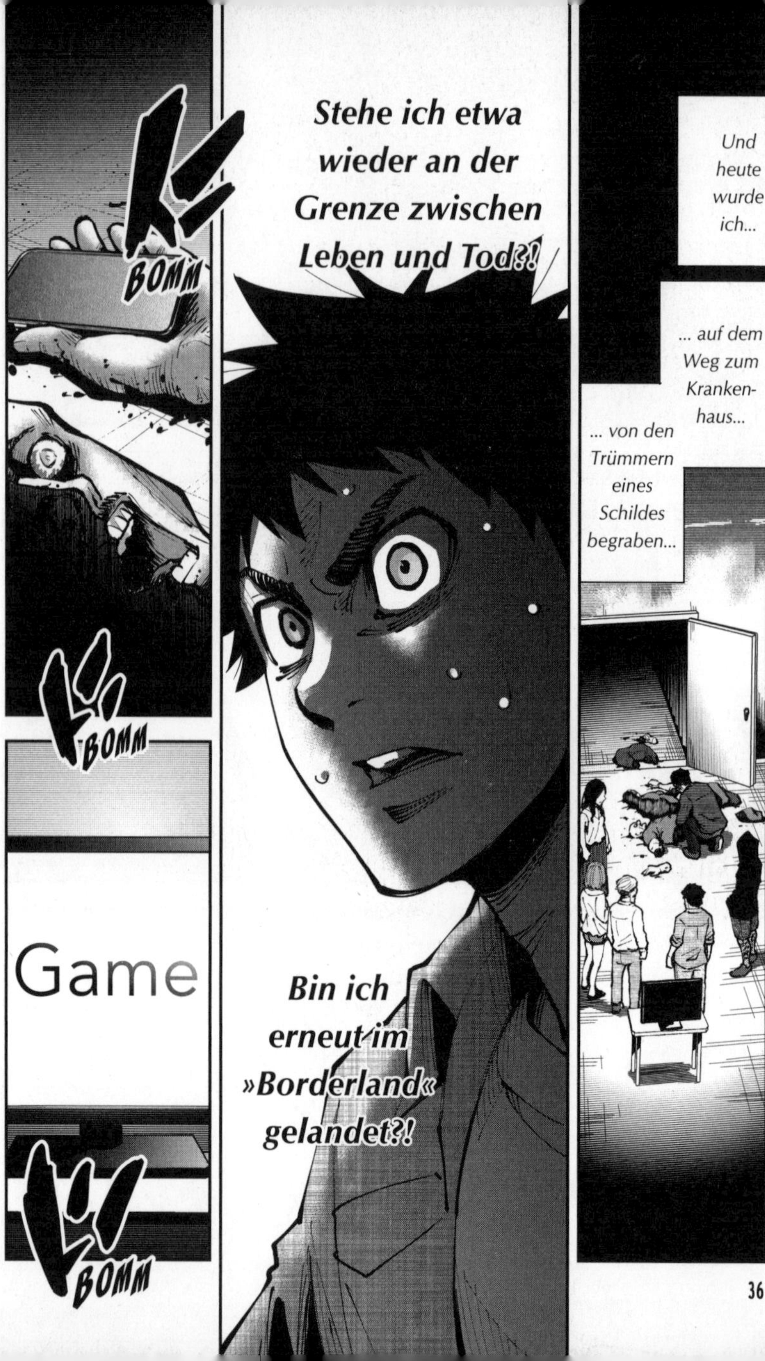
Und heute wurde ich...
... auf dem Weg zum Krankenhaus...
... von den Trümmern eines Schildes begraben...
Stehe ich etwa wieder an der Grenze zwischen Leben und Tod?!
Bin ich erneut im »Borderland« gelandet?!
BOMM
BOMM
Game
BOMM

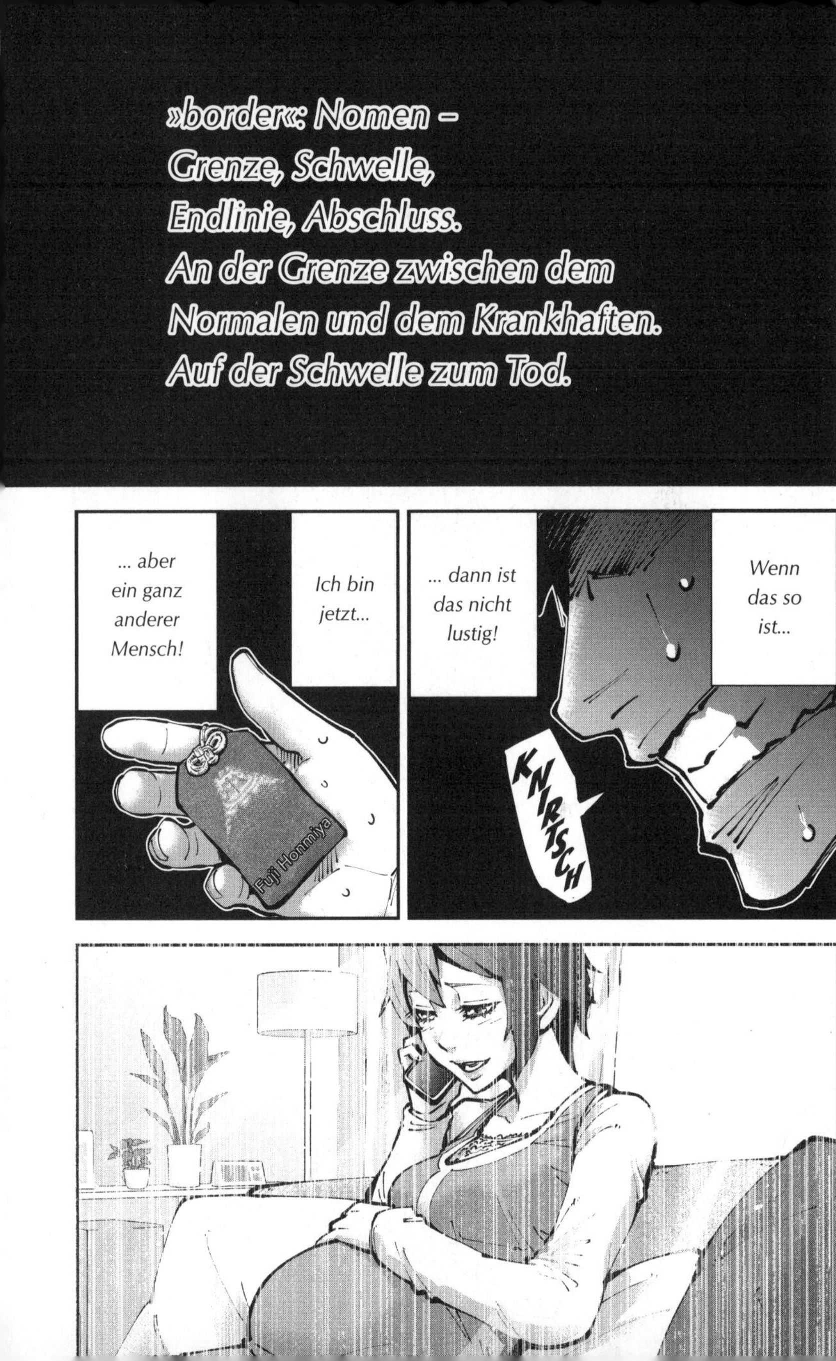
»border«: Nomen –
Grenze, Schwelle,
Endlinie, Abschluss.
An der Grenze zwischen dem
Normalen und dem Krankhaften.
Auf der Schwelle zum Tod.
Wenn das so ist...
... dann ist das nicht lustig!
KNIRSCH
Ich bin jetzt...
... aber ein ganz anderer Mensch!
Fuji Honmiya

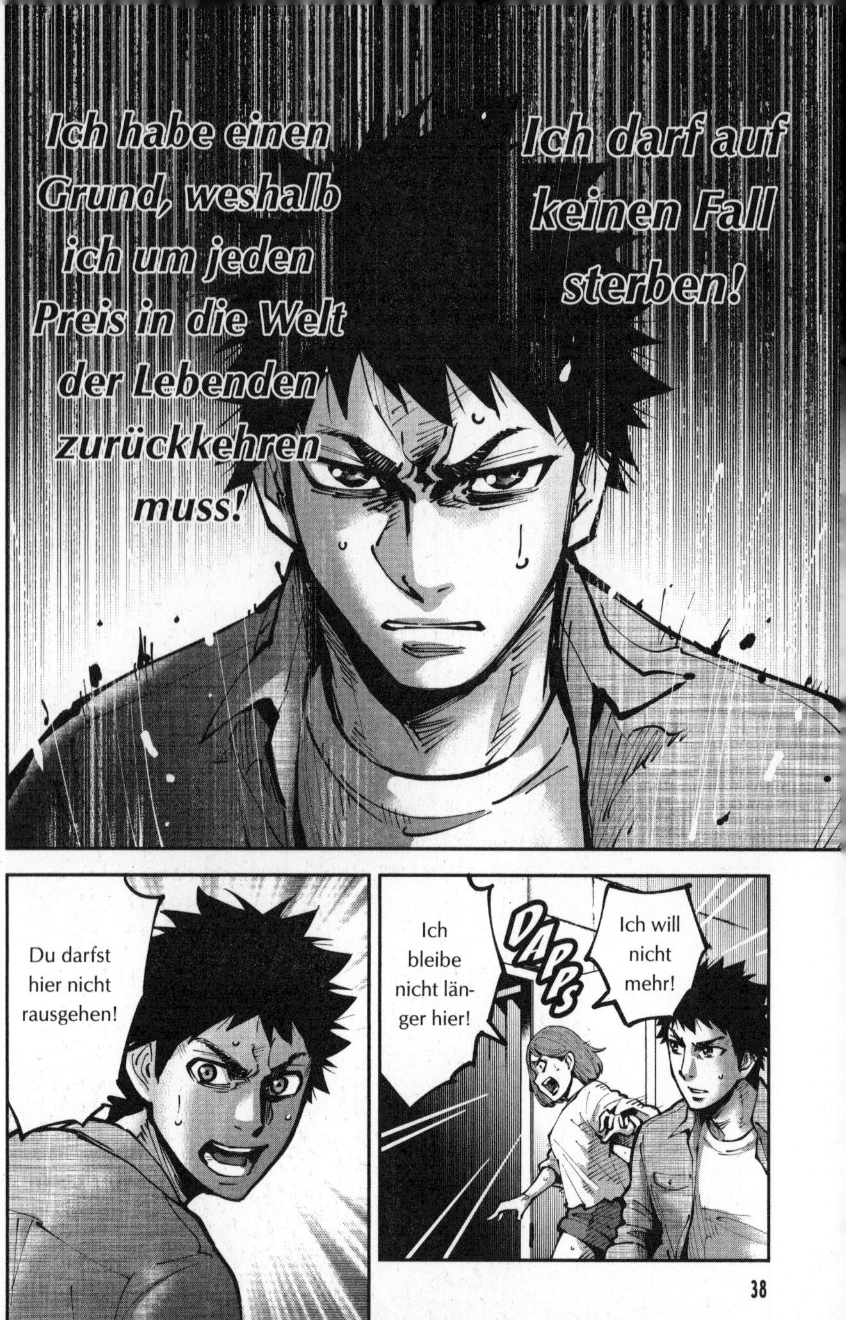
Ich darf auf keinen Fall sterben!
Ich habe einen Grund, weshalb ich um jeden Preis in die Welt der Lebenden zurückkehren muss!
Ich will nicht mehr!
DAPPS
Ich bleibe nicht länger hier!
Du darfst hier nicht rausgehen!

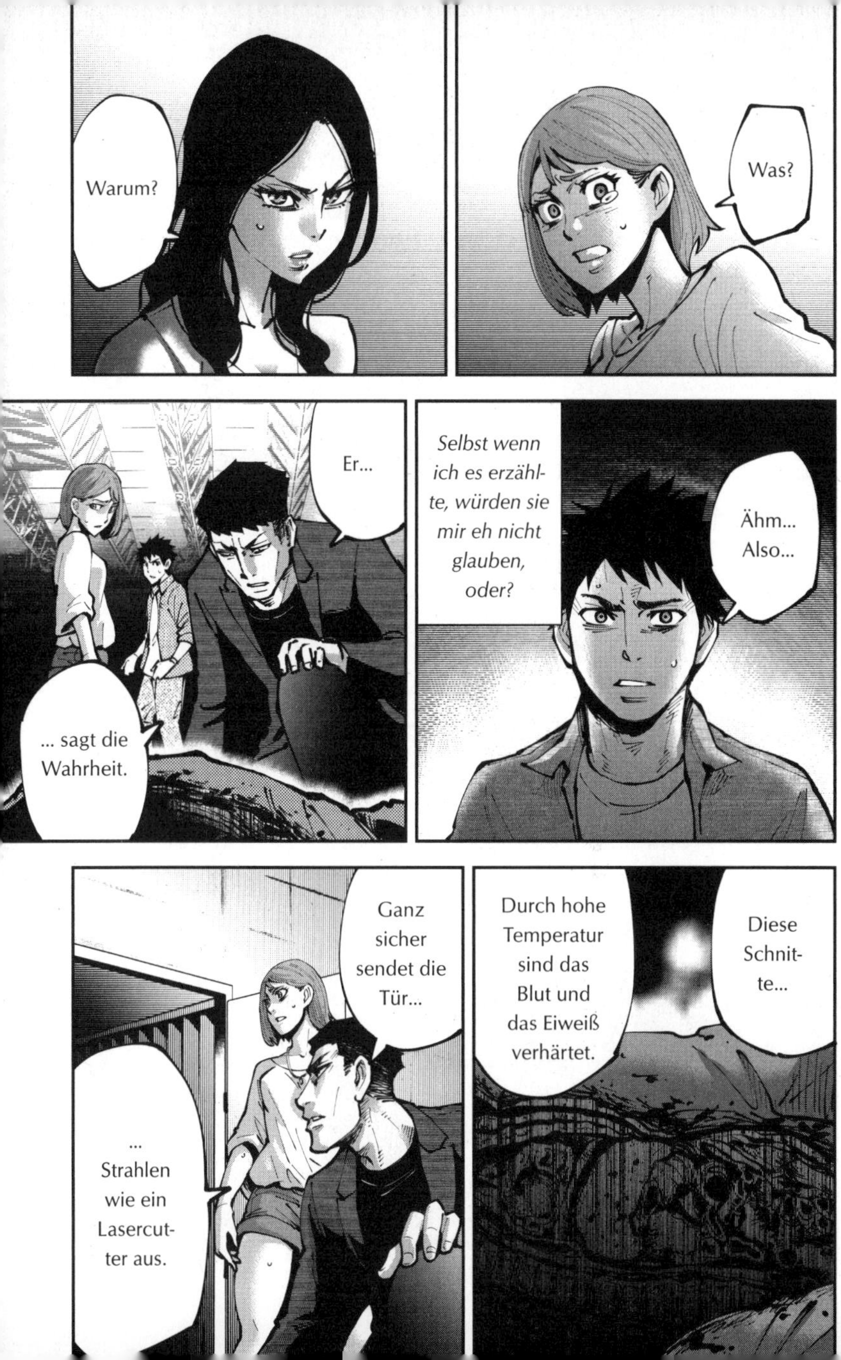
Was?
Warum?
Ähm... Also...
Selbst wenn ich es erzählte, würden sie mir eh nicht glauben, oder?
Er...
... sagt die Wahrheit.
Diese Schnitte...
Durch hohe Temperatur sind das Blut und das Eiweiß verhärtet.
Ganz sicher sendet die Tür...
... Strahlen wie ein Lasercutter aus.

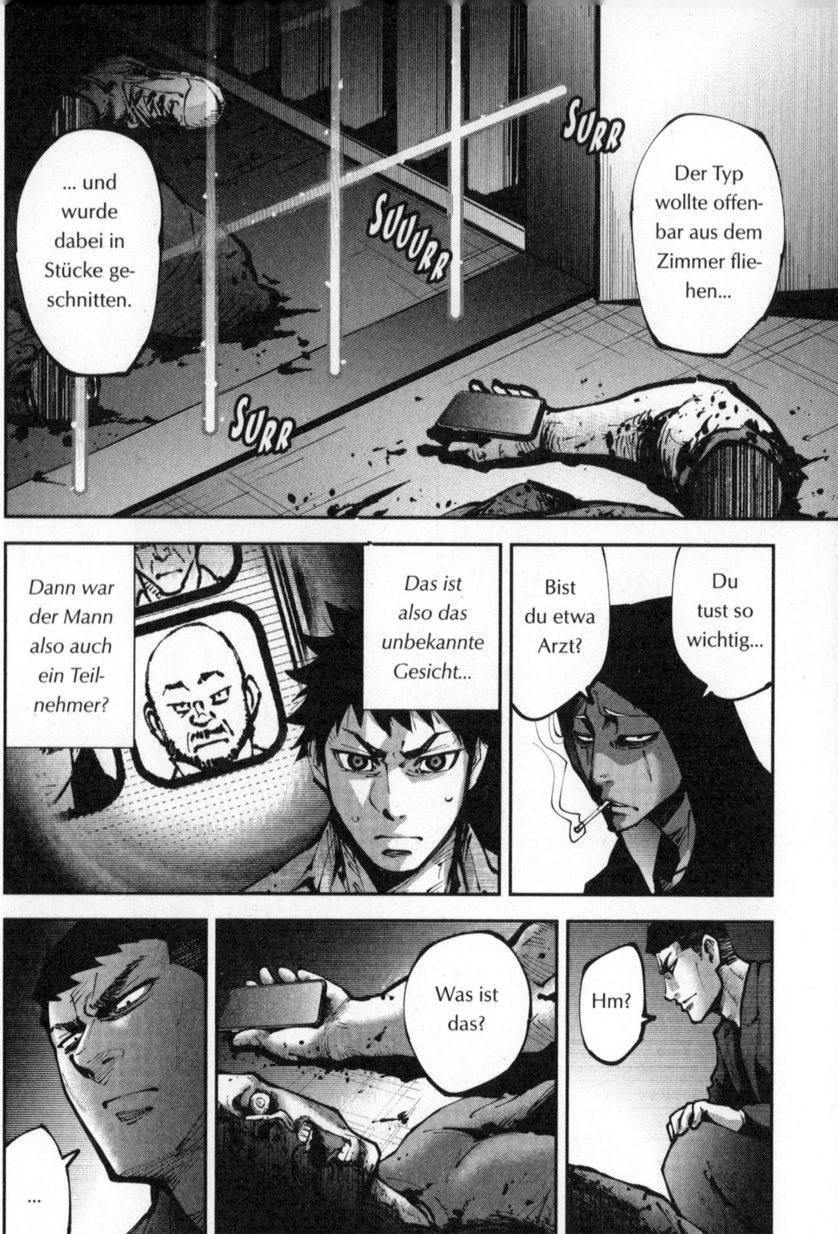
SURR
Der Typ wollte offenbar aus dem Zimmer fliehen...
SUUURR
... und wurde dabei in Stücke geschnitten.
SURR
Du tust so wichtig...
Bist du etwa Arzt?
Das ist also das unbekannte Gesicht...
Dann war der Mann also auch ein Teilnehmer?
Hm?
Was ist das?
...

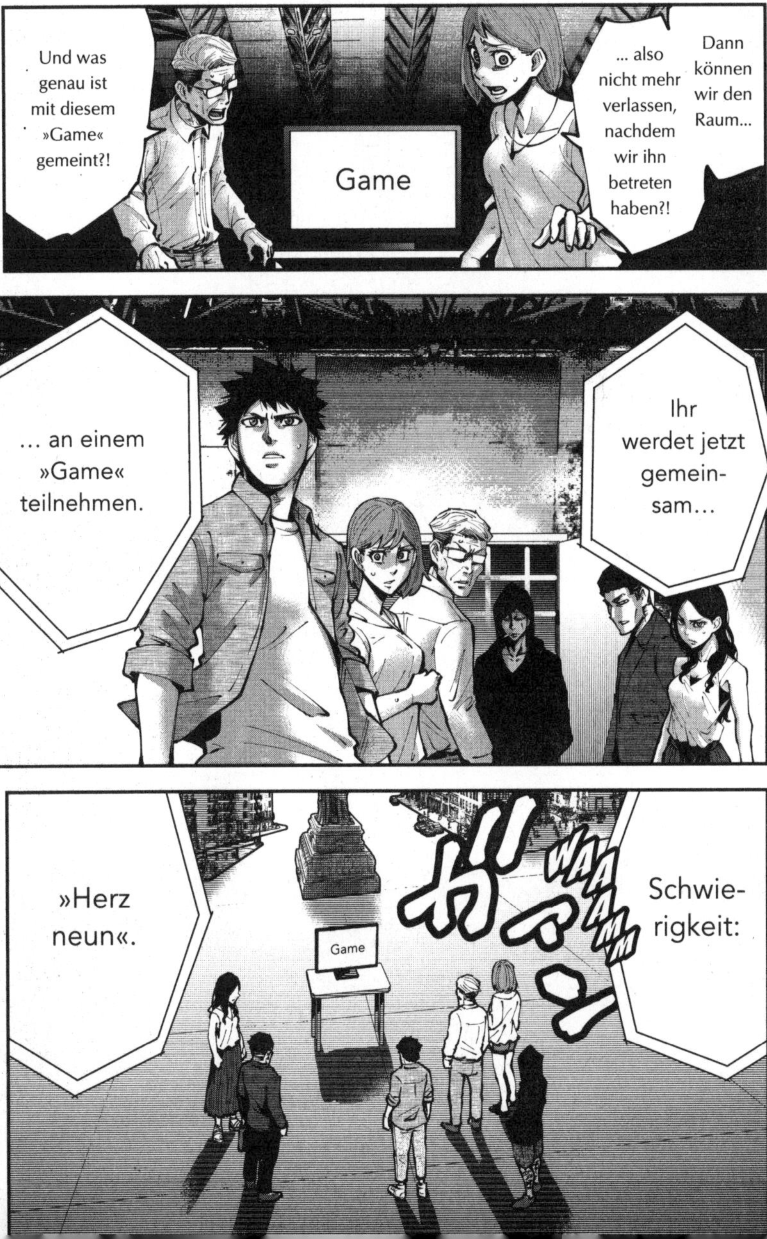

Dann können wir den Raum...
... also nicht mehr verlassen, nachdem wir ihn betreten haben?!
Game
Und was genau ist mit diesem »Game« gemeint?!
Ihr werdet jetzt gemein-sam…
… an einem »Game« teilnehmen.
Schwie-rigkeit:
WAAAAMM
Game
»Herz neun«.

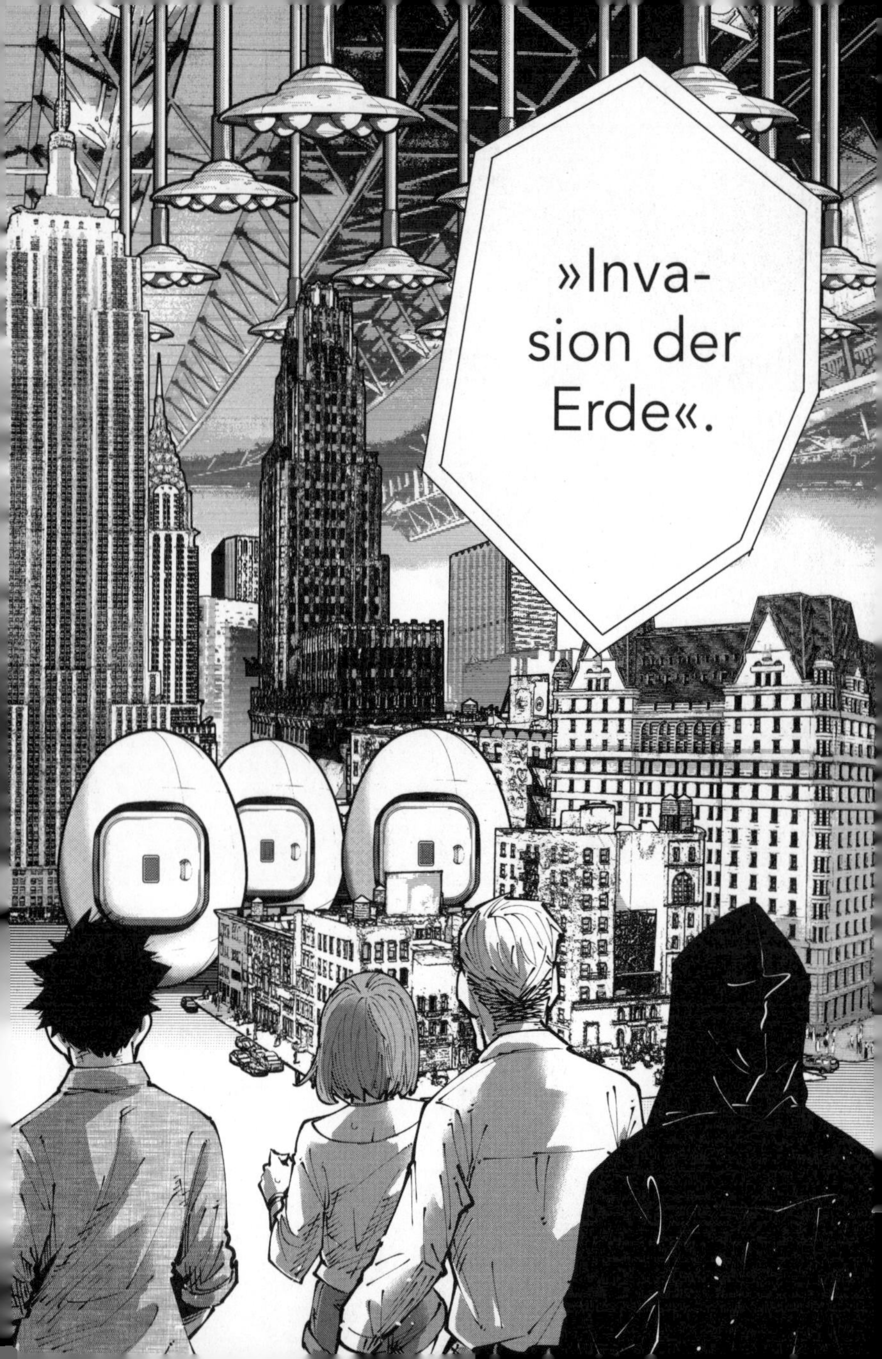
»Invasion der Erde«.

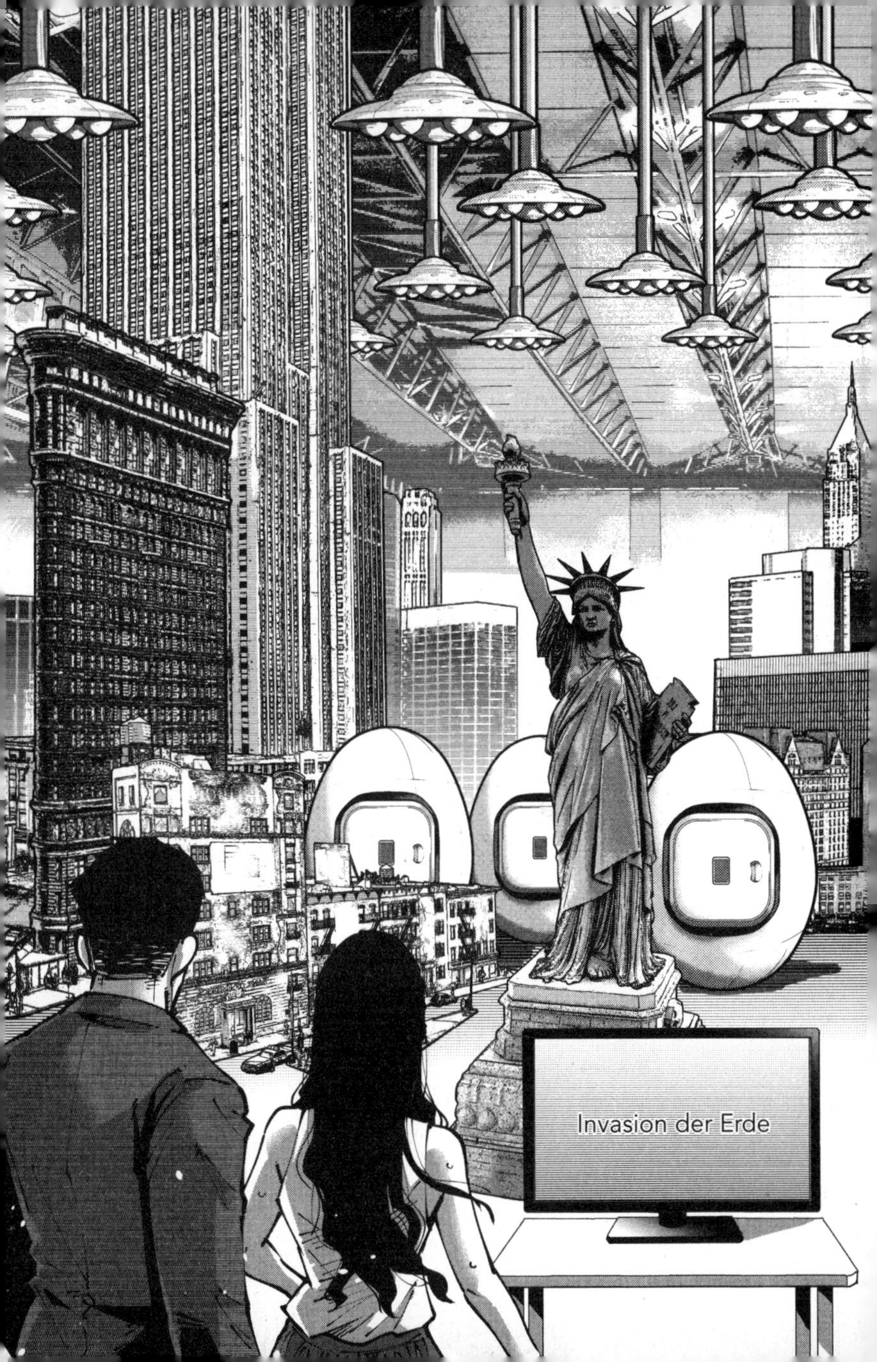
Invasion der Erde

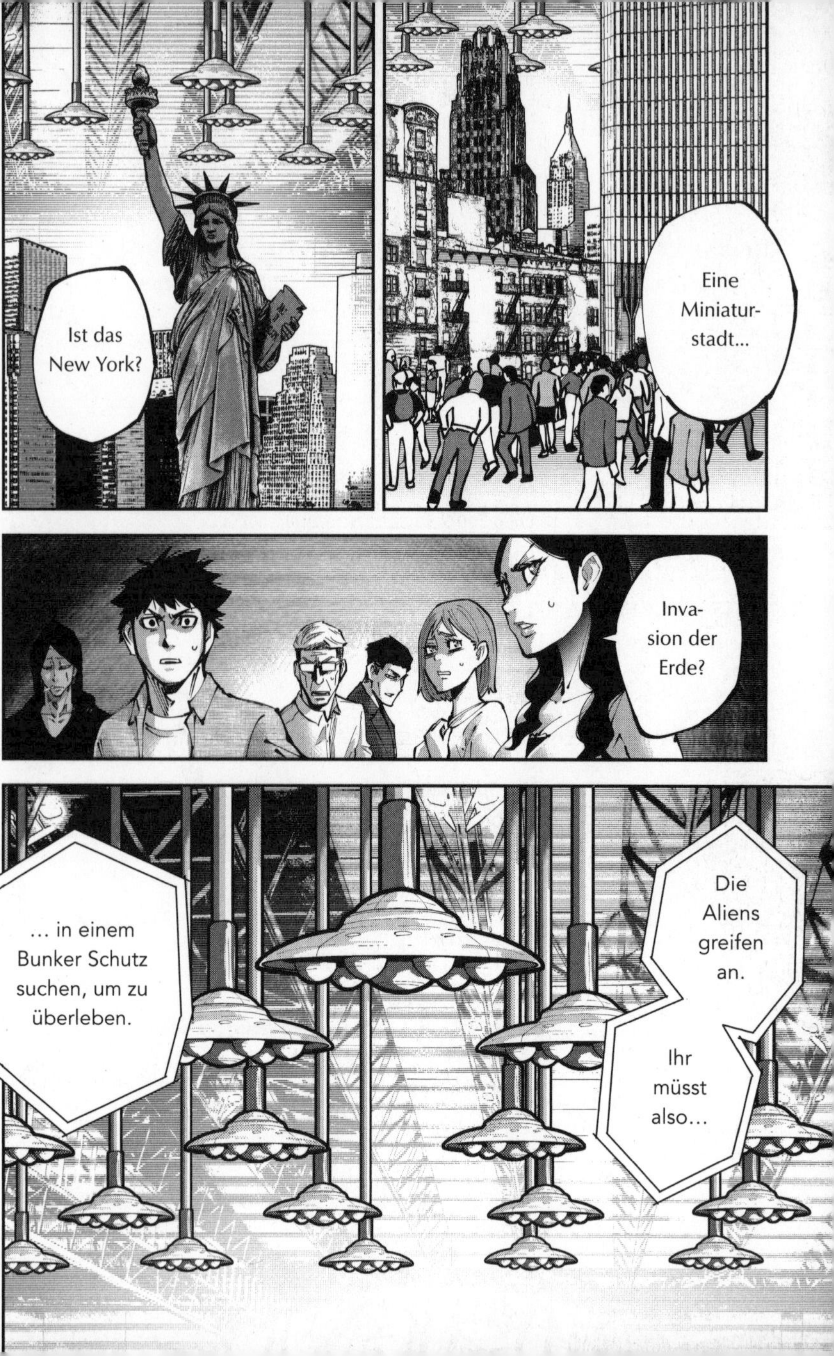
Eine Miniaturstadt...
Ist das New York?
Invasion der Erde?
Die Aliens greifen an.
Ihr müsst also...
... in einem Bunker Schutz suchen, um zu überleben.

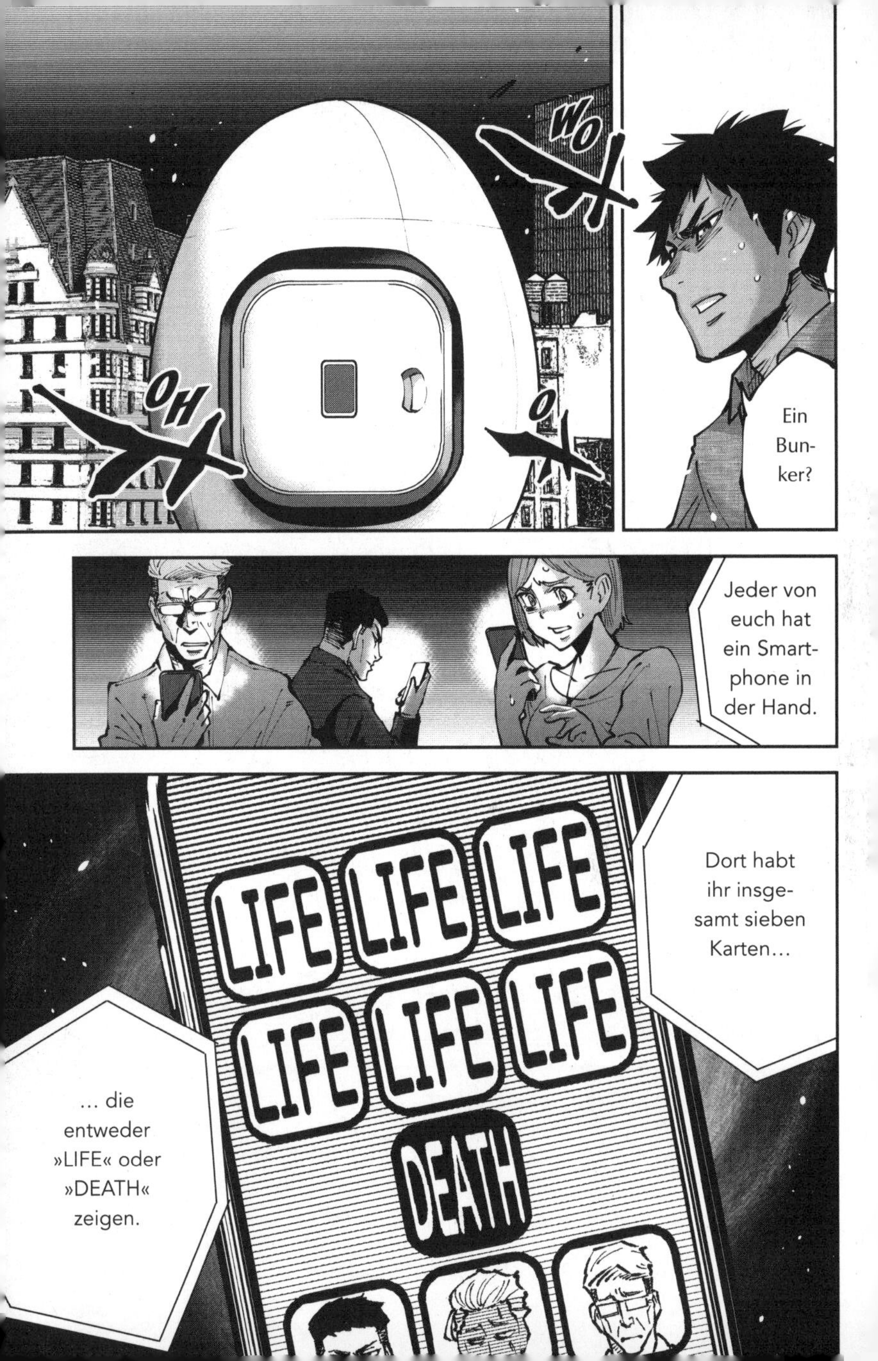
WO
OH
O
Ein Bunker?
Jeder von euch hat ein Smartphone in der Hand.
Dort habt ihr insgesamt sieben Karten…
… die entweder »LIFE« oder »DEATH« zeigen.
LIFE LIFE LIFE
LIFE LIFE LIFE
DEATH

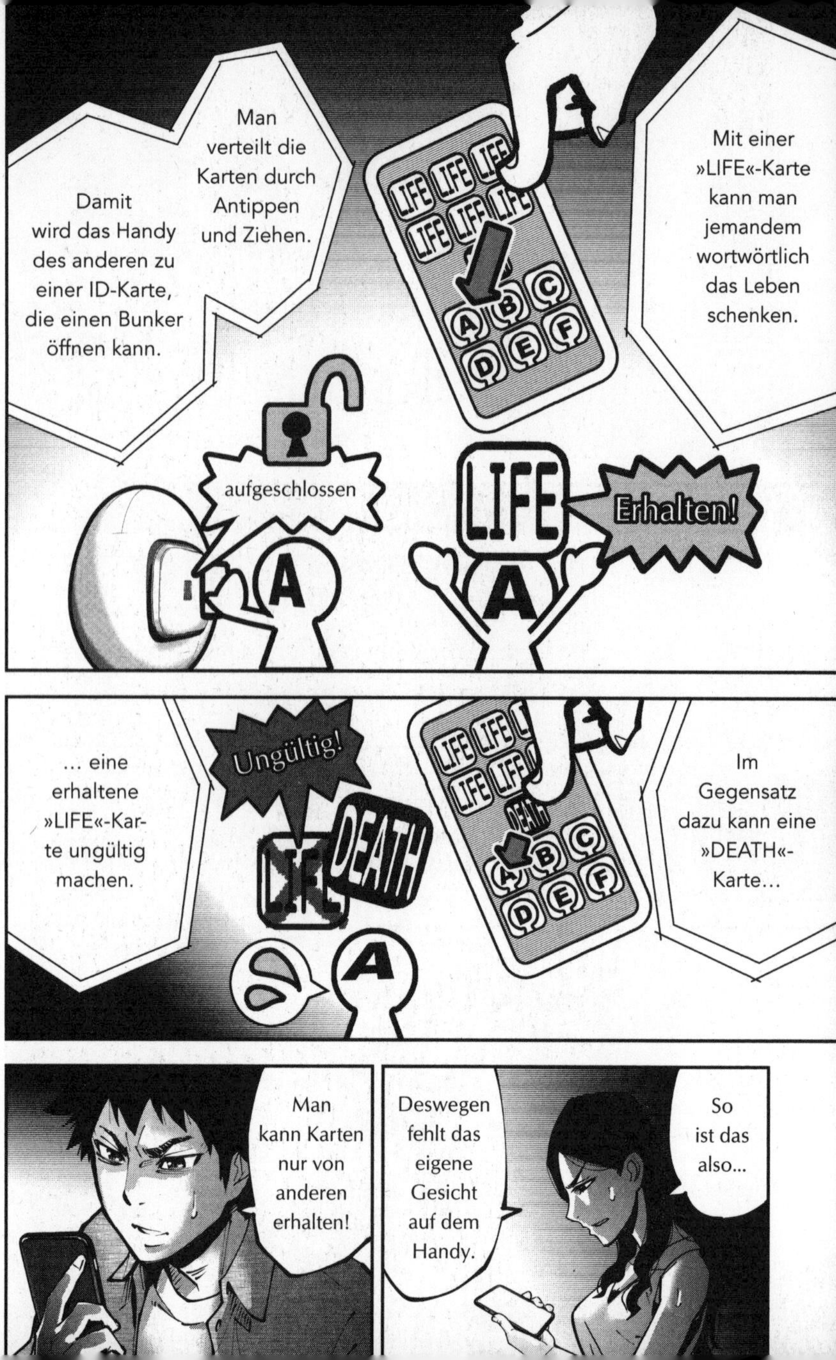
Mit einer »LIFE«-Karte kann man jemandem wortwörtlich das Leben schenken.
Man verteilt die Karten durch Antippen und Ziehen.
Damit wird das Handy des anderen zu einer ID-Karte, die einen Bunker öffnen kann.
LIFE
Erhalten!
aufgeschlossen
A
A
Im Gegensatz dazu kann eine »DEATH«-Karte…
… eine erhaltene »LIFE«-Kar-te ungültig machen.
Ungültig!
DEATH
A
So ist das also...
Deswegen fehlt das eigene Gesicht auf dem Handy.
Man kann Karten nur von anderen erhalten!

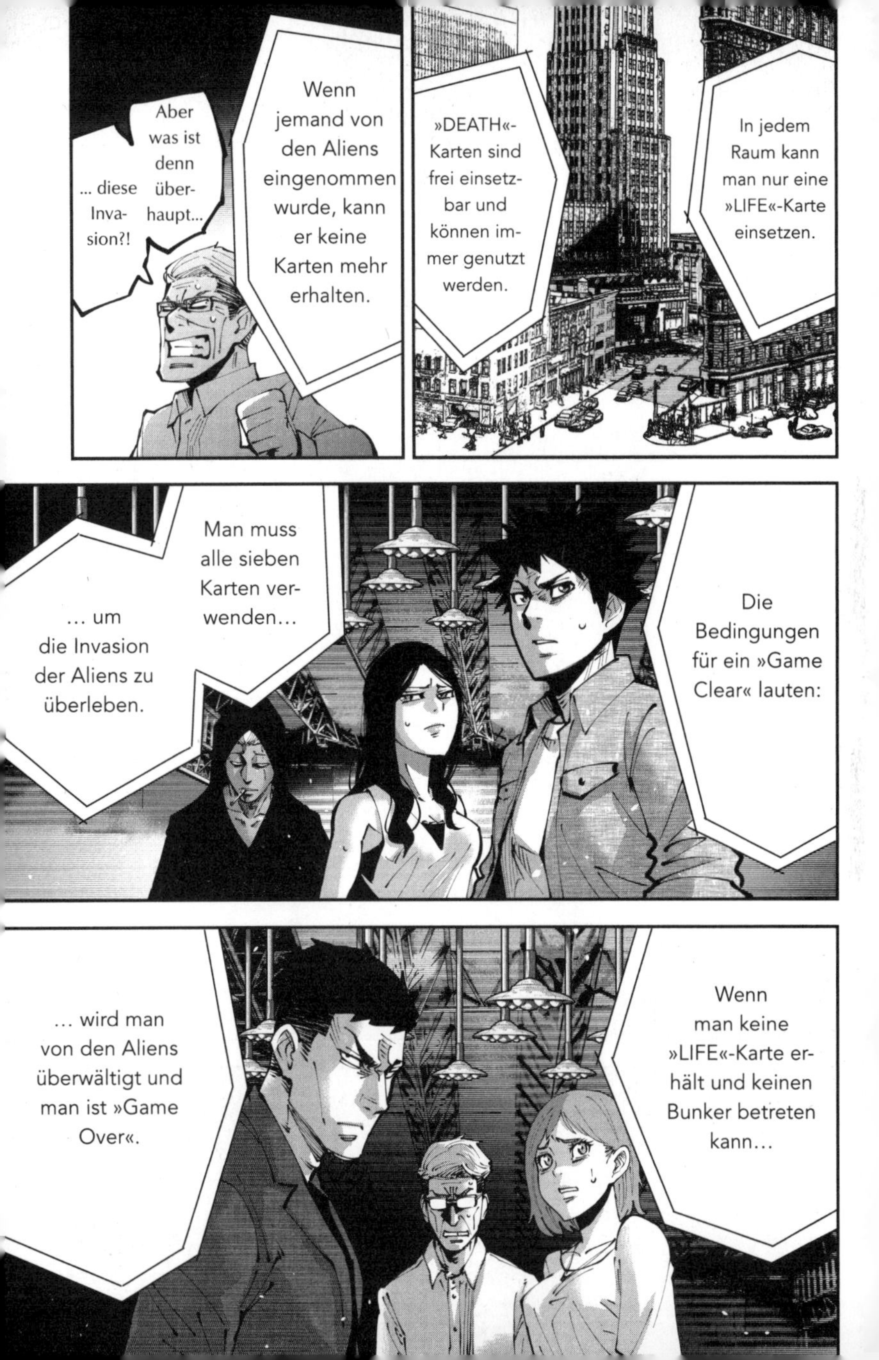
In jedem Raum kann man nur eine »LIFE«-Karte einsetzen.
»DEATH«-Karten sind frei einsetzbar und können immer genutzt werden.
Wenn jemand von den Aliens eingenommen wurde, kann er keine Karten mehr erhalten.
Aber was ist denn überhaupt...
... diese Invasion?!
Die Bedingungen für ein »Game Clear« lauten:
Man muss alle sieben Karten verwenden…
… um die Invasion der Aliens zu überleben.
Wenn man keine »LIFE«-Karte erhält und keinen Bunker betreten kann…
… wird man von den Aliens überwältigt und man ist »Game Over«.

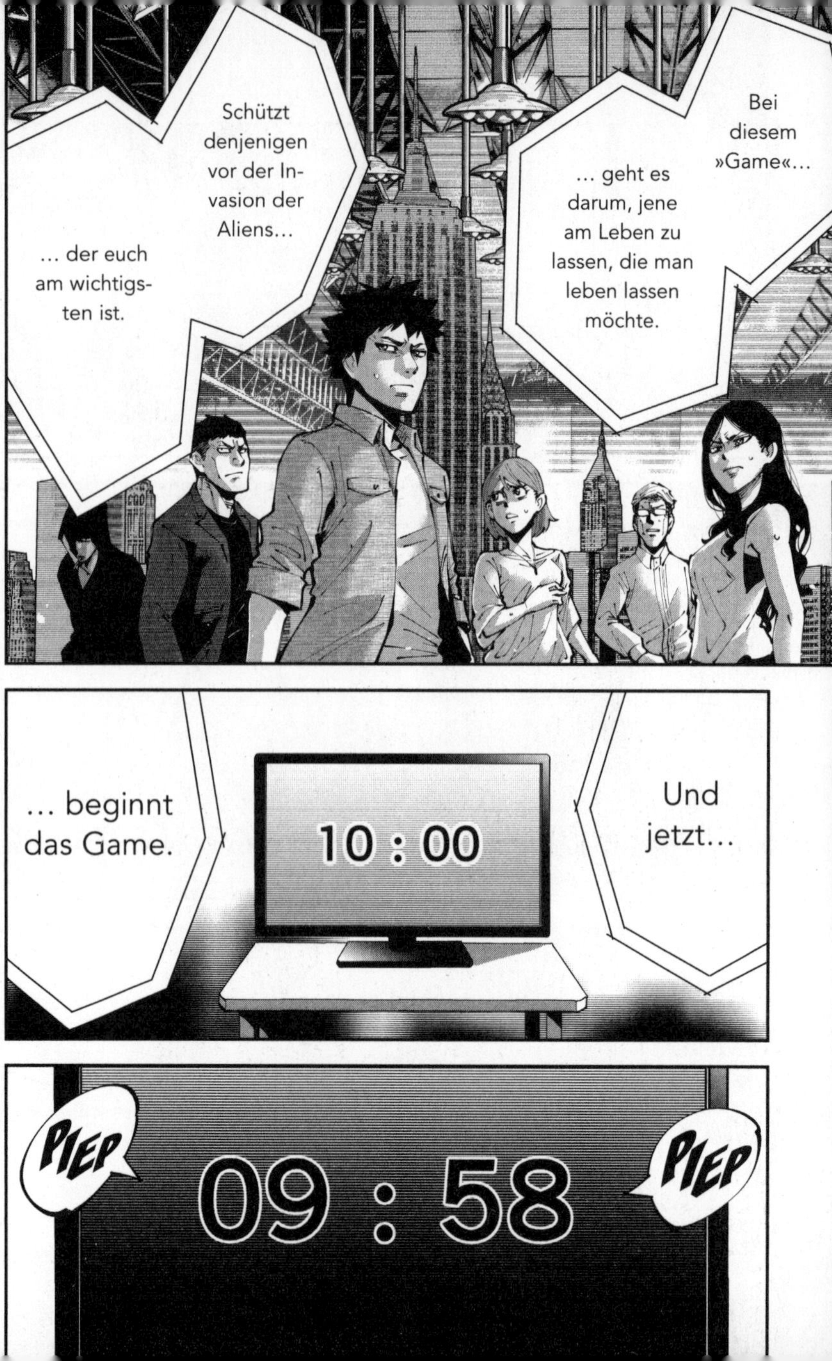
Bei diesem »Game«…
… geht es darum, jene am Leben zu lassen, die man leben lassen möchte.
Schützt denjenigen vor der Invasion der Aliens…
… der euch am wichtigsten ist.
Und jetzt…
10 : 00
… beginnt das Game.
PIEP
PIEP
09 : 58

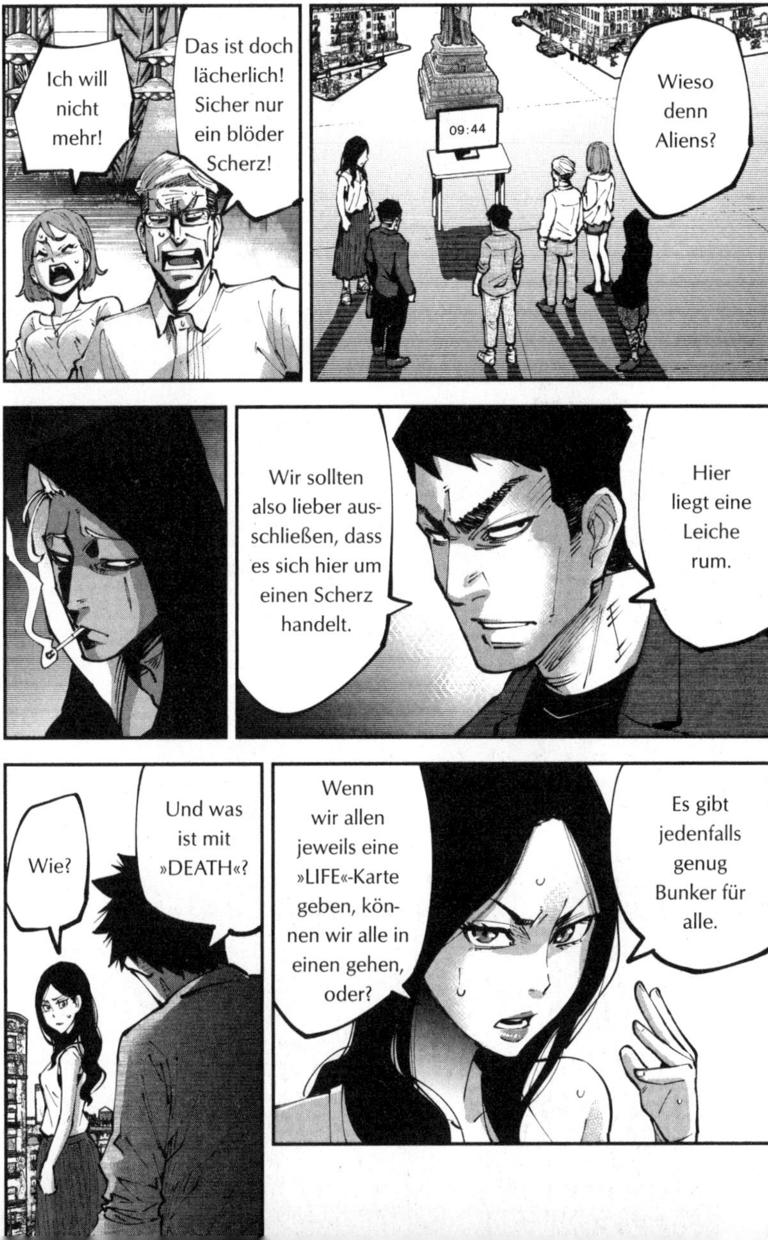
Wieso denn Aliens?
09:44
Das ist doch lächerlich! Sicher nur ein blöder Scherz!
Ich will nicht mehr!
Hier liegt eine Leiche rum.
Wir sollten also lieber ausschließen, dass es sich hier um einen Scherz handelt.
Es gibt jedenfalls genug Bunker für alle.
Wenn wir allen jeweils eine »LIFE«-Karte geben, können wir alle in einen gehen, oder?
Und was ist mit »DEATH«?
Wie?

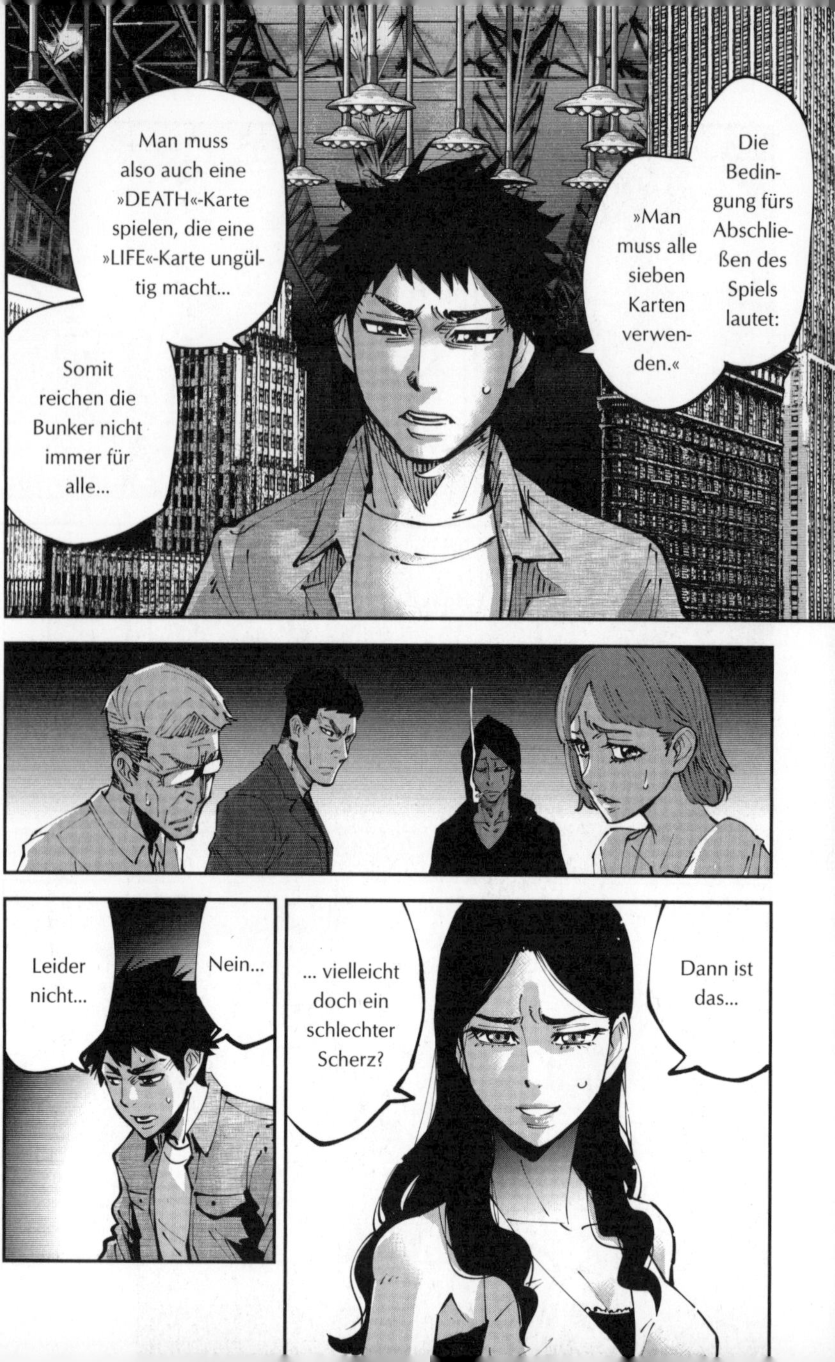
Die Bedingung fürs Abschließen des Spiels lautet:
»Man muss alle sieben Karten verwenden.«
Man muss also auch eine »DEATH«-Karte spielen, die eine »LIFE«-Karte ungültig macht...
Somit reichen die Bunker nicht immer für alle...
Dann ist das...
... vielleicht doch ein schlechter Scherz?
Nein...
Leider nicht...

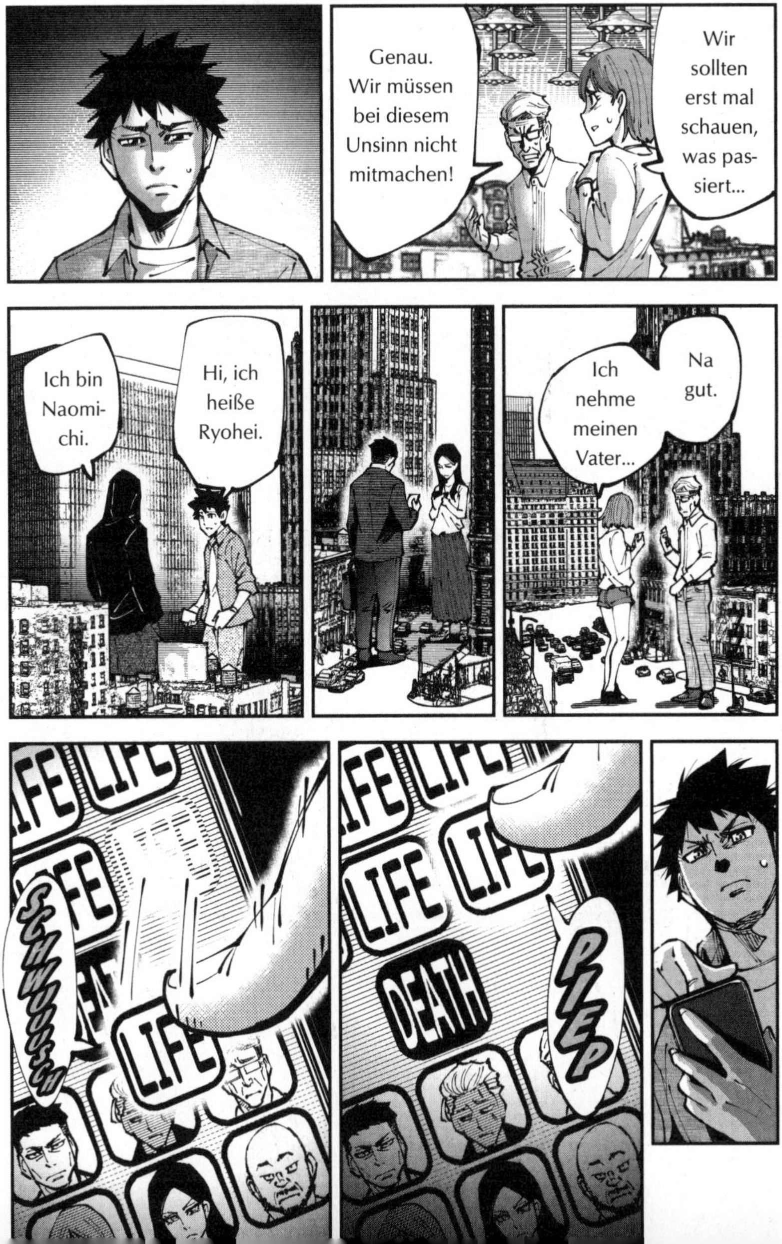
Genau. Wir müssen bei diesem Unsinn nicht mitmachen!
Wir sollten erst mal schauen, was pas-siert...
Ich bin Naomi-chi.
Hi, ich heiße Ryohei.
Ich nehme meinen Vater...
Na gut.
LIFE
SCHWUUUSCH
DEATH
PIEP

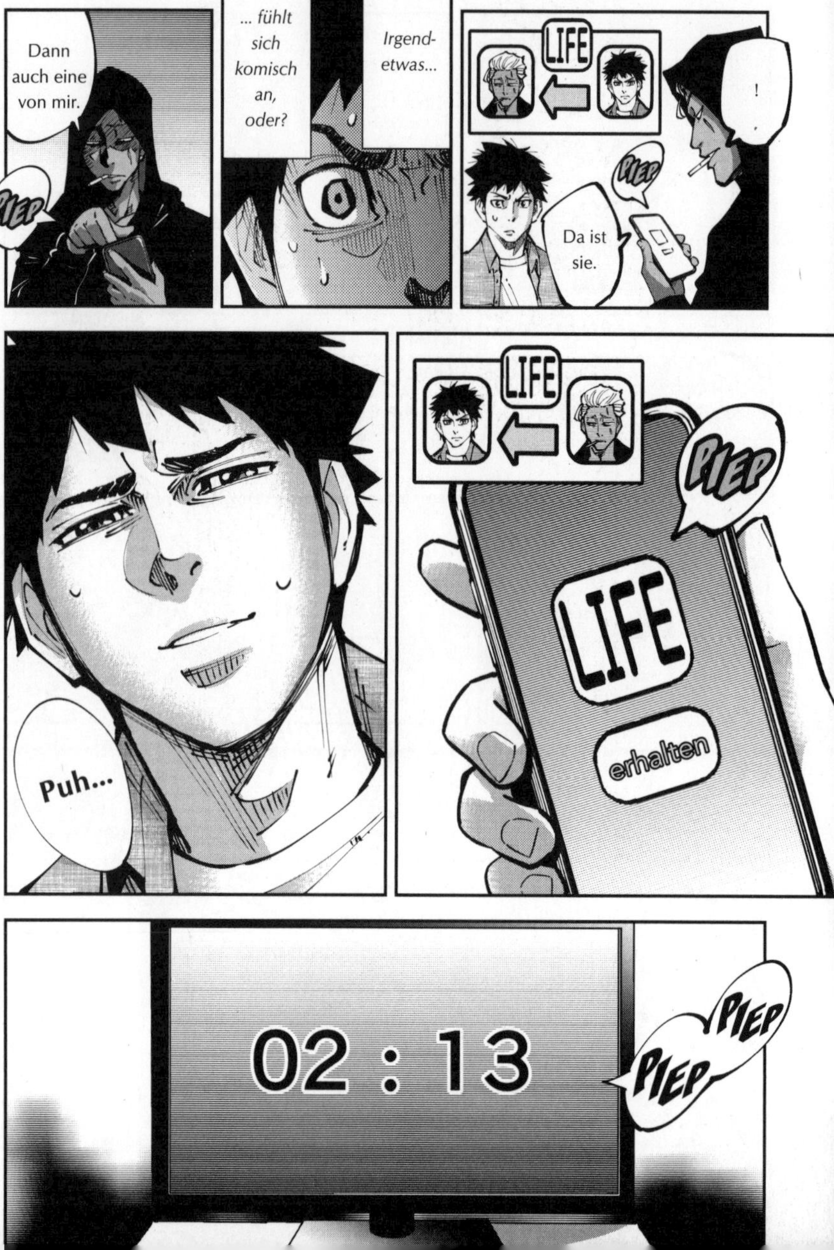
Irgend-
etwas...
... fühlt sich komisch an, oder?
Dann auch eine von mir.
PIEP
!
LIFE
PIEP
Da ist sie.
LIFE
PIEP
LIFE
erhalten
Puh...
02 : 13
PIEP
PIEP

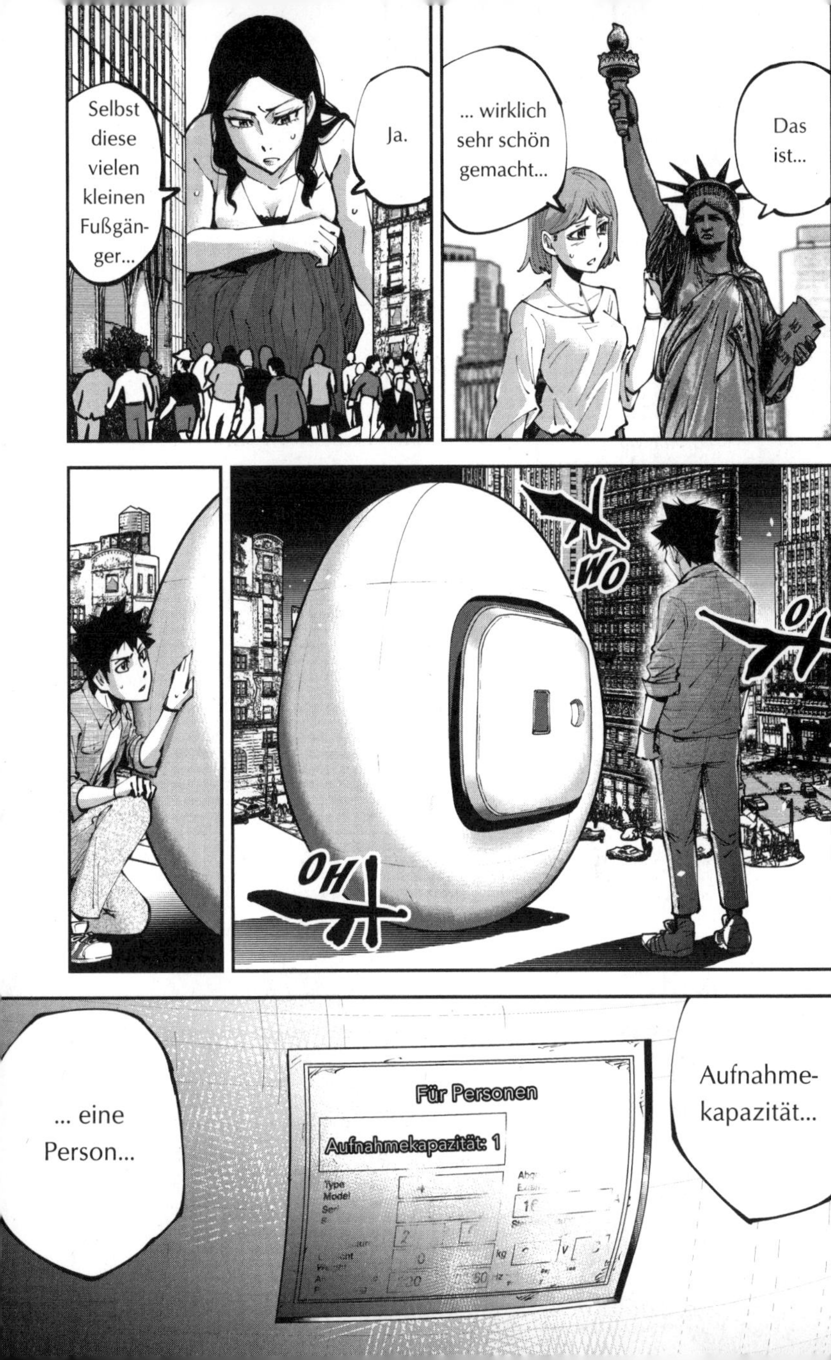
Das ist...
... wirklich sehr schön gemacht...
Ja.
Selbst diese vielen kleinen Fußgänger...
WO
O
OH
Aufnahmekapazität...
Für Personen
Aufnahmekapazität: 1
... eine Person...

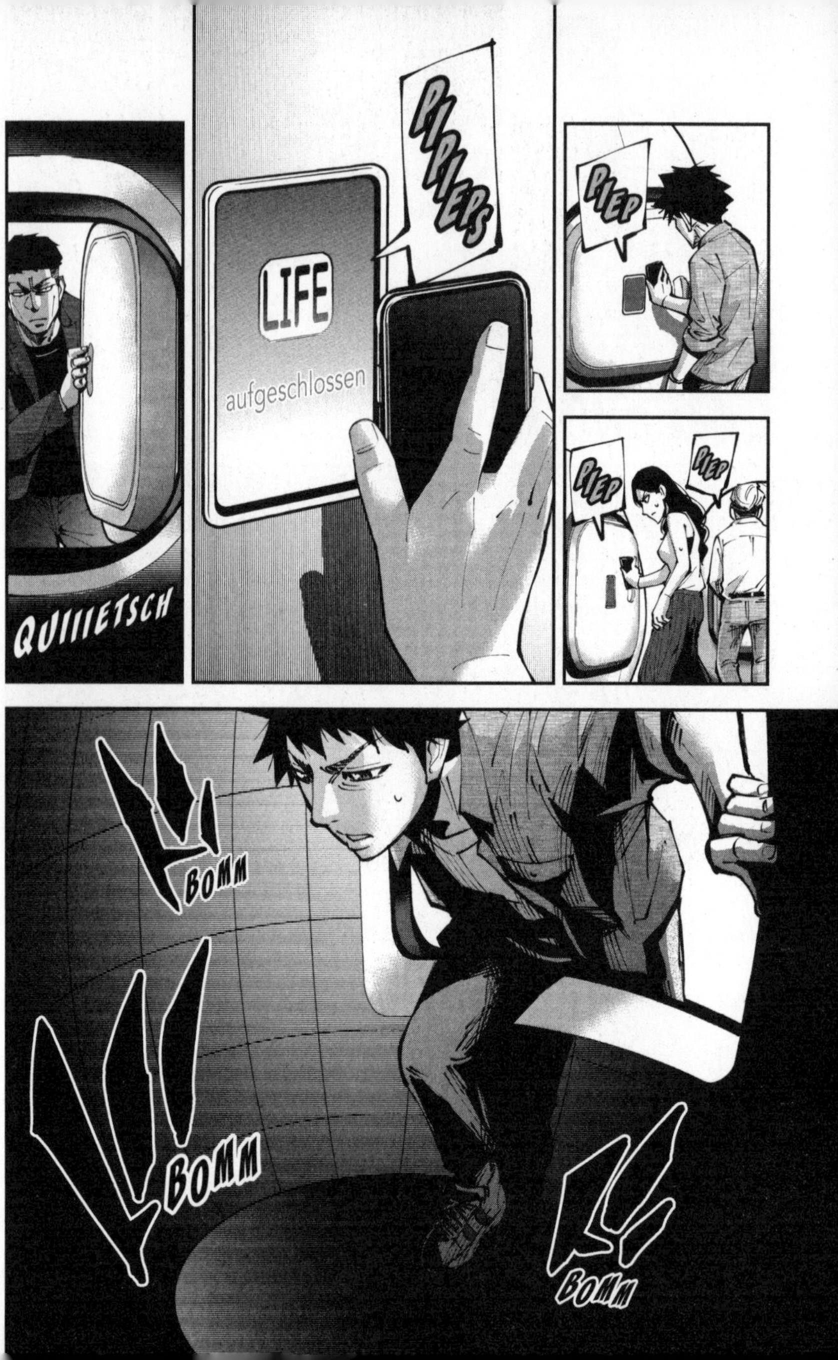
PIEP
PIEP
PIEP
PIPIEPS
LIFE
aufgeschlossen
QUIIIIETSCH
BOMM
BOMM
BOMM

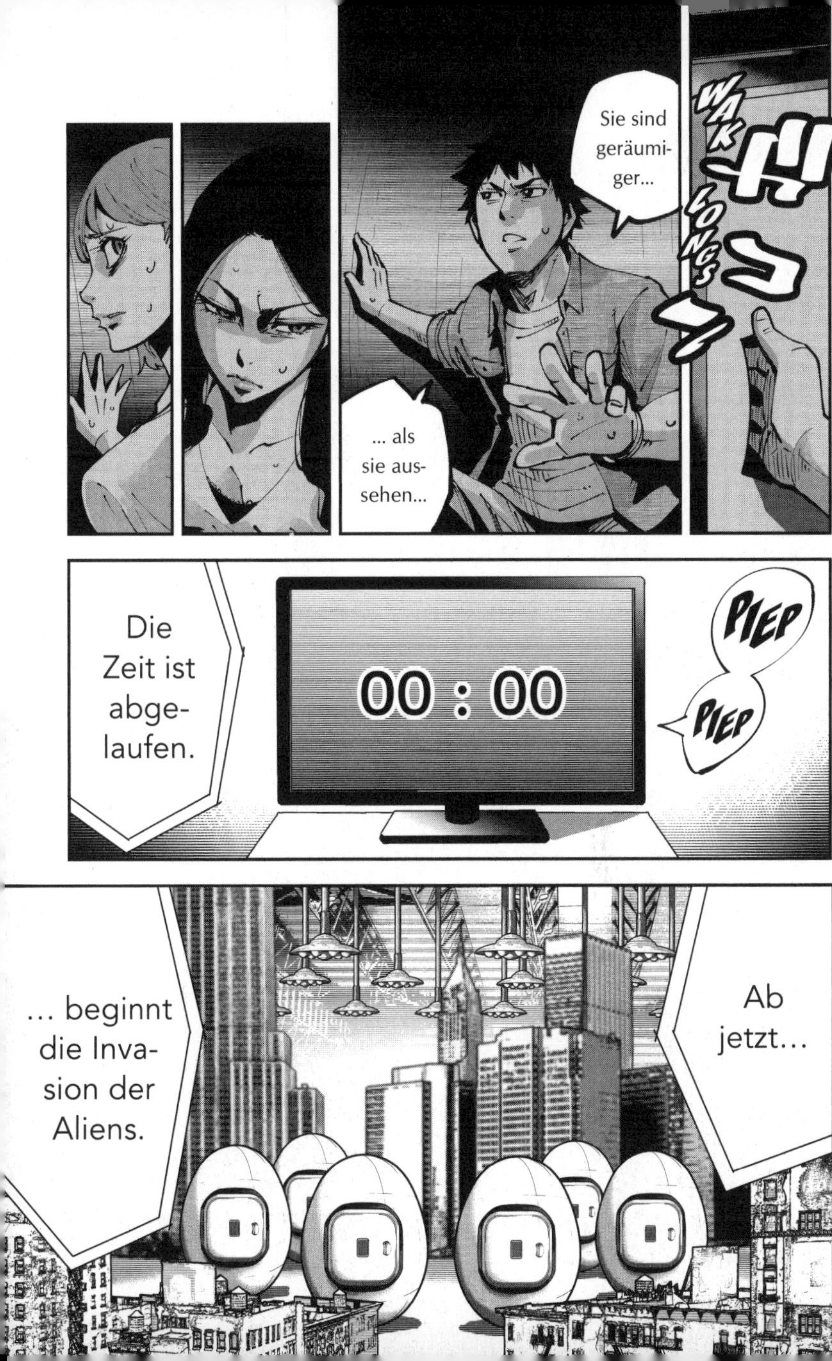
WAK
HUMPF
LONGS
Sie sind geräumiger...
... als sie aussehen...
PIEP
PIEP
00 : 00
Die Zeit ist abgelaufen.
Ab jetzt…
… beginnt die Invasion der Aliens.

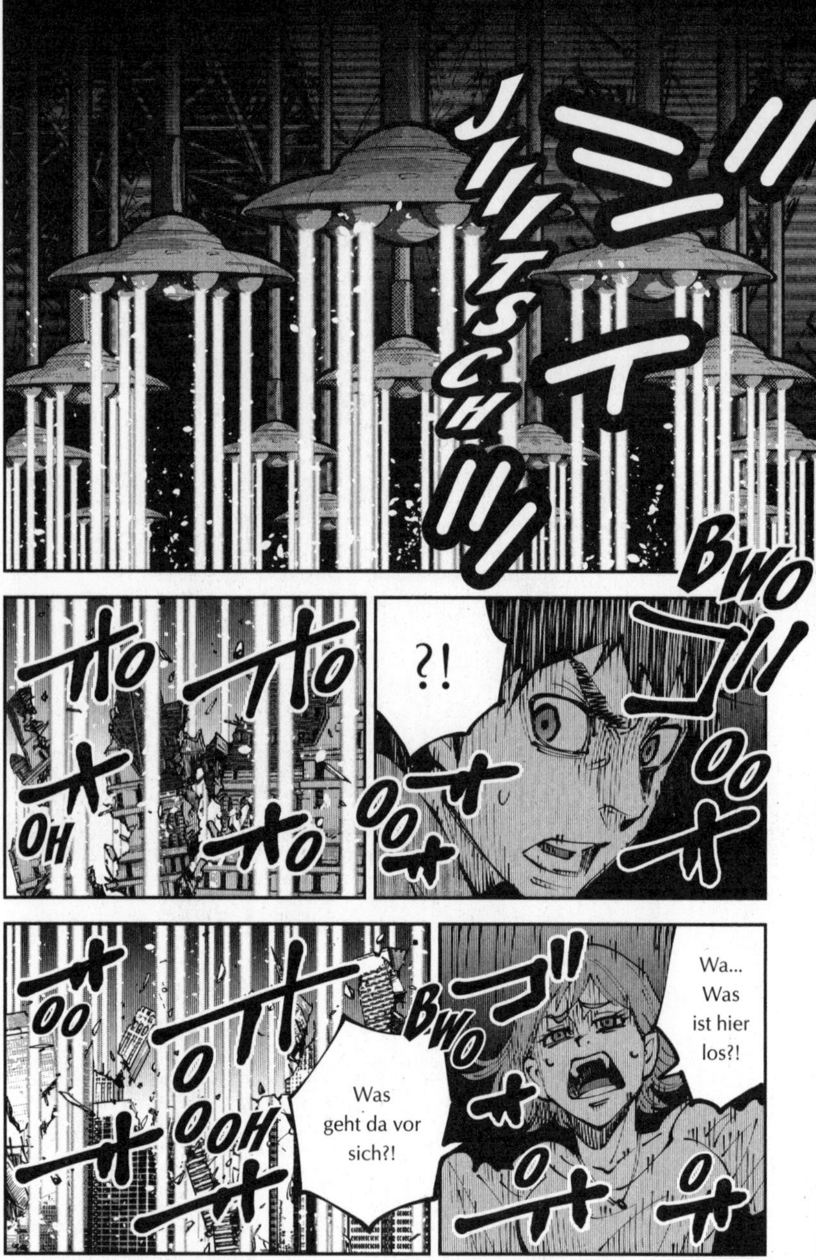

JIIITSCH
BWO
?!
OH
Wa... Was ist hier los?!
BWO
Was geht da vor sich?!
OOH

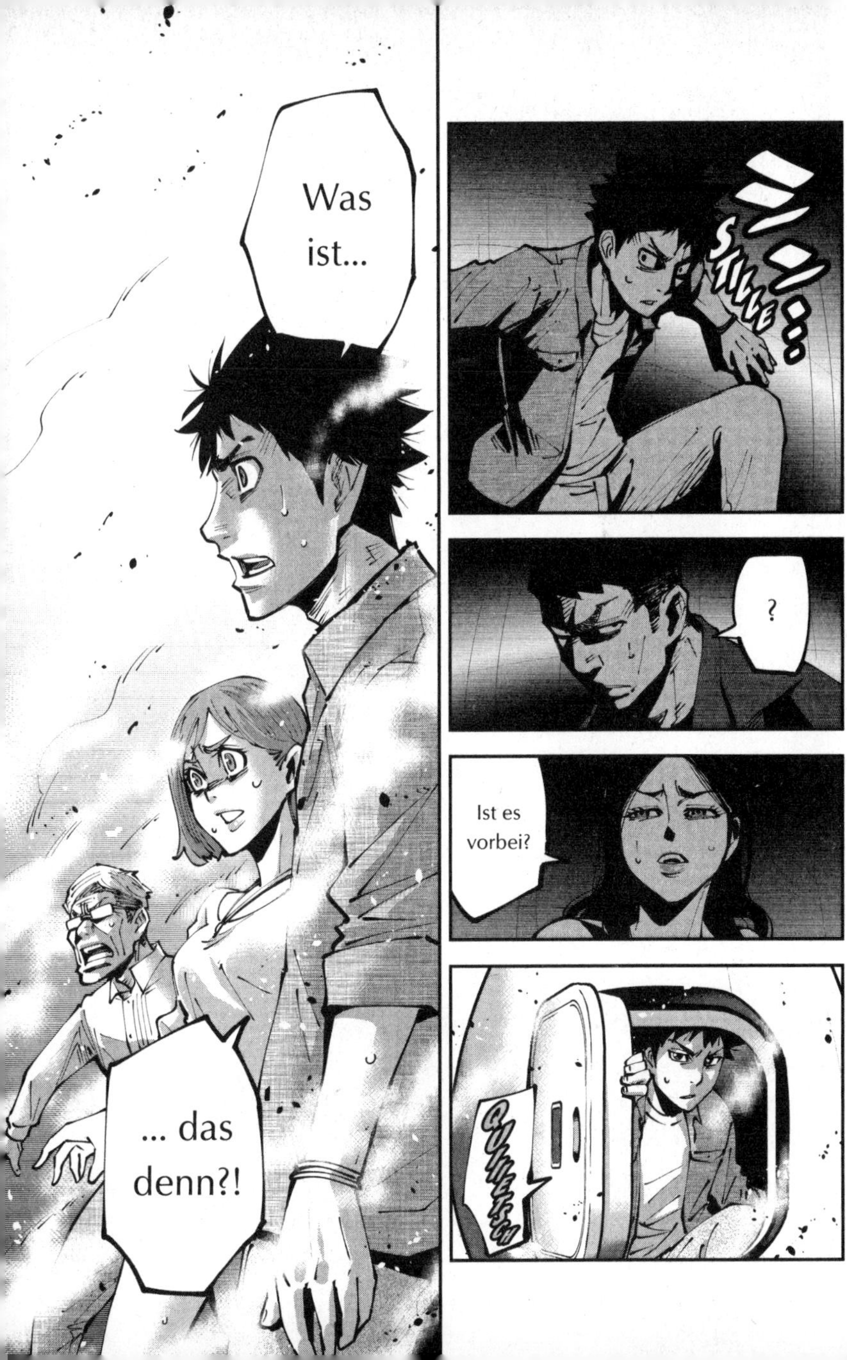
STILLE...
?
Ist es vorbei?
QUIETSCH
Was ist...
... das denn?!

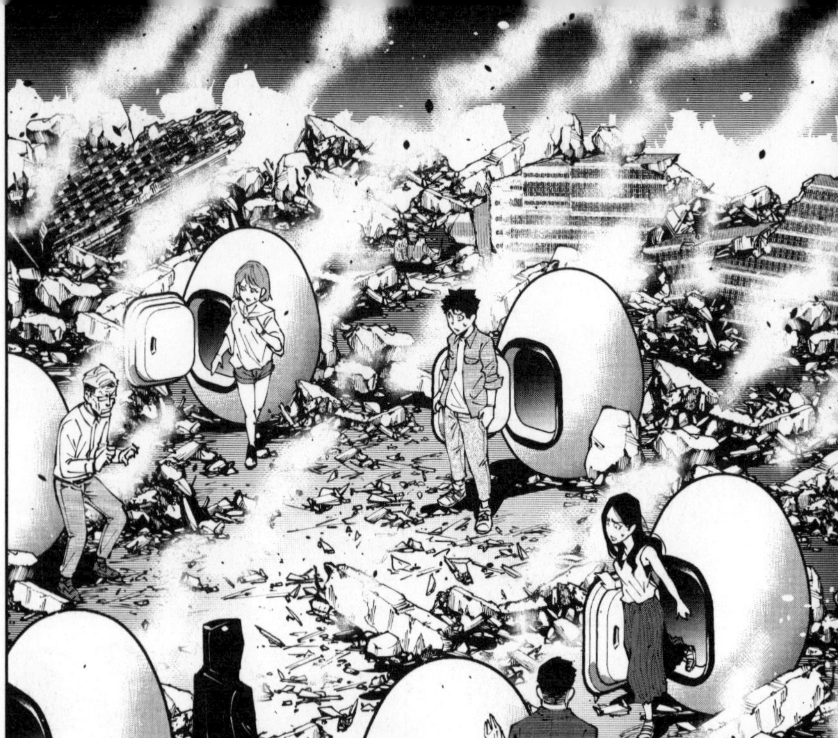

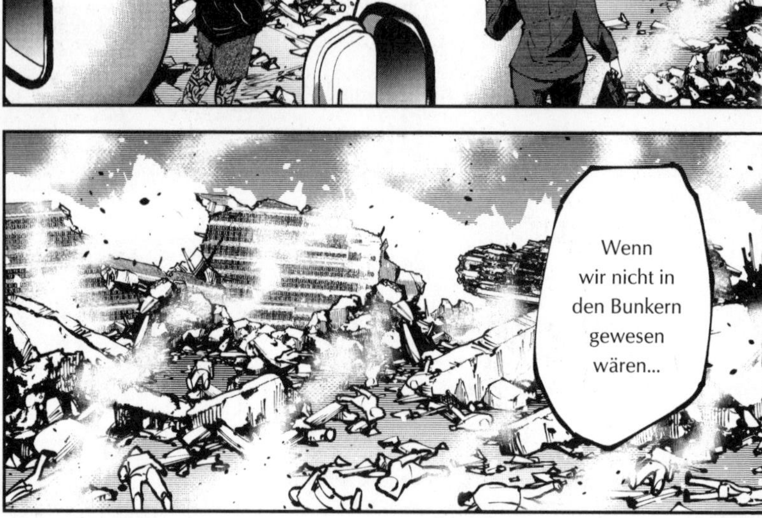
Wenn wir nicht in den Bunkern gewesen wären...

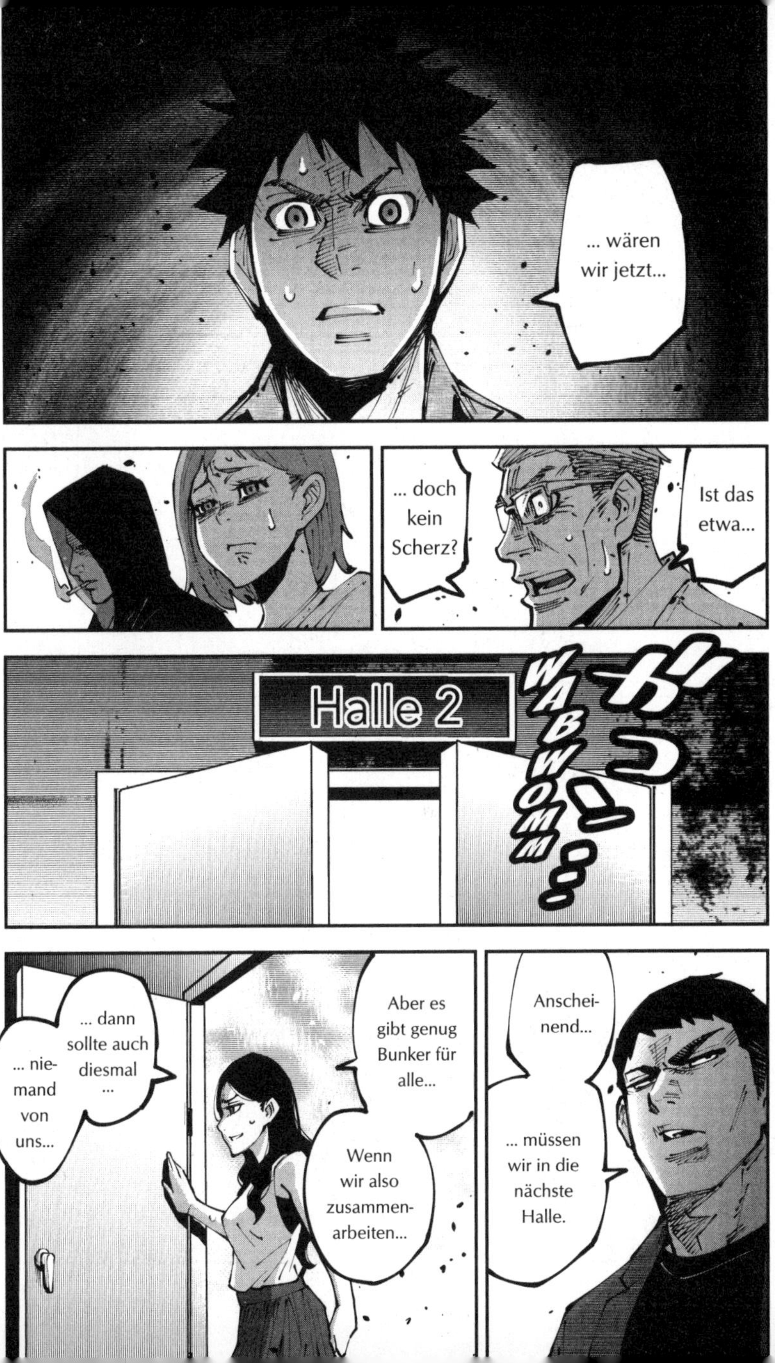

... wären wir jetzt...
Ist das etwa...
... doch kein Scherz?
Halle 2
WABWOMM...
Anschei-nend...
... müssen wir in die nächste Halle.
Aber es gibt genug Bunker für alle...
Wenn wir also zusammen-arbeiten...
... dann sollte auch diesmal ...
... nie-mand von uns...

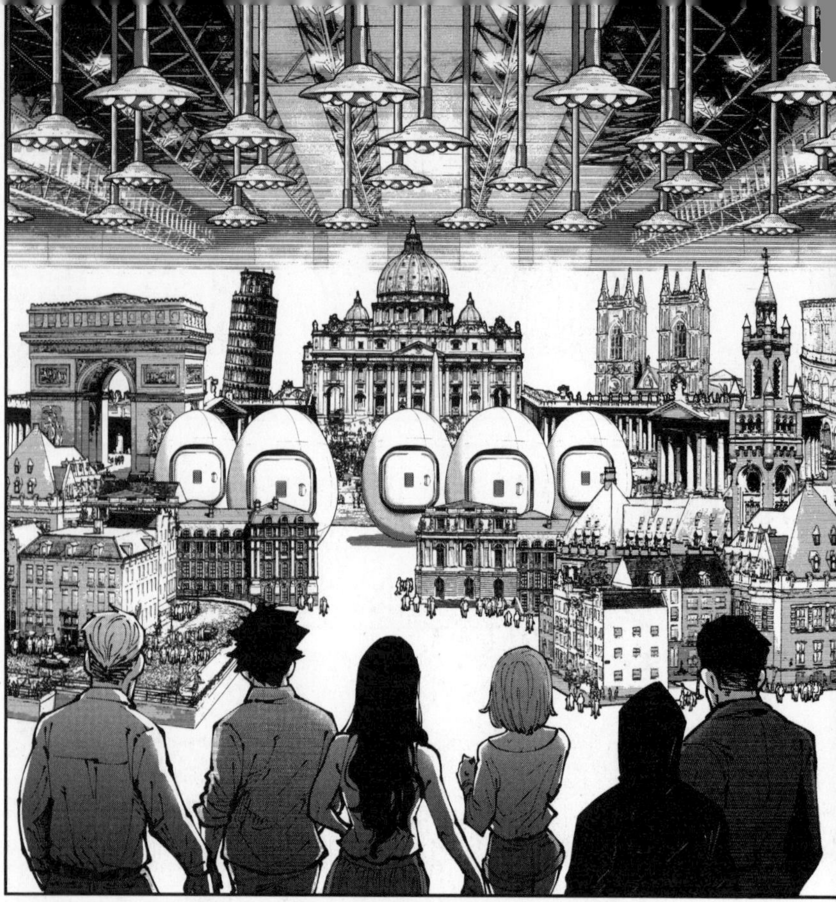

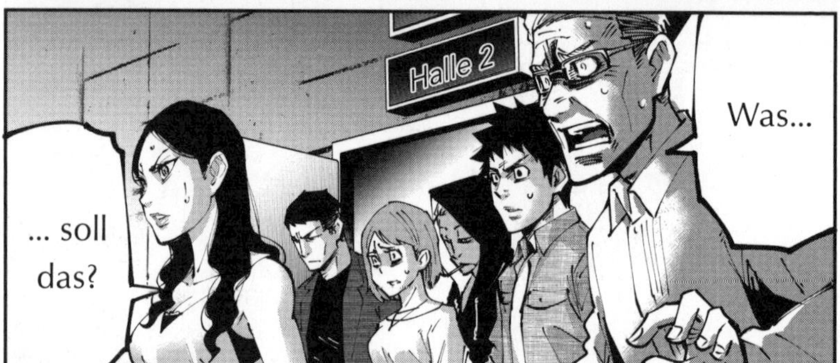
Halle 2
Was...
... soll das?

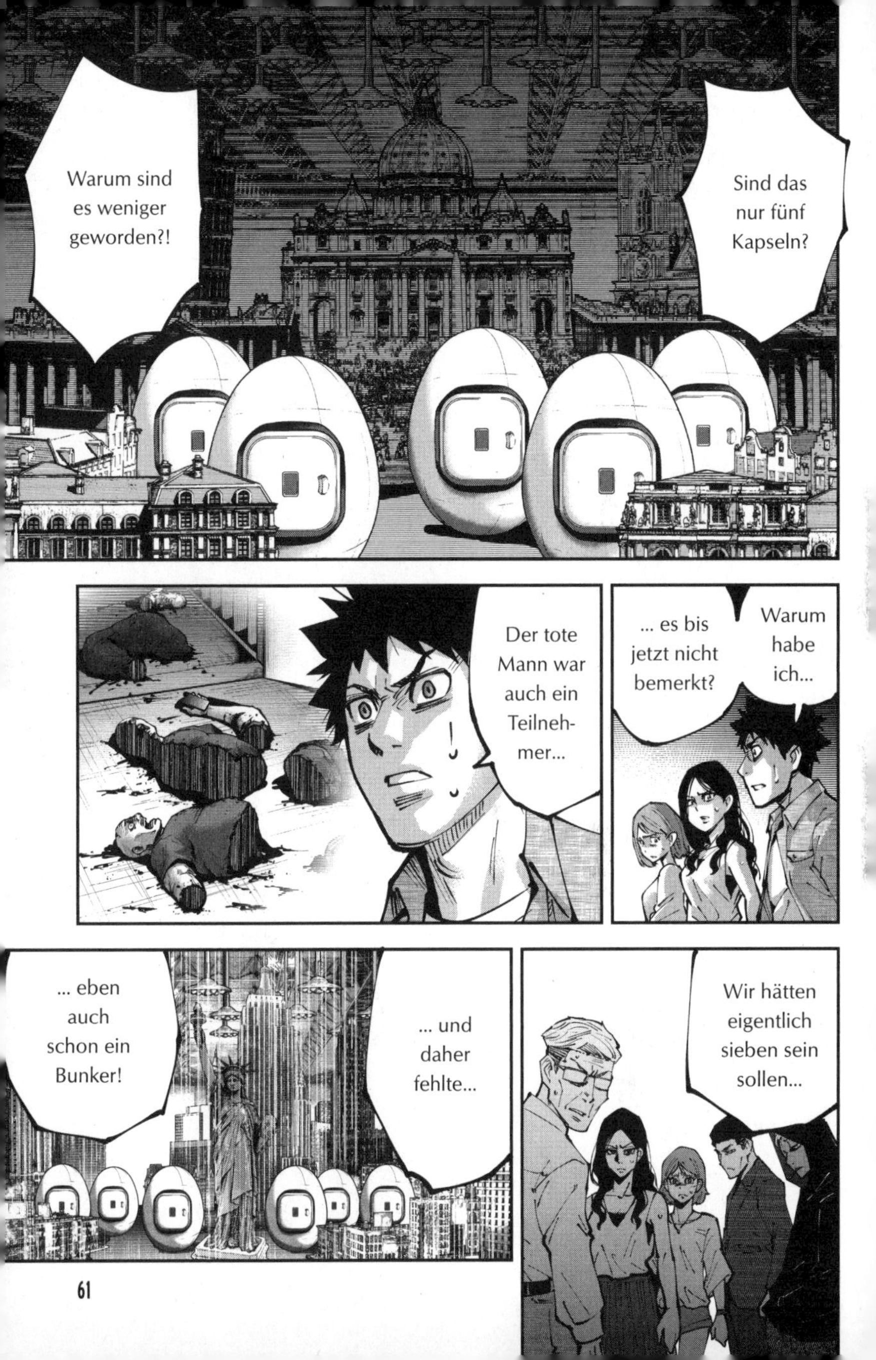
Sind das nur fünf Kapseln?
Warum sind es weniger geworden?!
Warum habe ich...
... es bis jetzt nicht bemerkt?
Der tote Mann war auch ein Teilnehmer...
Wir hätten eigentlich sieben sein sollen...
... und daher fehlte...
... eben auch schon ein Bunker!

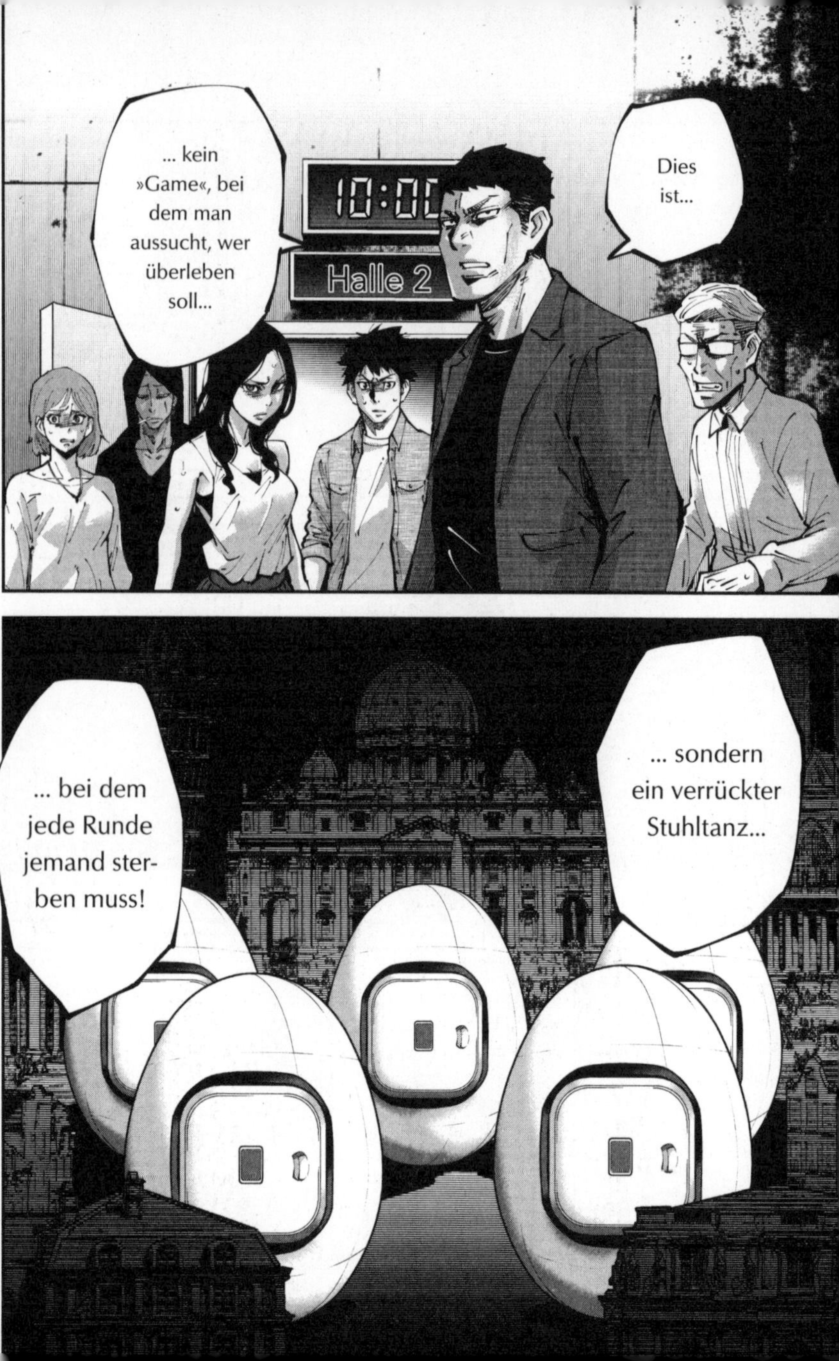
Dies ist...
10:00
Halle 2
... kein »Game«, bei dem man aussucht, wer überleben soll...
... sondern ein verrückter Stuhltanz...
... bei dem jede Runde jemand ster-ben muss!

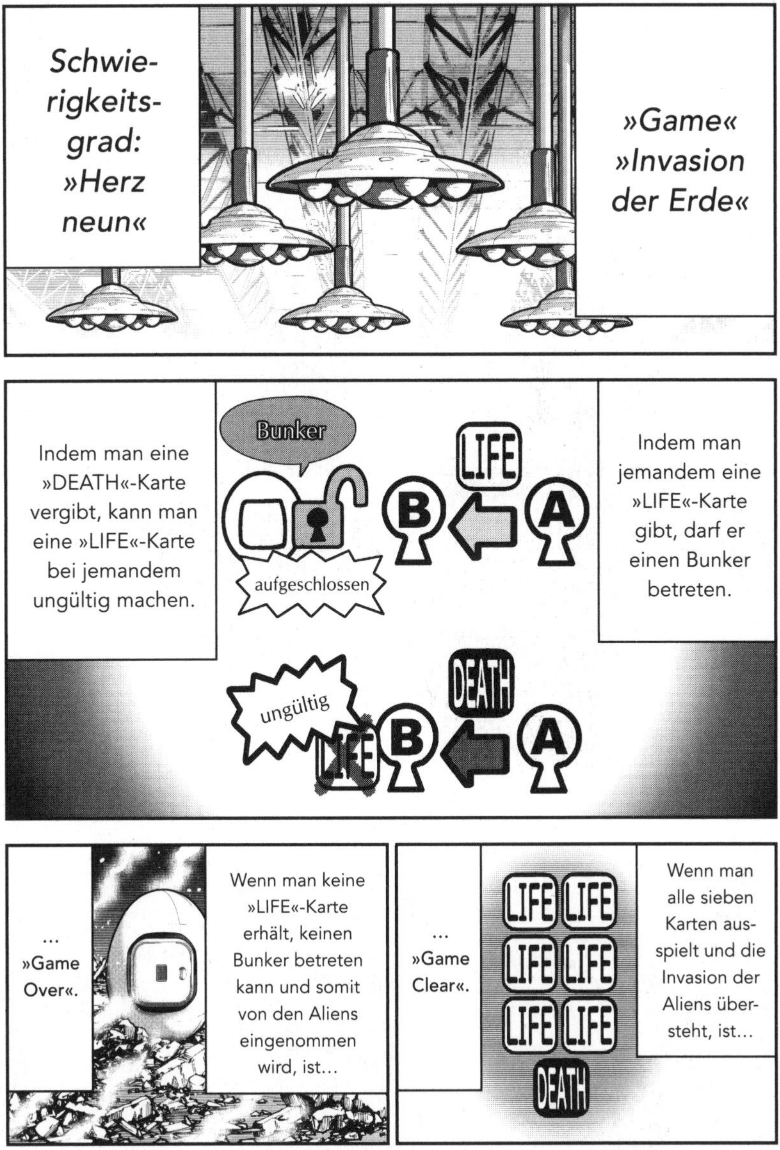
»Game« »Invasion der Erde«
Schwierigkeitsgrad: »Herz neun«
Indem man jemandem eine »LIFE«-Karte gibt, darf er einen Bunker betreten.
LIFE
A
B
Bunker
aufgeschlossen
DEATH
A
B
LIFE
ungültig
Indem man eine »DEATH«-Karte vergibt, kann man eine »LIFE«-Karte bei jemandem ungültig machen.
Wenn man alle sieben Karten ausspielt und die Invasion der Aliens übersteht, ist…
LIFE LIFE
LIFE LIFE
LIFE LIFE
DEATH
… »Game Clear«.
Wenn man keine »LIFE«-Karte erhält, keinen Bunker betreten kann und somit von den Aliens eingenommen wird, ist…
… »Game Over«.

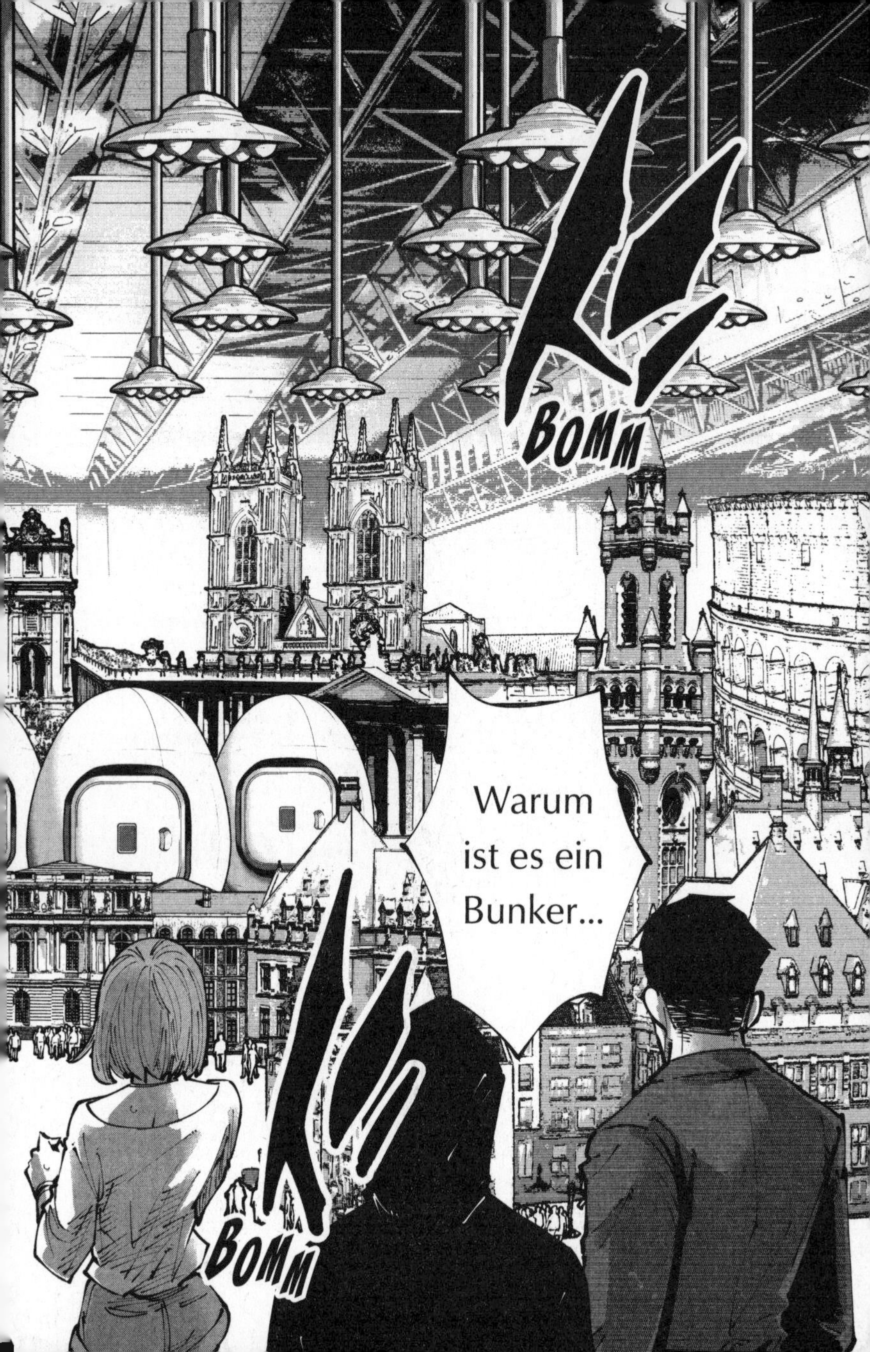
BOMM
Warum ist es ein Bunker...
BOMM

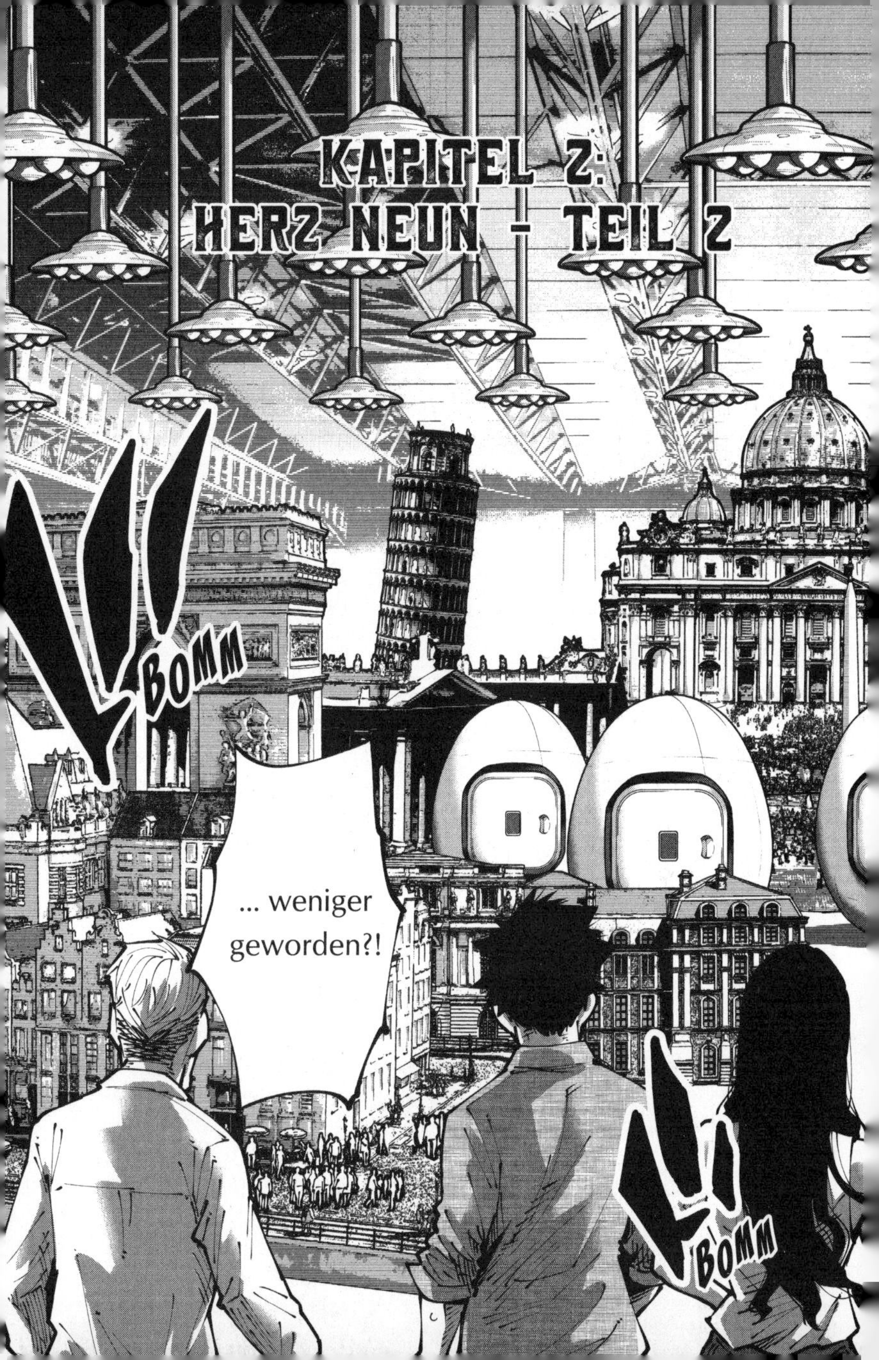
KAPITEL 2:
HERZ NEUN - TEIL 2
BOMM
... weniger geworden?!
BOMM

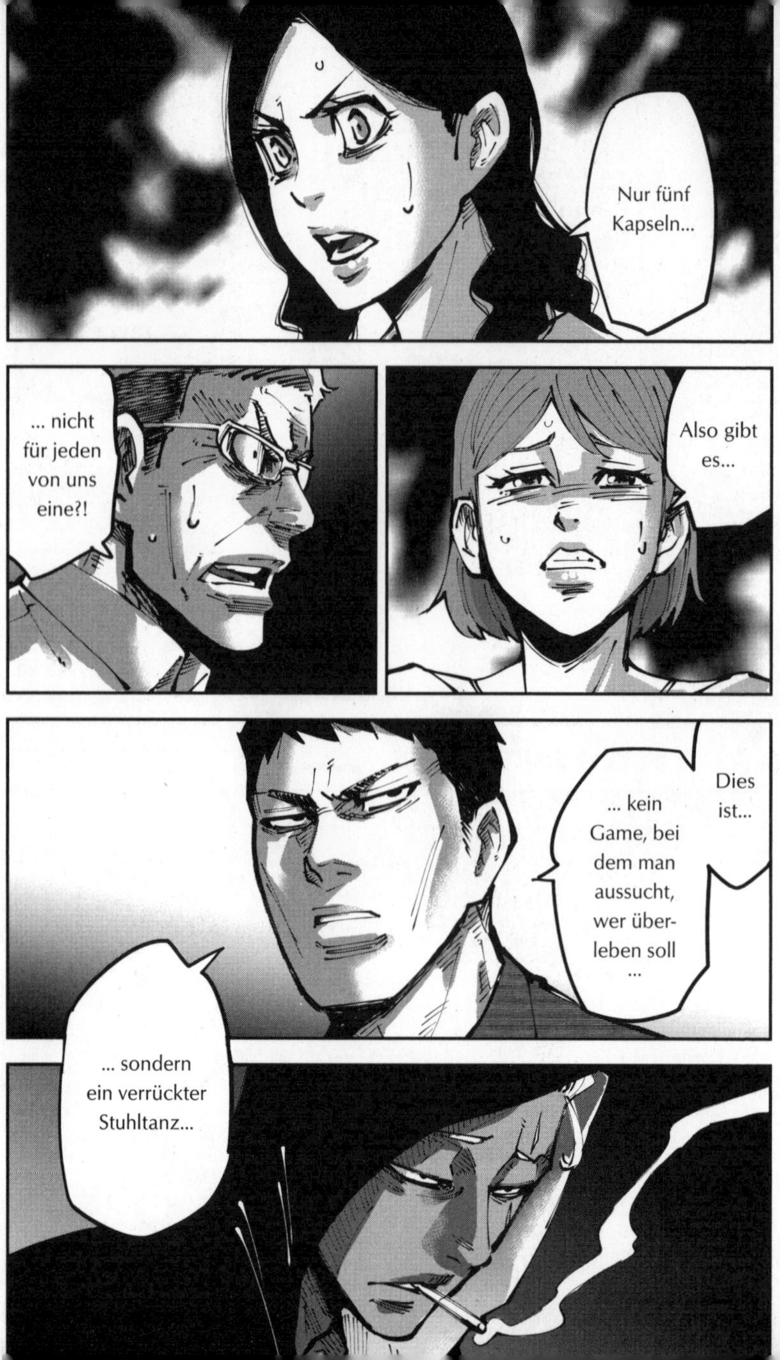
Nur fünf Kapseln...
Also gibt es...
... nicht für jeden von uns eine?!
Dies ist...
... kein Game, bei dem man aussucht, wer überleben soll ...
... sondern ein verrückter Stuhltanz...

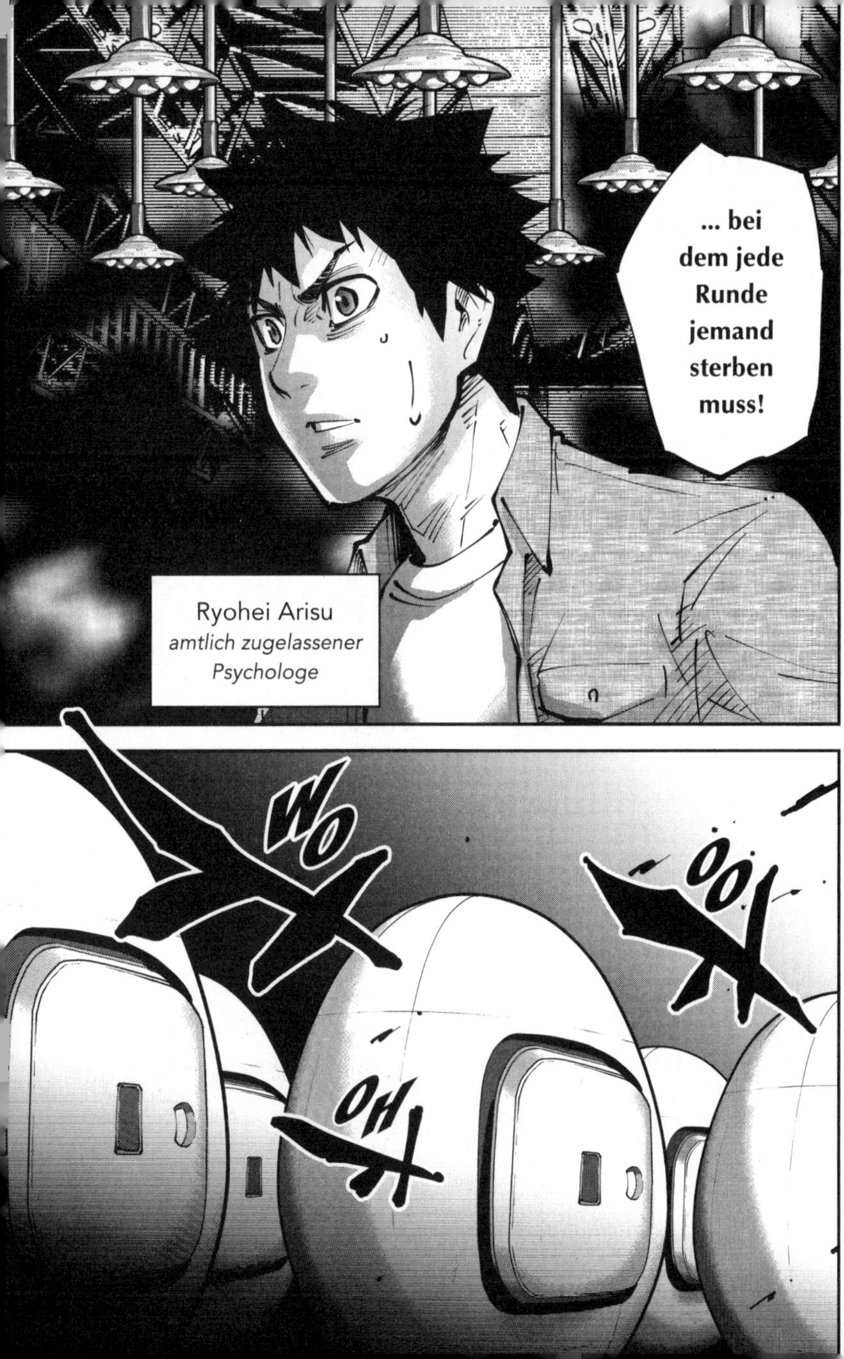
... bei dem jede Runde jemand sterben muss!
Ryohei Arisu amtlich zugelassener Psychologe

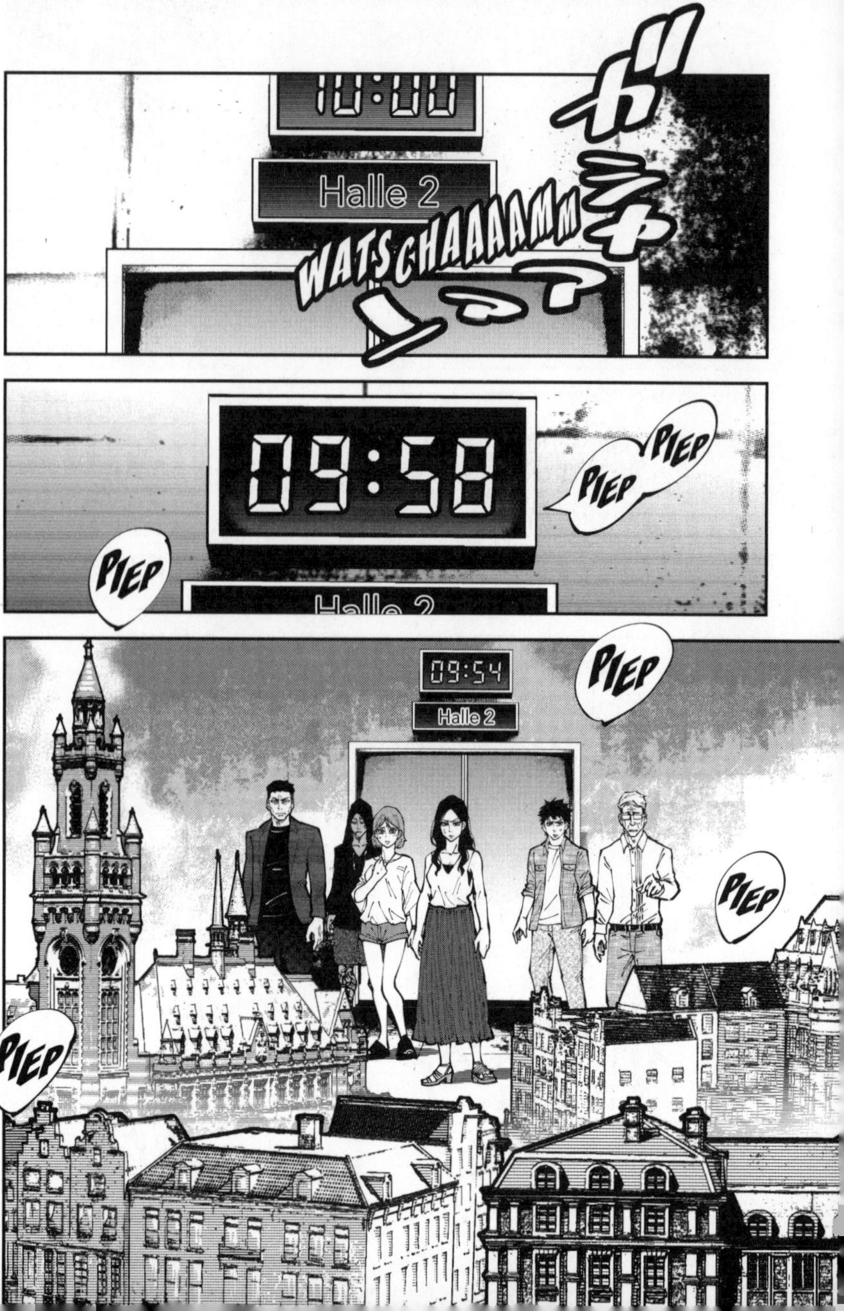

10:00
Halle 2
ガシャン
WATSCHAAAAMM
09:58
PIEP
PIEP
PIEP
09:54
Halle 2
PIEP
PIEP
PIEP

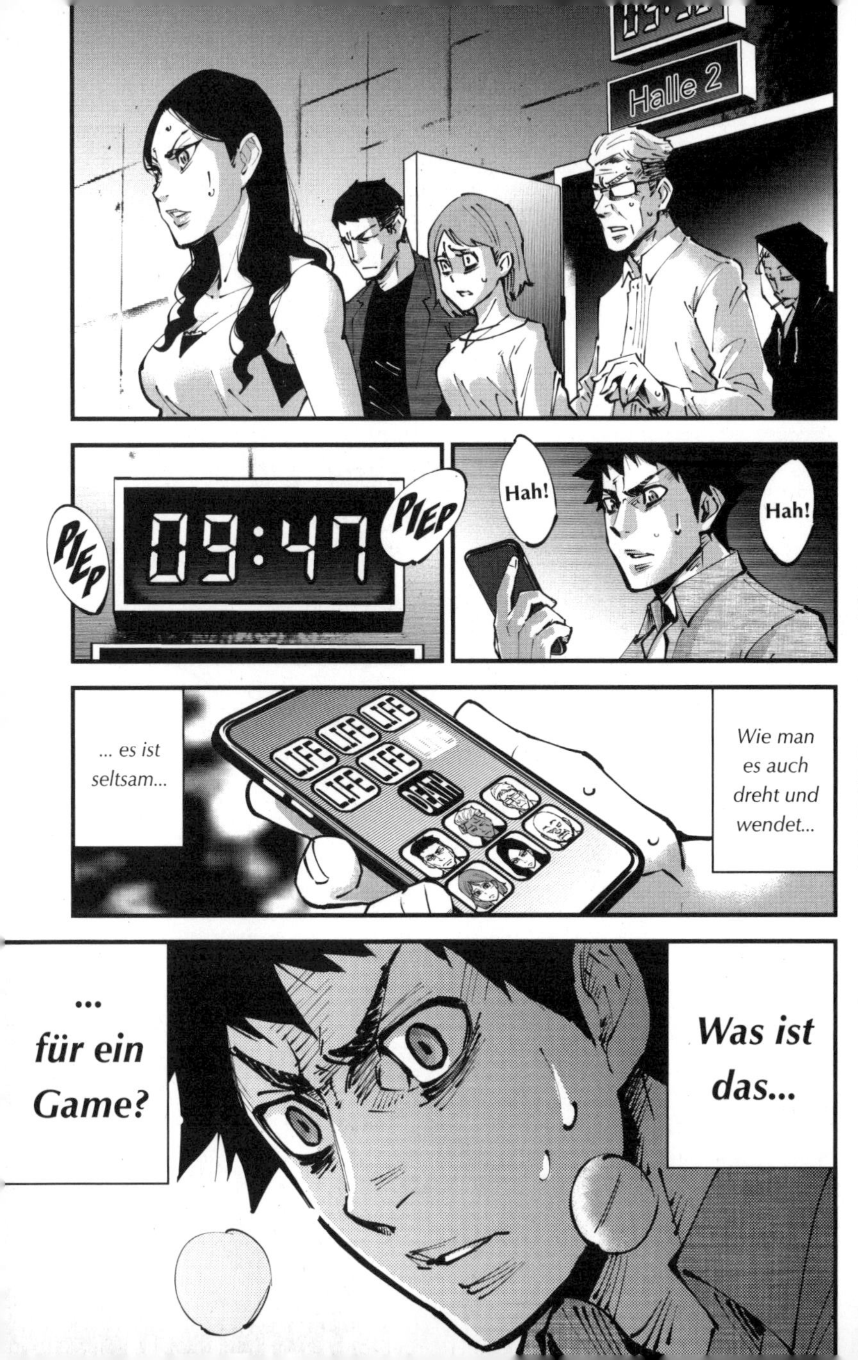
Halle 2
Hah!
Hah!
PIEP
09:47
PIEP
Wie man es auch dreht und wendet...
... es ist seltsam...
Was ist das...
... für ein Game?

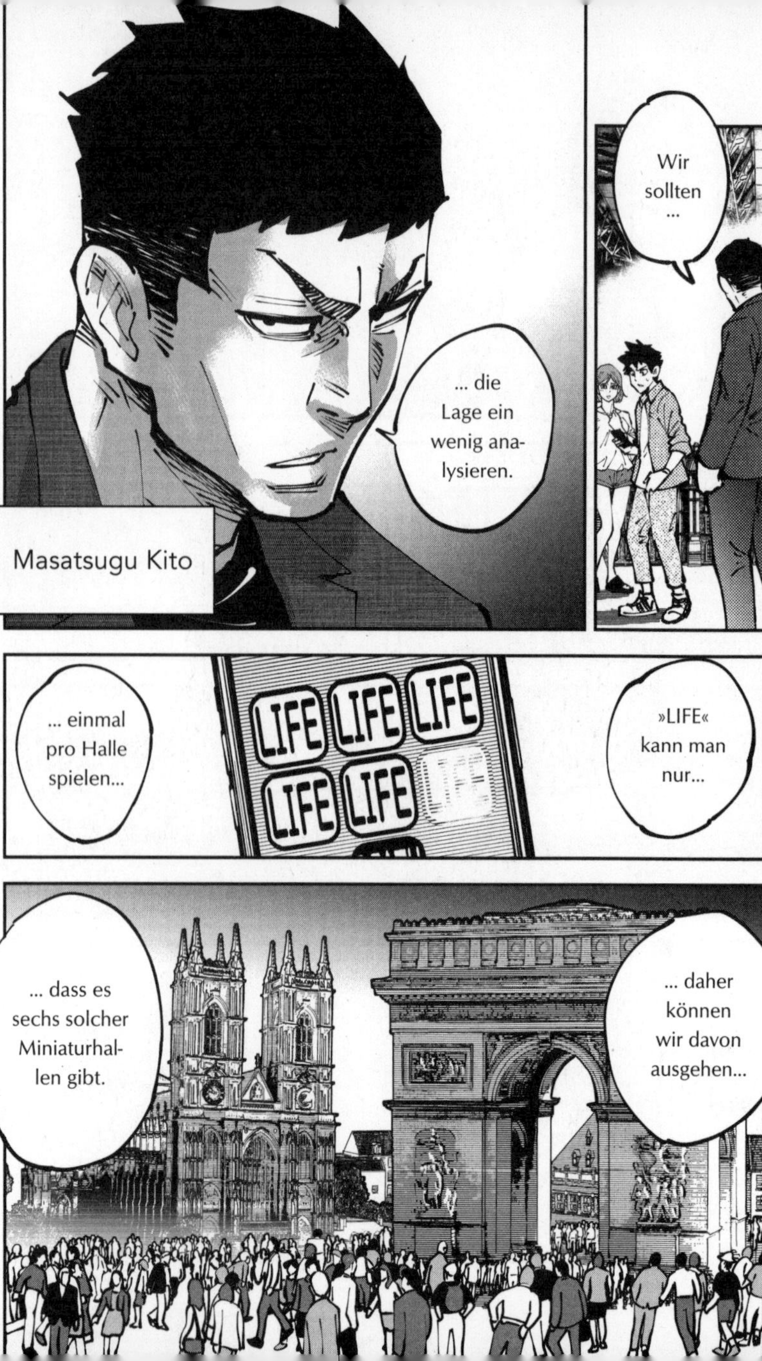
Wir sollten ...
... die Lage ein wenig ana-lysieren.
Masatsugu Kito
»LIFE« kann man nur...
LIFE LIFE LIFE LIFE LIFE
... einmal pro Halle spielen...
... daher können wir davon ausgehen...
... dass es sechs solcher Miniaturhal-len gibt.

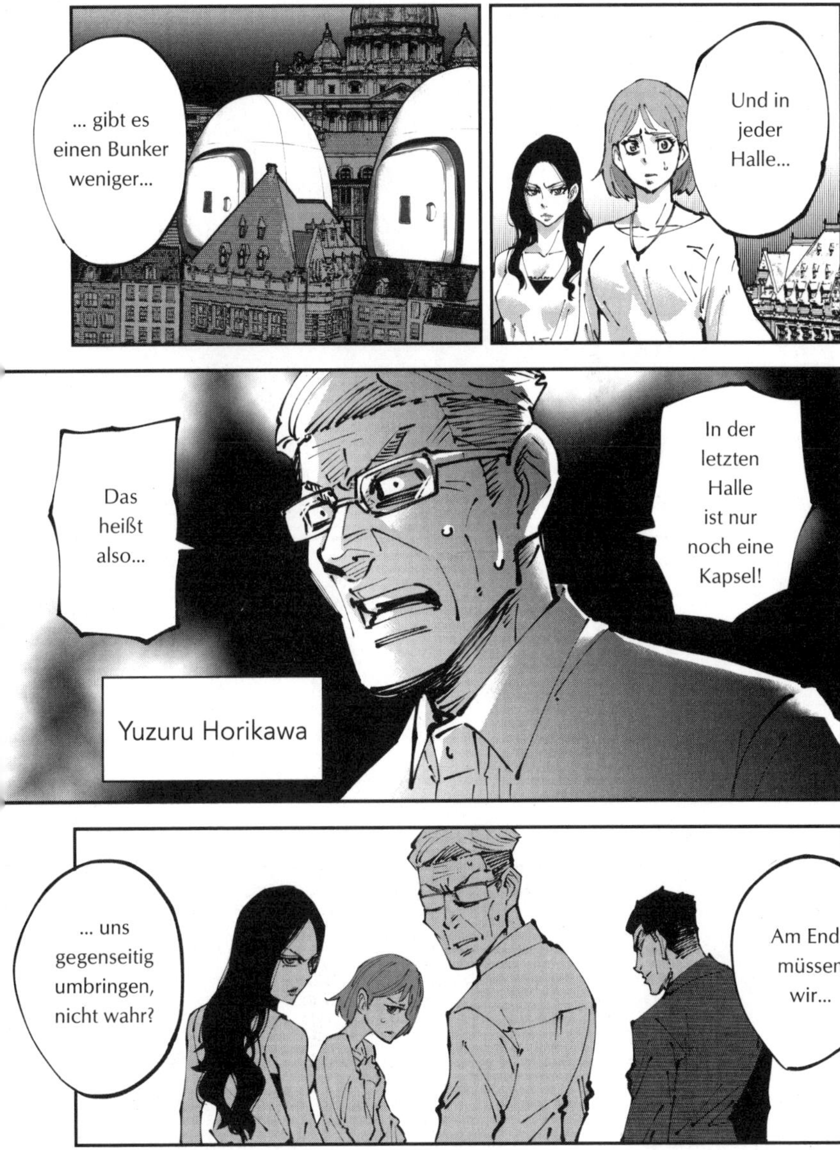
Und in jeder Halle...
... gibt es einen Bunker weniger...
In der letzten Halle ist nur noch eine Kapsel!
Das heißt also...
Yuzuru Horikawa
Am Ende müssen wir...
... uns gegenseitig umbringen, nicht wahr?

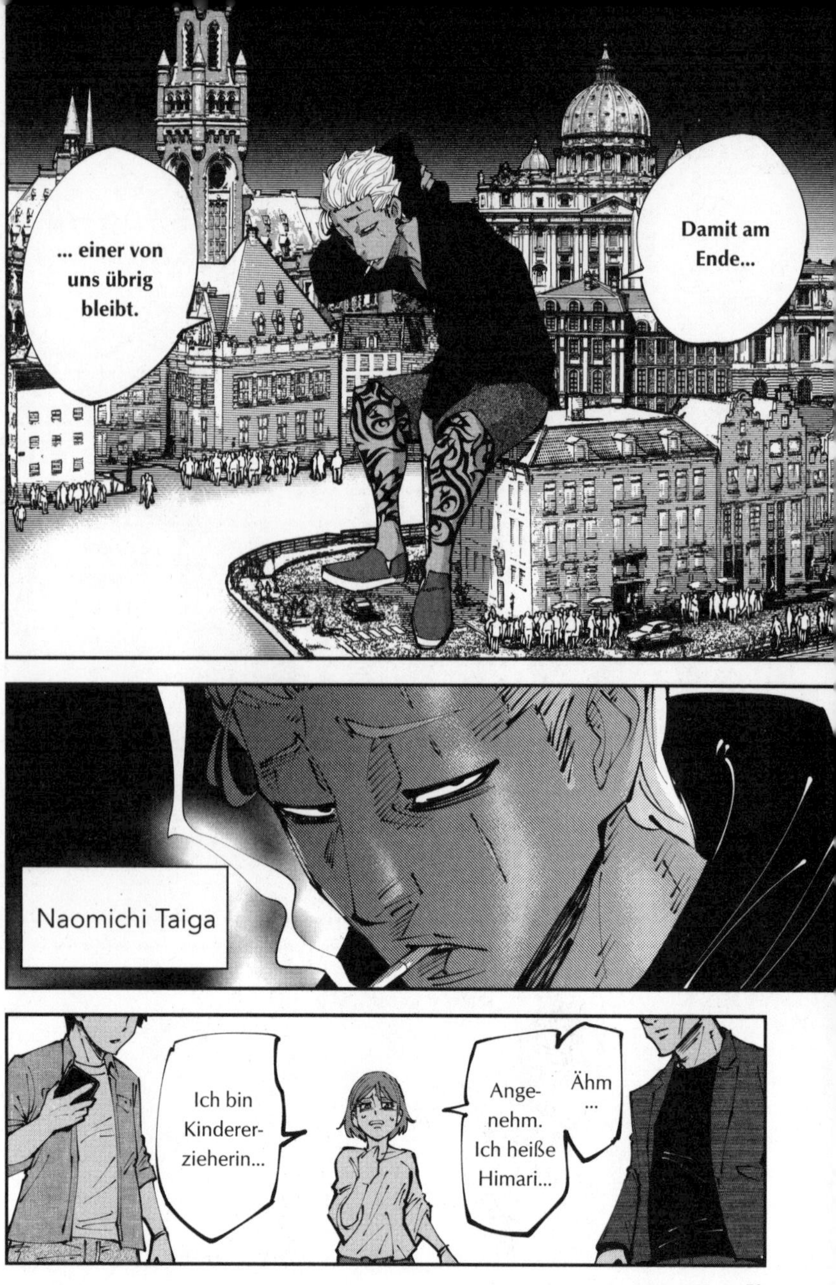
Damit am Ende...
... einer von uns übrig bleibt.
Naomichi Taiga
Ähm ...
Ange- nehm. Ich heiße Himari...
Ich bin Kinderer- zieherin...

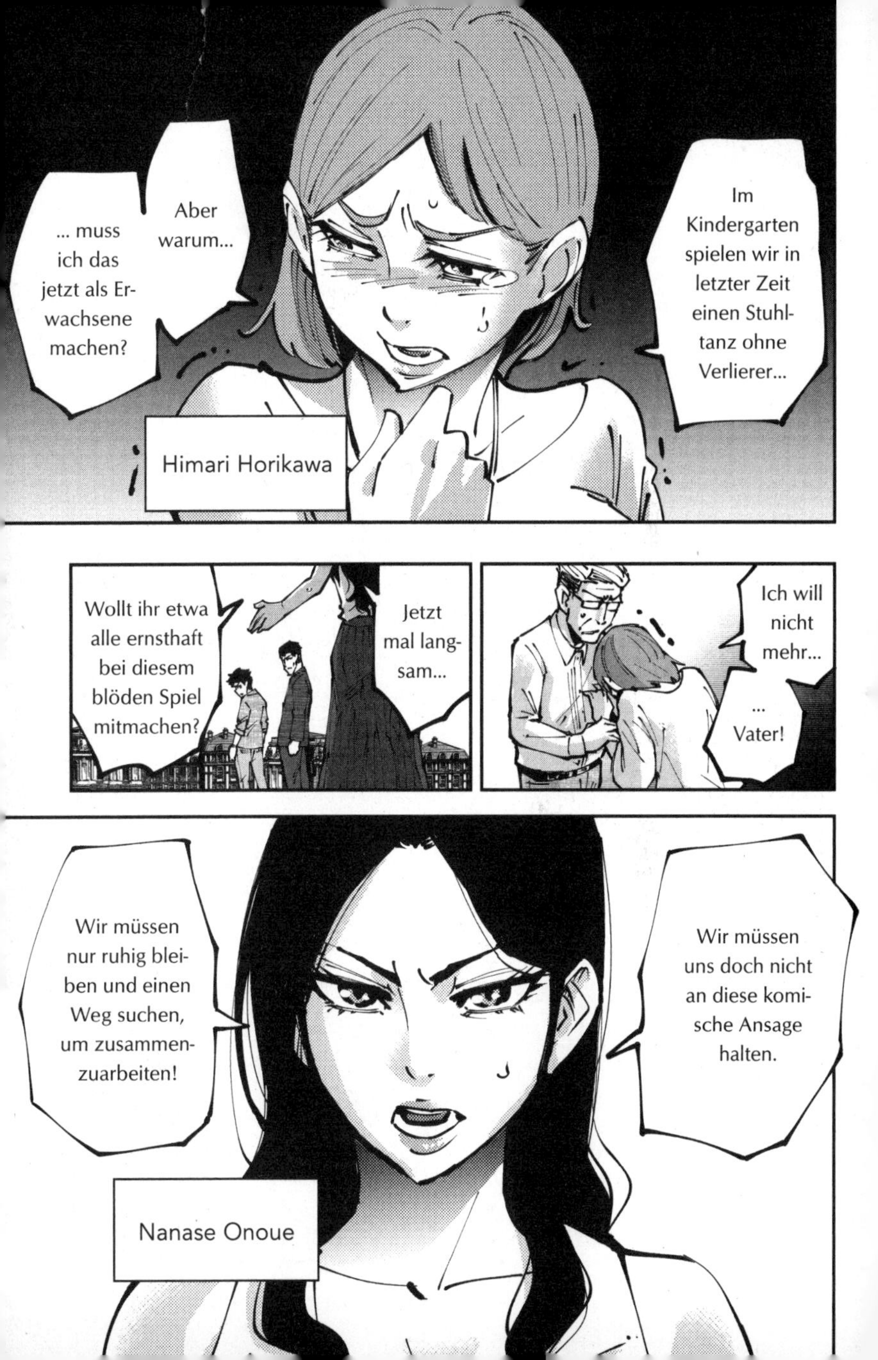
Im Kindergarten spielen wir in letzter Zeit einen Stuhltanz ohne Verlierer...
Aber warum...
... muss ich das jetzt als Erwachsene machen?
Himari Horikawa
Ich will nicht mehr...
... Vater!
Jetzt mal langsam...
Wollt ihr etwa alle ernsthaft bei diesem blöden Spiel mitmachen?
Wir müssen uns doch nicht an diese komische Ansage halten.
Wir müssen nur ruhig bleiben und einen Weg suchen, um zusammenzuarbeiten!
Nanase Onoue

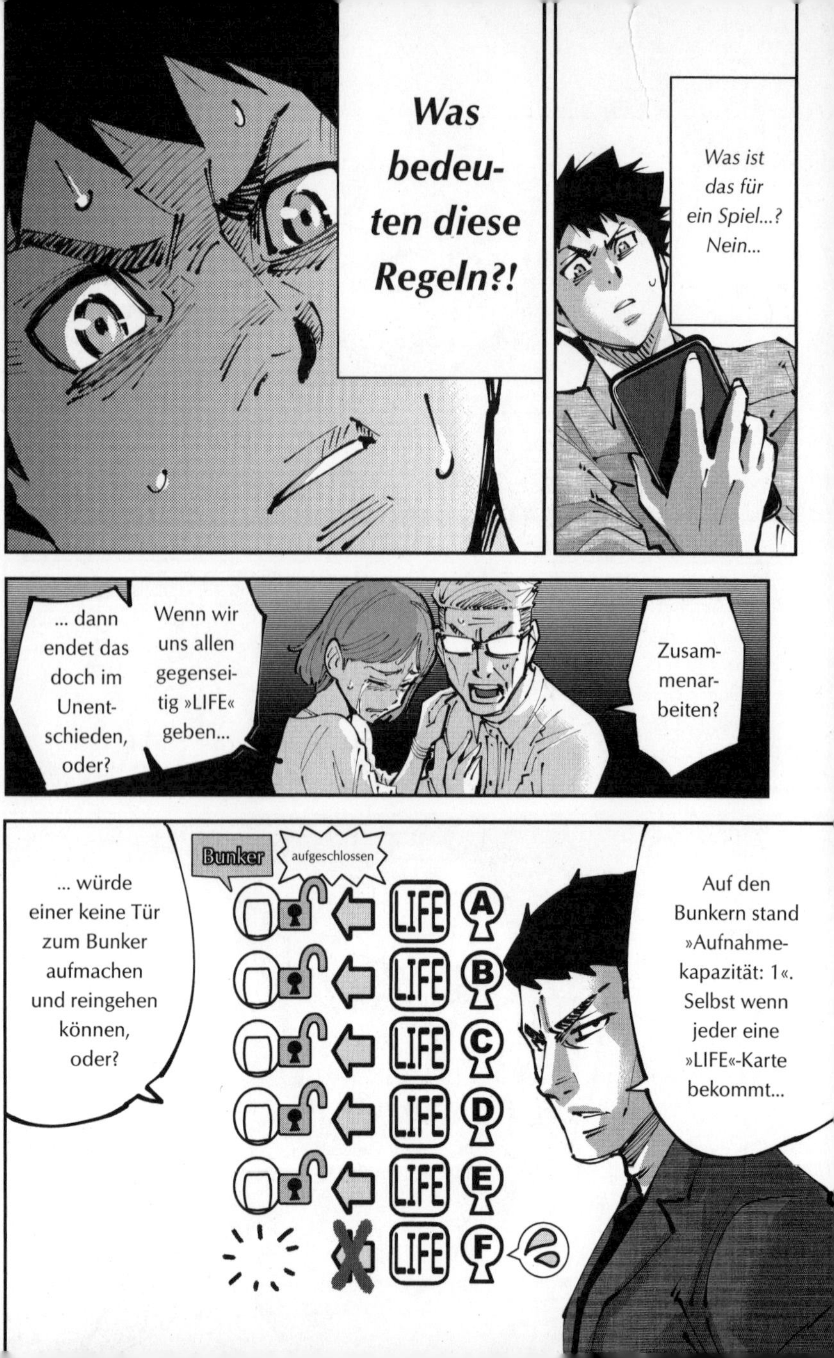

Was ist das für ein Spiel...? Nein...
Was bedeuten diese Regeln?!
Zusammenarbeiten?
Wenn wir uns allen gegenseitig »LIFE« geben...
... dann endet das doch im Unentschieden, oder?
Auf den Bunkern stand »Aufnahmekapazität: 1«. Selbst wenn jeder eine »LIFE«-Karte bekommt...
Bunker
aufgeschlossen
LIFE A
LIFE B
LIFE C
LIFE D
LIFE E
LIFE F
... würde einer keine Tür zum Bunker aufmachen und reingehen können, oder?

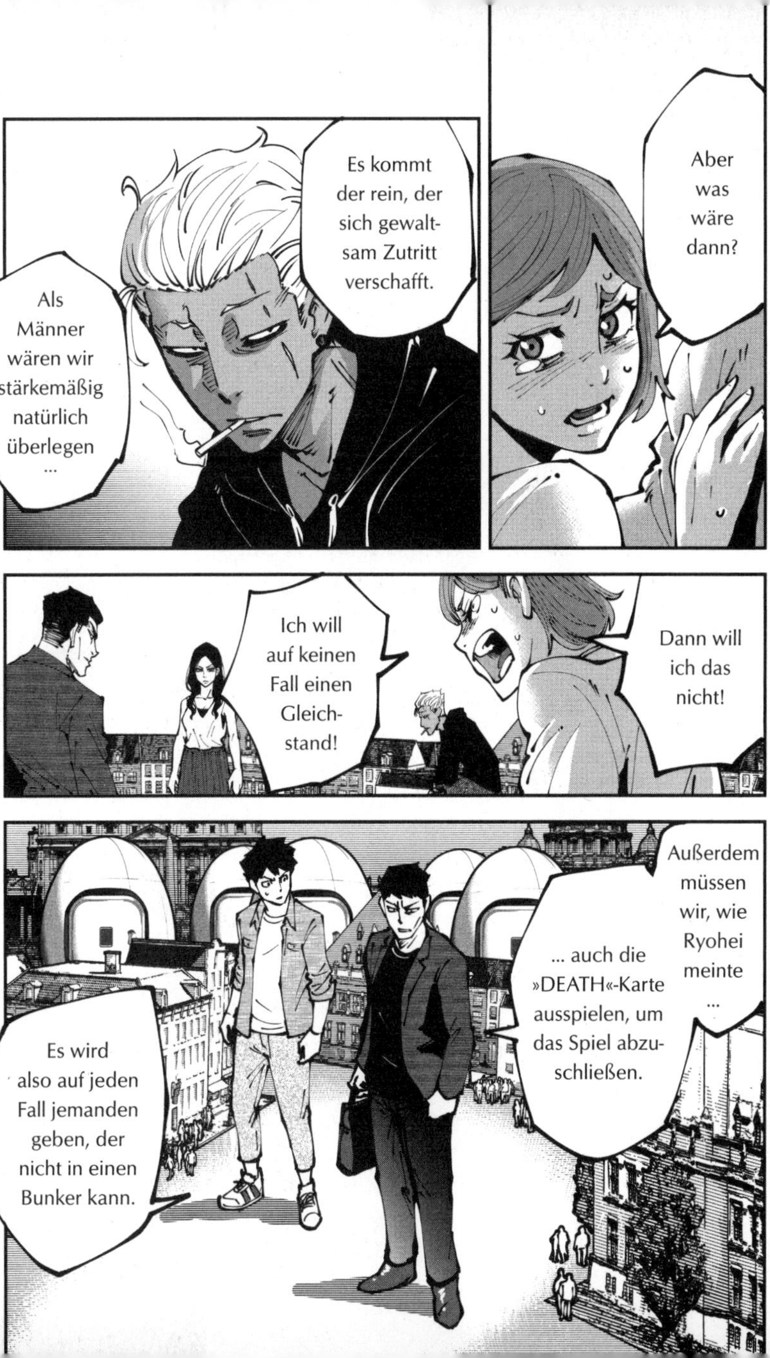
Aber was wäre dann?
Es kommt der rein, der sich gewaltsam Zutritt verschafft.
Als Männer wären wir stärkemäßig natürlich überlegen ...
Dann will ich das nicht!
Ich will auf keinen Fall einen Gleichstand!
Außerdem müssen wir, wie Ryohei meinte ...
... auch die »DEATH«-Karte ausspielen, um das Spiel abzuschließen.
Es wird also auf jeden Fall jemanden geben, der nicht in einen Bunker kann.

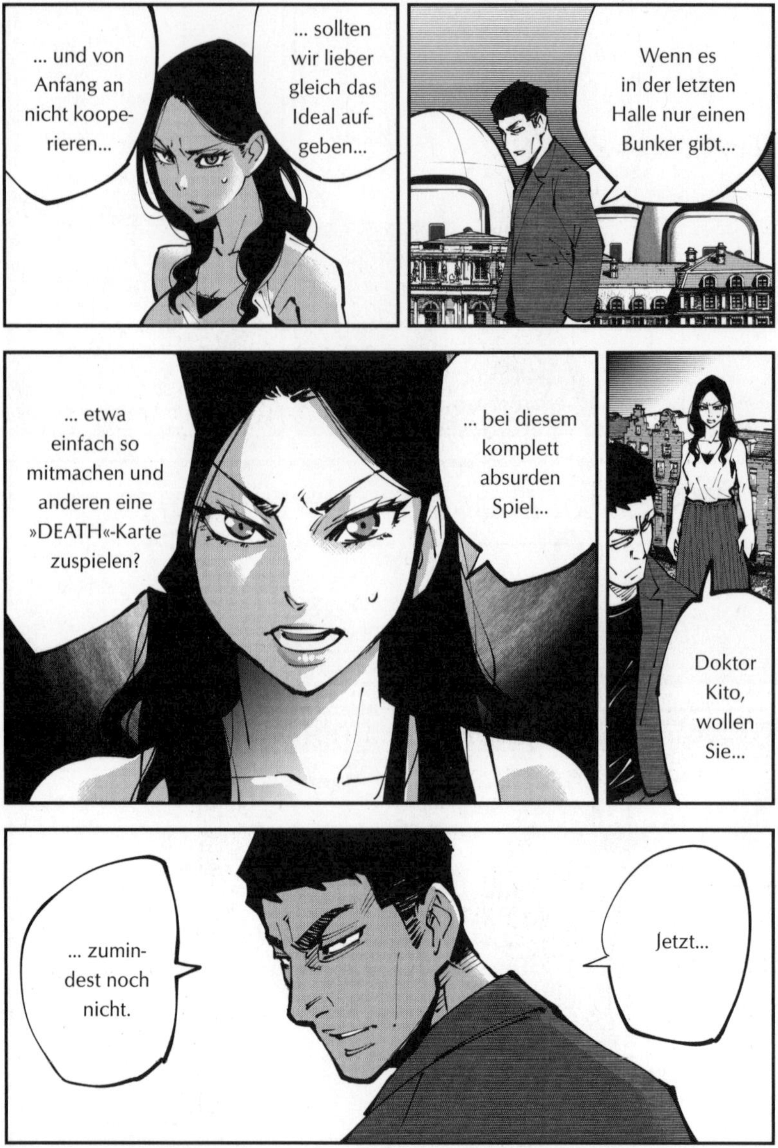

Wenn es in der letzten Halle nur einen Bunker gibt...
... sollten wir lieber gleich das Ideal aufgeben...
... und von Anfang an nicht kooperieren...
Doktor Kito, wollen Sie...
... bei diesem komplett absurden Spiel...
... etwa einfach so mitmachen und anderen eine »DEATH«-Karte zuspielen?
Jetzt...
... zumindest noch nicht.

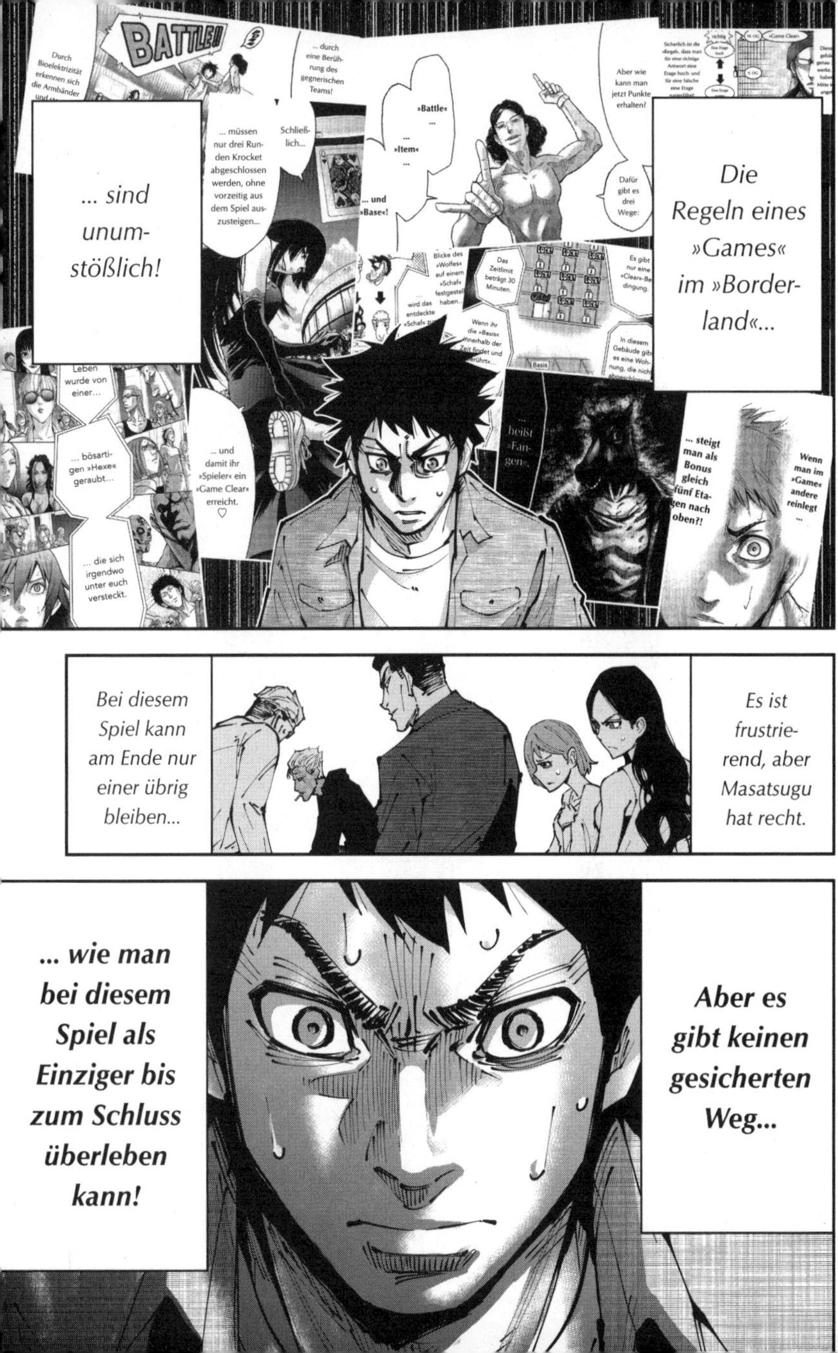

Die Regeln eines »Games« im »Borderland«...
... sind unumstößlich!
Wenn man im »Game« andere reinlegt ...
... steigt man als Bonus gleich fünf Etagen nach oben?!
... heißt »Fangen«.
Aber wie kann man jetzt Punkte erhalten?
Dafür gibt es drei Wege:
»Battle« ...
... »Item« ...
... und »Base«!
... durch eine Berührung des gegnerischen Teams!
Schließlich...
... müssen nur drei Runden Krocket abgeschlossen werden, ohne vorzeitig aus dem Spiel auszusteigen...
Durch Bioelektrizität erkennen sich die Armbänder
Das Zeitlimit beträgt 30 Minuten.
Wenn ihr die »Basis« innerhalb der Zeit findet und berührt...
... und damit ihr »Spieler« ein »Game Clear« erreicht. ♡
... bösartigen »Hexe« geraubt...
... die sich irgendwo unter euch versteckt.
Es ist frustrierend, aber Masatsugu hat recht.
Bei diesem Spiel kann am Ende nur einer übrig bleiben...
Aber es gibt keinen gesicherten Weg...
... wie man bei diesem Spiel als Einziger bis zum Schluss überleben kann!

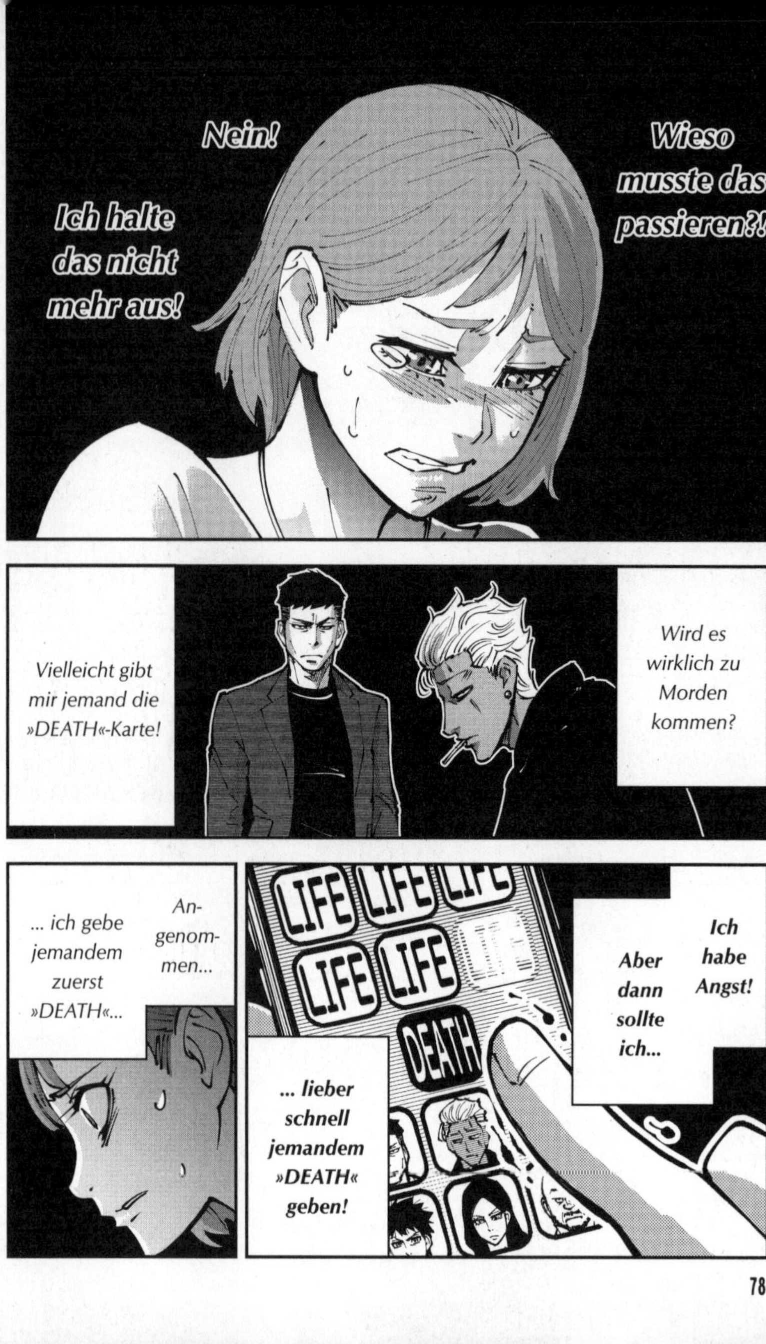
Wieso musste das passieren?!
Nein!
Ich halte das nicht mehr aus!
Wird es wirklich zu Morden kommen?
Vielleicht gibt mir jemand die »DEATH«-Karte!
Ich habe Angst!
Aber dann sollte ich...
LIFE LIFE LIFE
LIFE LIFE
DEATH
... lieber schnell jemandem »DEATH« geben!
Angenommen...
... ich gebe jemandem zuerst »DEATH«...

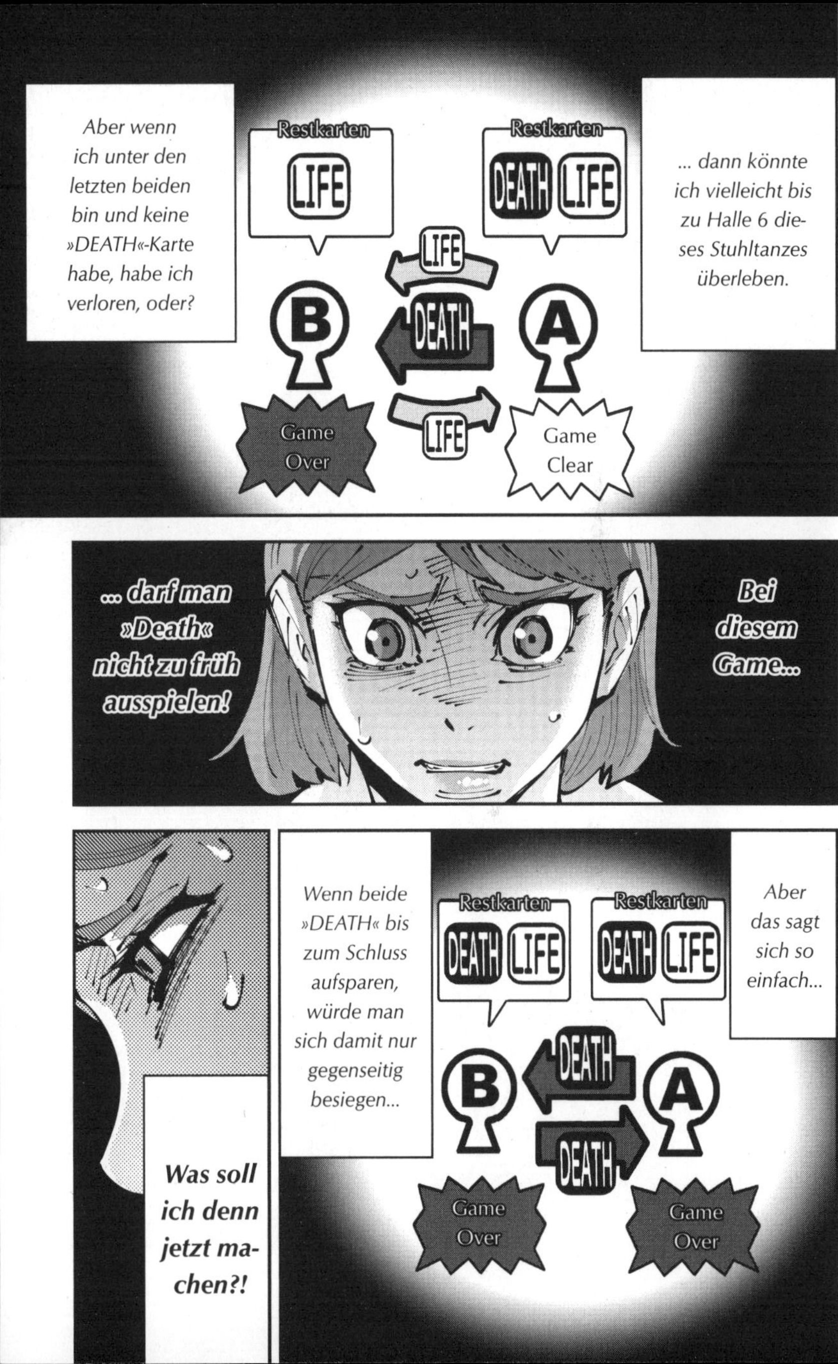
... dann könnte ich vielleicht bis zu Halle 6 dieses Stuhltanzes überleben.
Restkarten
DEATH LIFE
Restkarten
LIFE
Aber wenn ich unter den letzten beiden bin und keine »DEATH«-Karte habe, habe ich verloren, oder?
LIFE
DEATH
LIFE
A
B
Game Clear
Game Over
Bei diesem Game...
... darf man »Death« nicht zu früh ausspielen!
Aber das sagt sich so einfach...
Restkarten
DEATH LIFE
Restkarten
DEATH LIFE
Wenn beide »DEATH« bis zum Schluss aufsparen, würde man sich damit nur gegenseitig besiegen...
DEATH
DEATH
A
B
Game Over
Game Over
Was soll ich denn jetzt machen?!

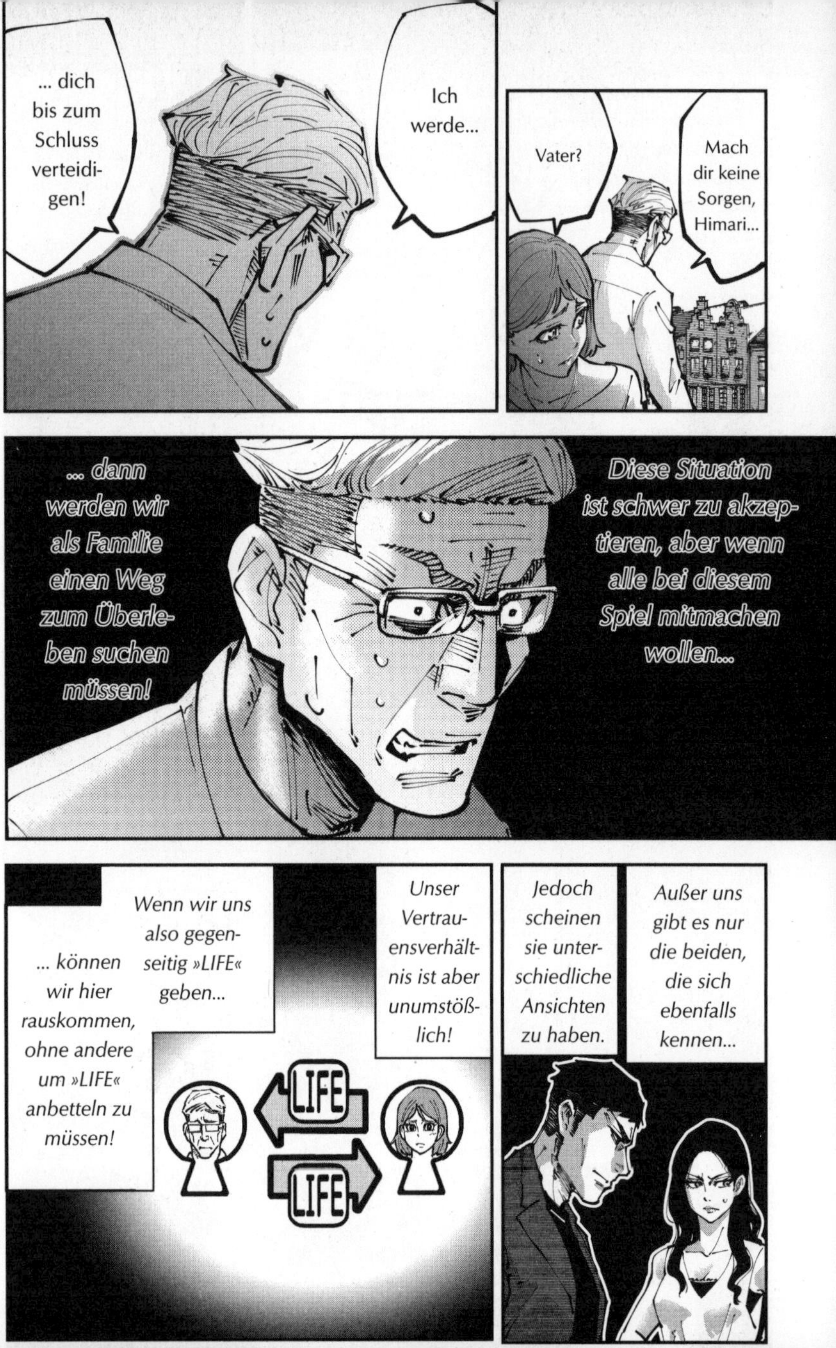
Mach dir keine Sorgen, Himari...
Vater?
Ich werde...
... dich bis zum Schluss verteidigen!
Diese Situation ist schwer zu akzeptieren, aber wenn alle bei diesem Spiel mitmachen wollen...
... dann werden wir als Familie einen Weg zum Überleben suchen müssen!
Außer uns gibt es nur die beiden, die sich ebenfalls kennen...
Jedoch scheinen sie unterschiedliche Ansichten zu haben.
Unser Vertrauensverhältnis ist aber unumstößlich!
Wenn wir uns also gegenseitig »LIFE« geben...
... können wir hier rauskommen, ohne andere um »LIFE« anbetteln zu müssen!
LIFE
LIFE

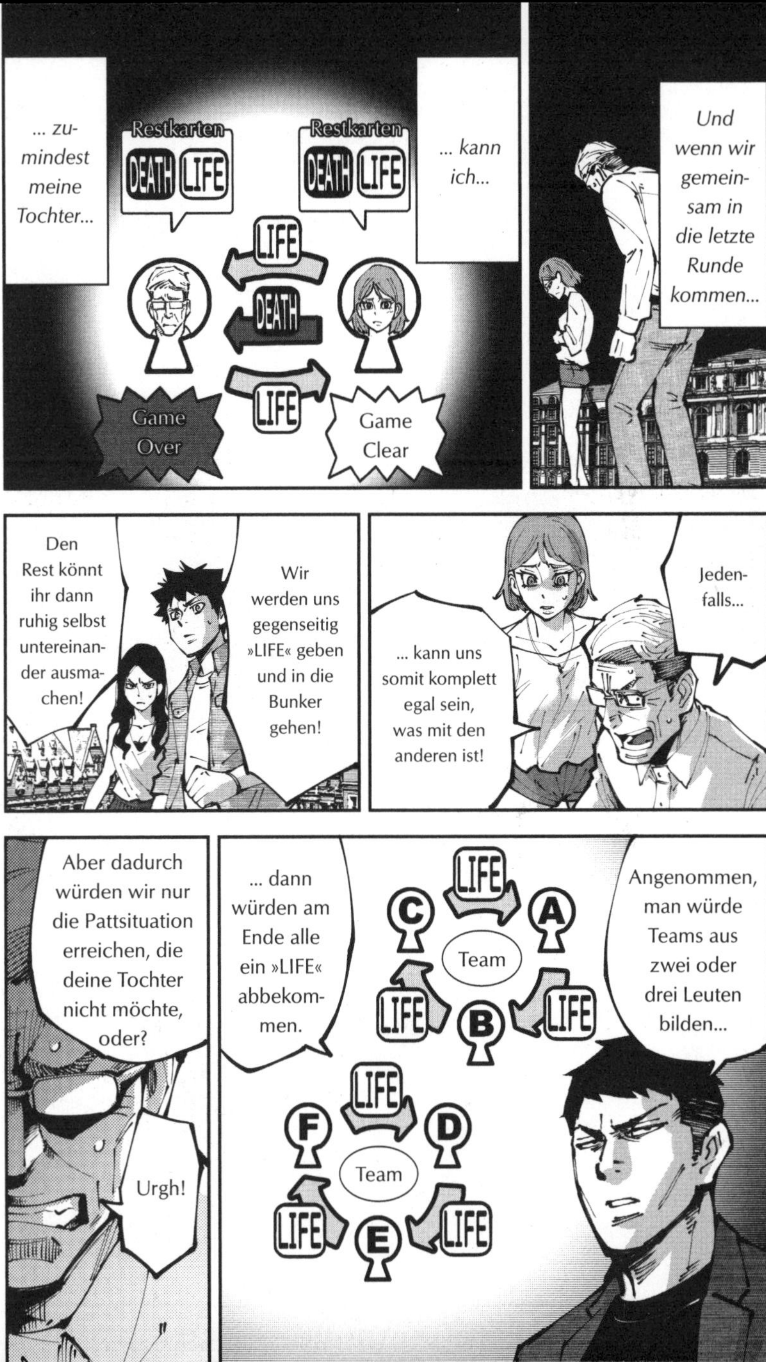
Und wenn wir gemeinsam in die letzte Runde kommen...
... kann ich...
Restkarten
DEATH LIFE
Restkarten
DEATH LIFE
LIFE
DEATH
LIFE
Game Clear
Game Over
... zumindest meine Tochter...
Jedenfalls...
... kann uns somit komplett egal sein, was mit den anderen ist!
Wir werden uns gegenseitig »LIFE« geben und in die Bunker gehen!
Den Rest könnt ihr dann ruhig selbst untereinander ausmachen!
Angenommen, man würde Teams aus zwei oder drei Leuten bilden...
LIFE
A
Team
C
B
LIFE
LIFE
LIFE
D
Team
F
E
LIFE
LIFE
... dann würden am Ende alle ein »LIFE« abbekommen.
Aber dadurch würden wir nur die Pattsituation erreichen, die deine Tochter nicht möchte, oder?
Urgh!

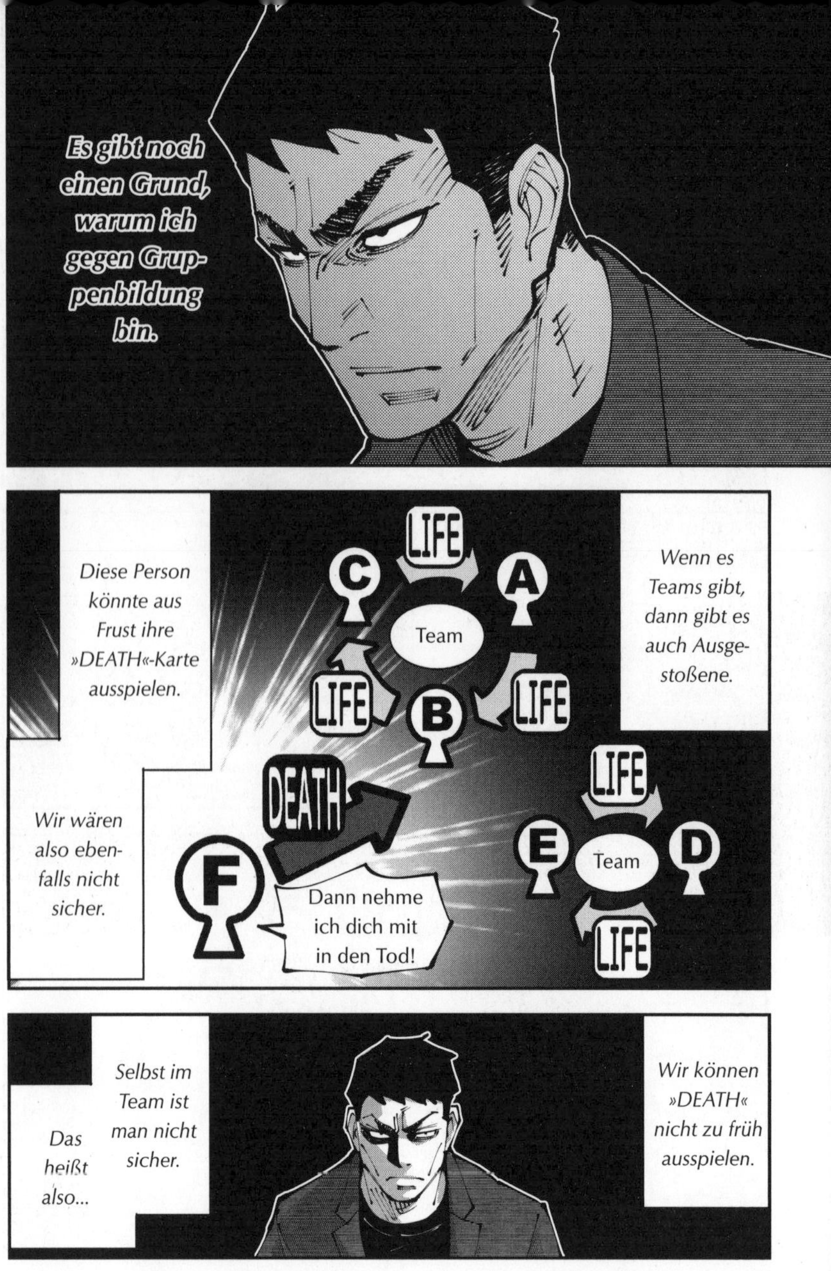
Es gibt noch einen Grund, warum ich gegen Gruppenbildung bin.
Wenn es Teams gibt, dann gibt es auch Ausgestoßene.
Diese Person könnte aus Frust ihre »DEATH«-Karte ausspielen.
LIFE
C
A
Team
LIFE
B
LIFE
DEATH
F
Dann nehme ich dich mit in den Tod!
LIFE
E
Team
D
LIFE
Wir wären also ebenfalls nicht sicher.
Wir können »DEATH« nicht zu früh ausspielen.
Selbst im Team ist man nicht sicher.
Das heißt also...

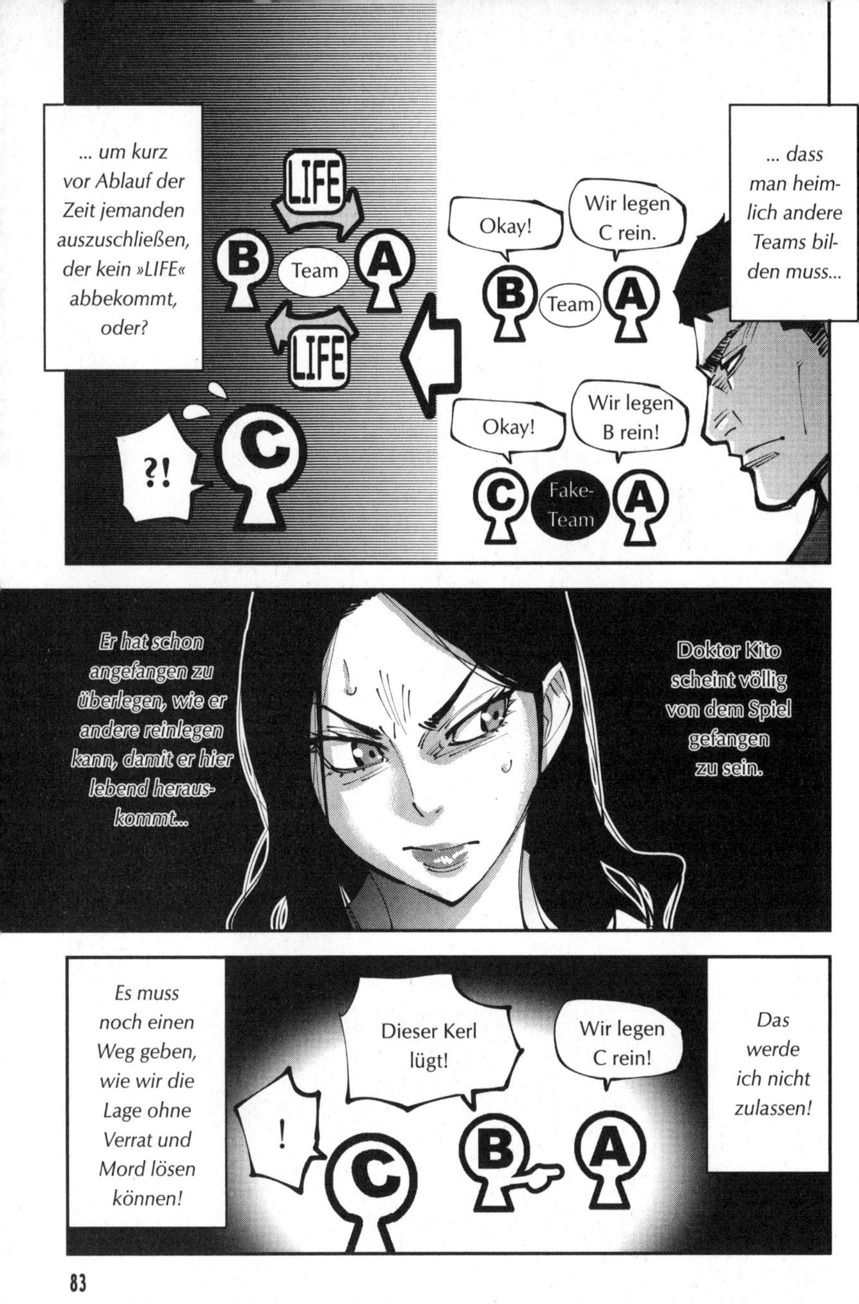

... dass man heimlich andere Teams bilden muss...
Wir legen C rein.
Okay!
B Team A
Wir legen B rein!
Okay!
C Fake-Team A
... um kurz vor Ablauf der Zeit jemanden auszuschließen, der kein »LIFE« abbekommt, oder?
LIFE
B Team A
LIFE
?!
C
Doktor Kito scheint völlig von dem Spiel gefangen zu sein.
Er hat schon angefangen zu überlegen, wie er andere reinlegen kann, damit er hier lebend herauskommt...
Das werde ich nicht zulassen!
Wir legen C rein!
Dieser Kerl lügt!
!
C B A
Es muss noch einen Weg geben, wie wir die Lage ohne Verrat und Mord lösen können!

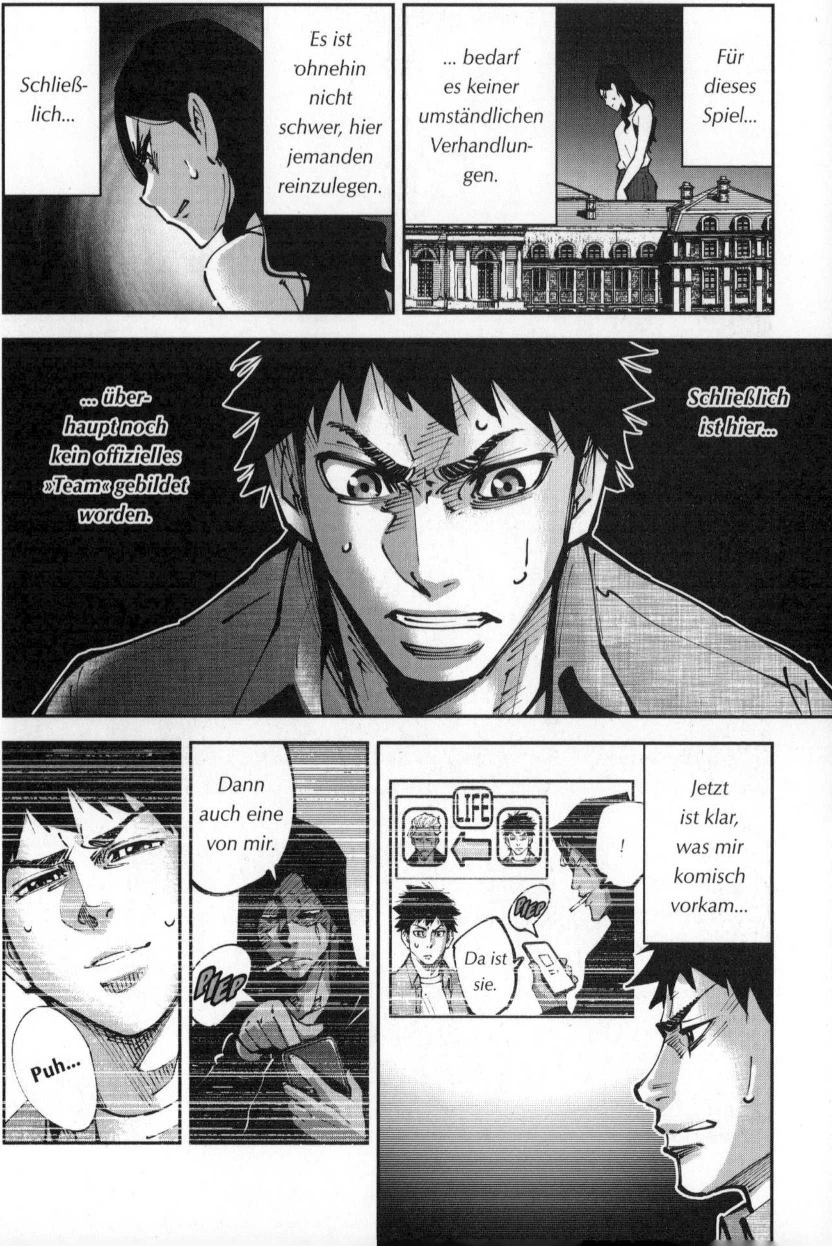
Für dieses Spiel...
... bedarf es keiner umständlichen Verhandlungen.
Es ist ohnehin nicht schwer, hier jemanden reinzulegen.
Schließlich...
Schließlich ist hier...
... überhaupt noch kein offizielles »Team« gebildet worden.
Jetzt ist klar, was mir komisch vorkam...
!
LIFE
PIEP
Da ist sie.
Dann auch eine von mir.
PIEP
Puh...

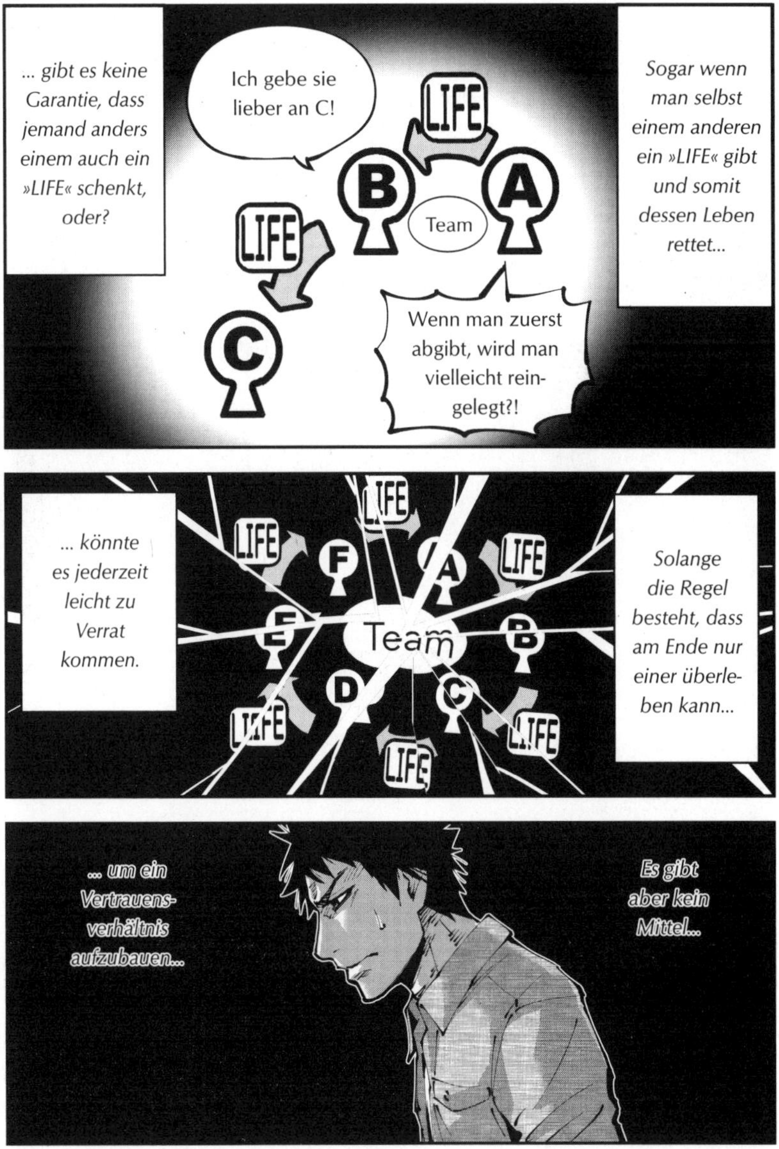
Sogar wenn man selbst einem anderen ein »LIFE« gibt und somit dessen Leben rettet...
... gibt es keine Garantie, dass jemand anders einem auch ein »LIFE« schenkt, oder?
LIFE
B
A
Team
Wenn man zuerst abgibt, wird man vielleicht rein-gelegt?!
Ich gebe sie lieber an C!
LIFE
C
Solange die Regel besteht, dass am Ende nur einer überleben kann...
... könnte es jederzeit leicht zu Verrat kommen.
Team
Es gibt aber kein Mittel...
... um ein Vertrauens-verhältnis aufzubauen...

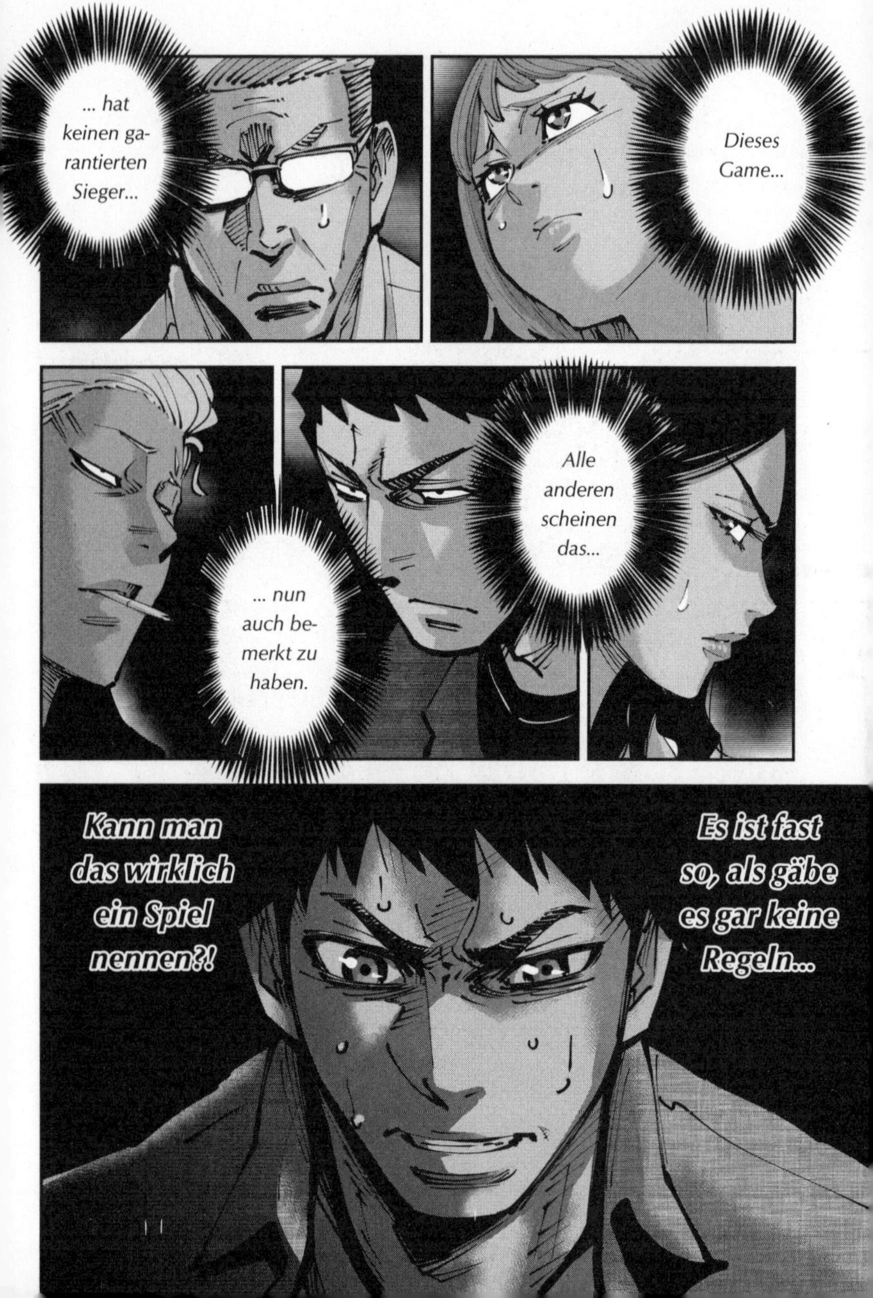
Dieses Game...
... hat keinen garantierten Sieger...
Alle anderen scheinen das...
... nun auch bemerkt zu haben.
Es ist fast so, als gäbe es gar keine Regeln...
Kann man das wirklich ein Spiel nennen?!

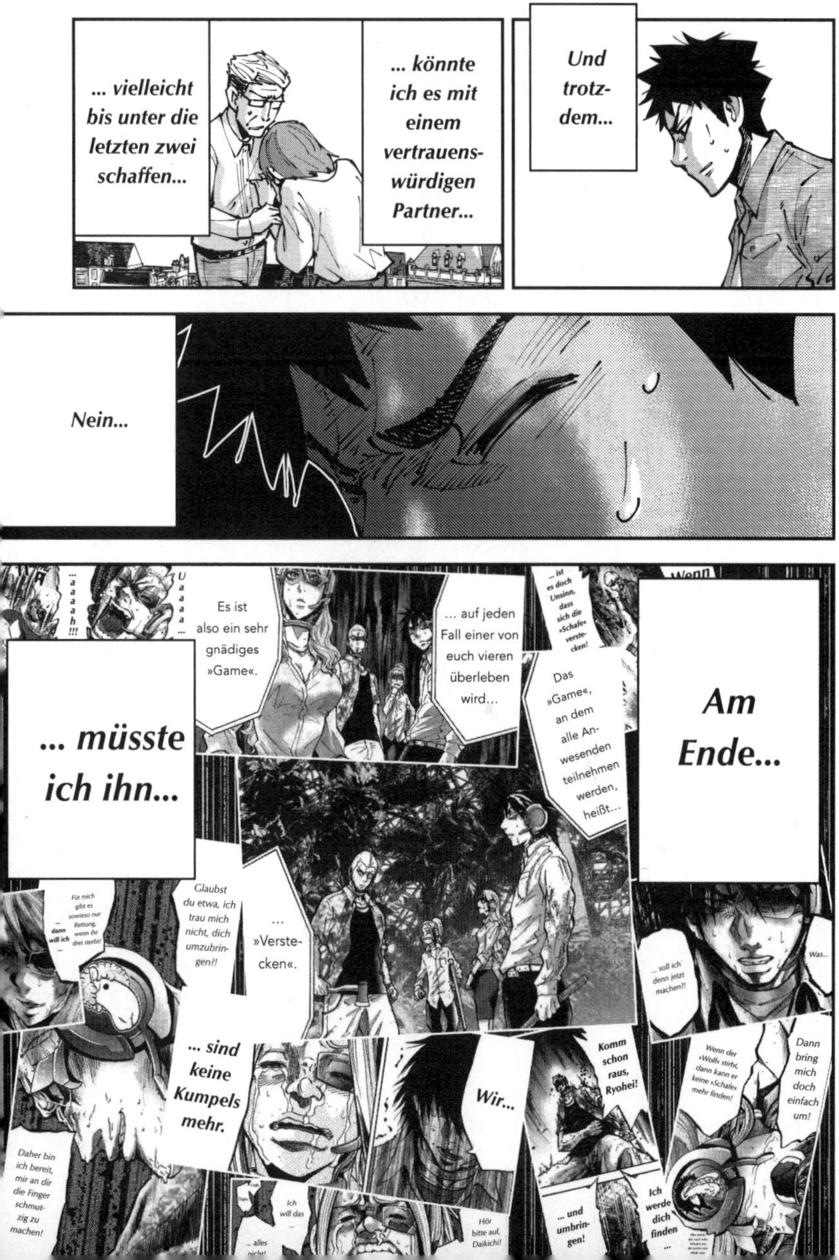
Und trotz-dem...
... könnte ich es mit einem vertrauens-würdigen Partner...
... vielleicht bis unter die letzten zwei schaffen...
Nein...
Am Ende...
Wenn
... ist es doch Unsinn, dass sich die »Schafe« verste-cken!
Das »Game«, an dem alle An-wesenden teilnehmen werden, heißt...
... auf jeden Fall einer von euch vieren überleben wird...
Es ist also ein sehr gnädiges »Game«.
Uaaaa...
...aaaah!!!
... müsste ich ihn...
... »Verste-cken«.
Glaubst du etwa, ich trau mich nicht, dich umzubrin-gen?!
Für mich gibt es sowieso nur Rettung, wenn ihr drei sterbt!
... dann will ich ...
Was...
... soll ich denn jetzt machen?!
Dann bring mich doch einfach um!
Wenn der »Wolf« stirbt, dann kann er keine »Schafe« mehr finden!
Komm schon raus, Ryohei!
Ich werde dich finden ...
... und umbrin-gen!
Wir...
... sind keine Kumpels mehr.
Hör bitte auf, Daikichi!
Ich will das ...
... alles nicht!
Daher bin ich bereit, mir an dir die Finger schmut-zig zu machen!

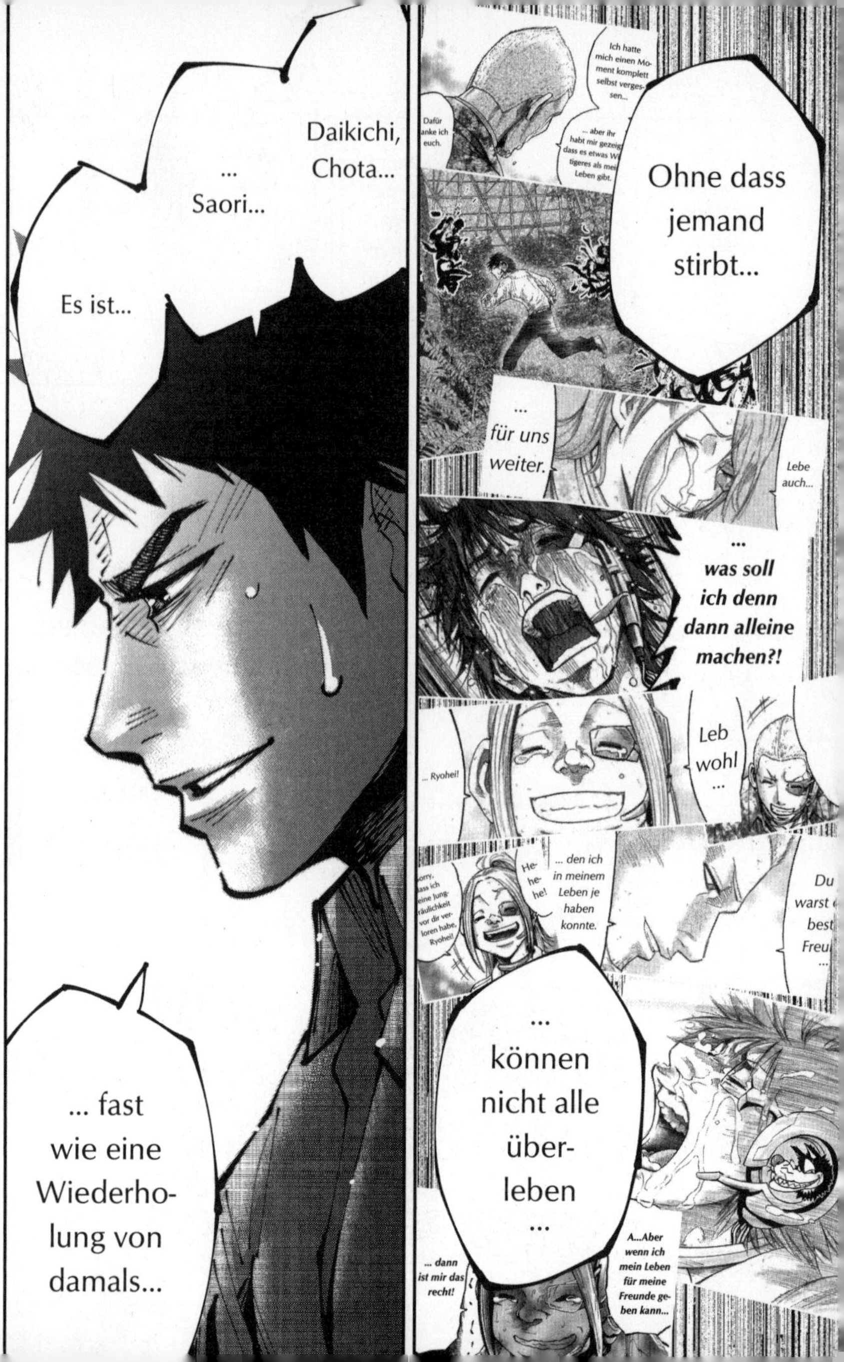

Ich hatte mich einen Moment komplett selbst vergessen...
... aber ihr habt mir gezeig dass es etwas W tigeres als mei Leben gibt.
Dafür anke ich euch.
Ohne dass jemand stirbt...
Lebe auch...
... für uns weiter.
... was soll ich denn dann alleine machen?!
Leb wohl ...
... Ryohei!
Du warst best Freu ...
... den ich in meinem Leben je haben konnte.
He-he-he!
orry, ass ich eine Jung-räulichkeit vor dir verloren habe, Ryohei!
... können nicht alle überleben ...
A...Aber wenn ich mein Leben für meine Freunde geben kann...
... dann ist mir das recht!
Daikichi, Chota...
... Saori...
Es ist...
... fast wie eine Wiederholung von damals...

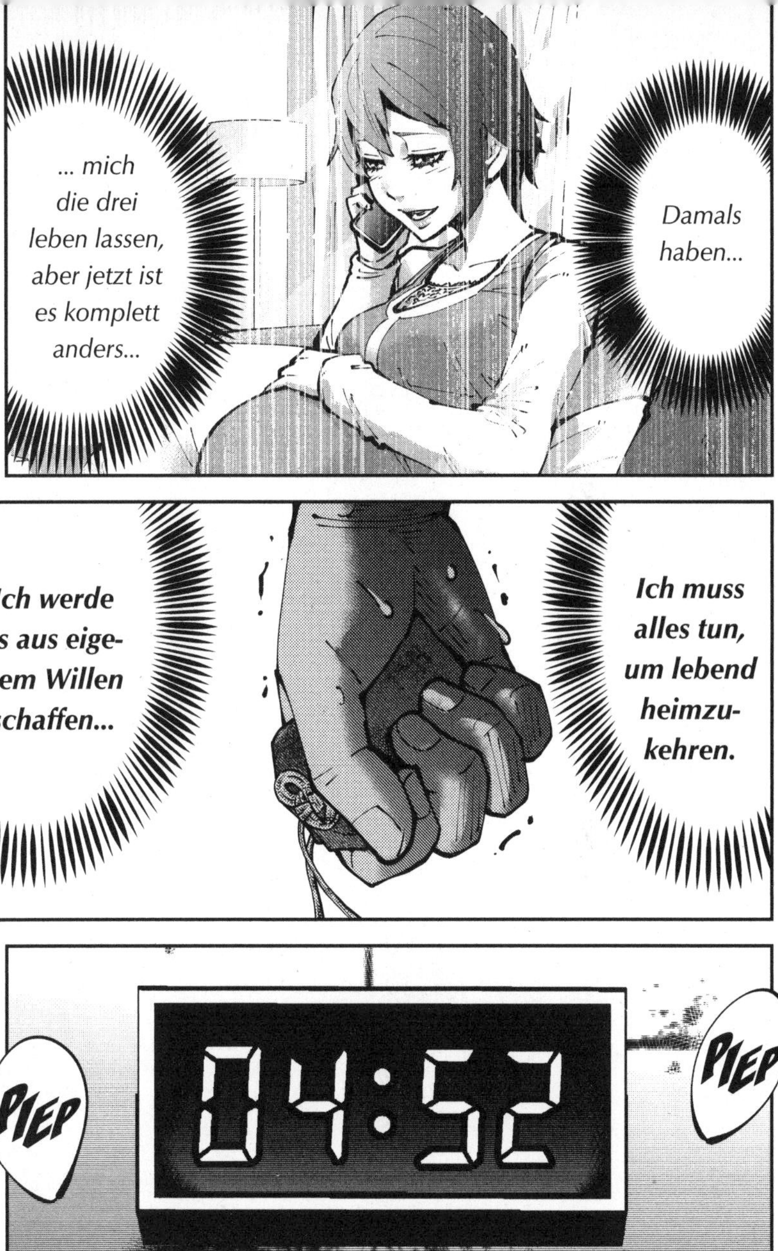
Damals haben...
... mich die drei leben lassen, aber jetzt ist es komplett anders...
Ich muss alles tun, um lebend heimzukehren.
Ich werde es aus eigenem Willen schaffen...
PIEP
PIEP
04:52

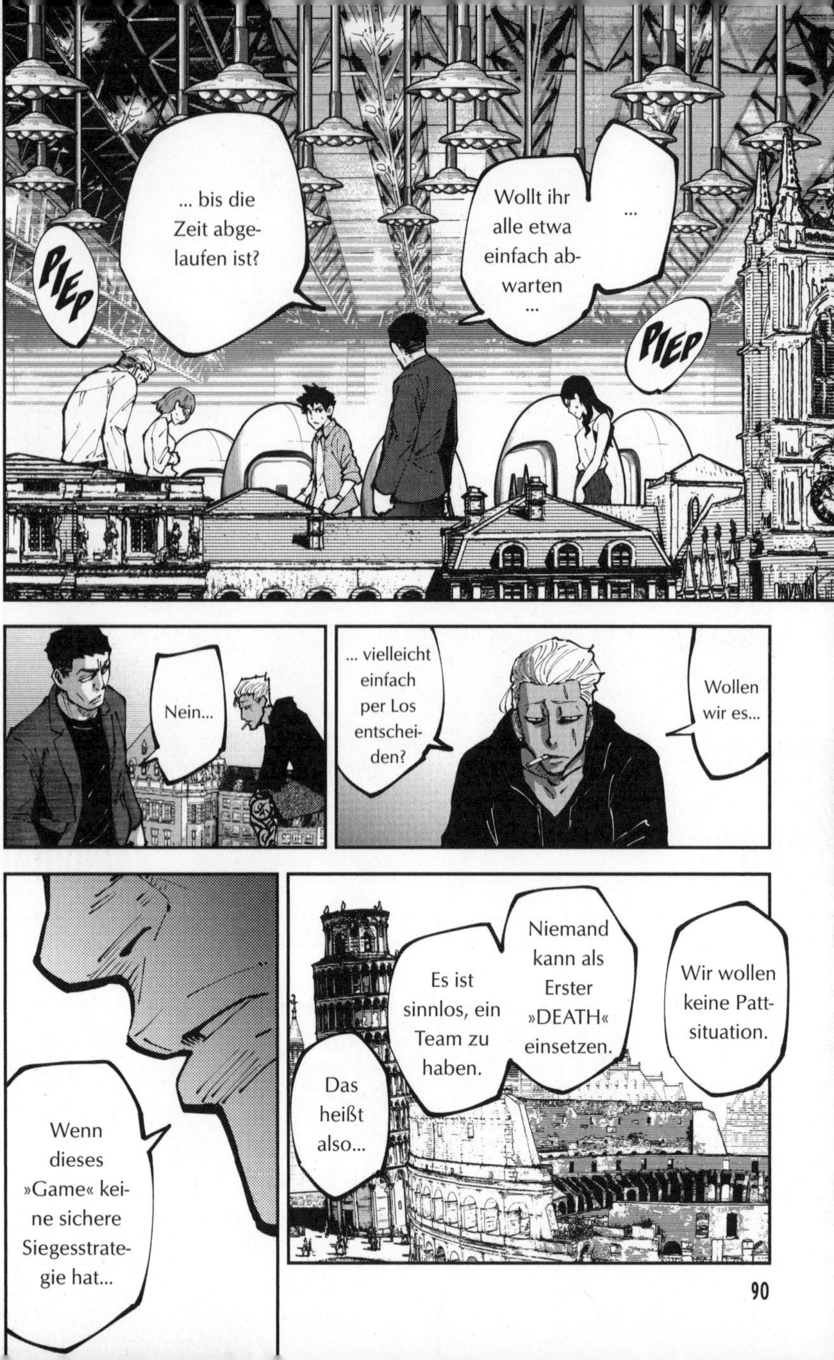
...
Wollt ihr alle etwa einfach abwarten ...
PIEP
... bis die Zeit abgelaufen ist?
PIEP
Wollen wir es...
... vielleicht einfach per Los entscheiden?
Nein...
Wir wollen keine Pattsituation.
Niemand kann als Erster »DEATH« einsetzen.
Es ist sinnlos, ein Team zu haben.
Das heißt also...
Wenn dieses »Game« keine sichere Siegesstrategie hat...

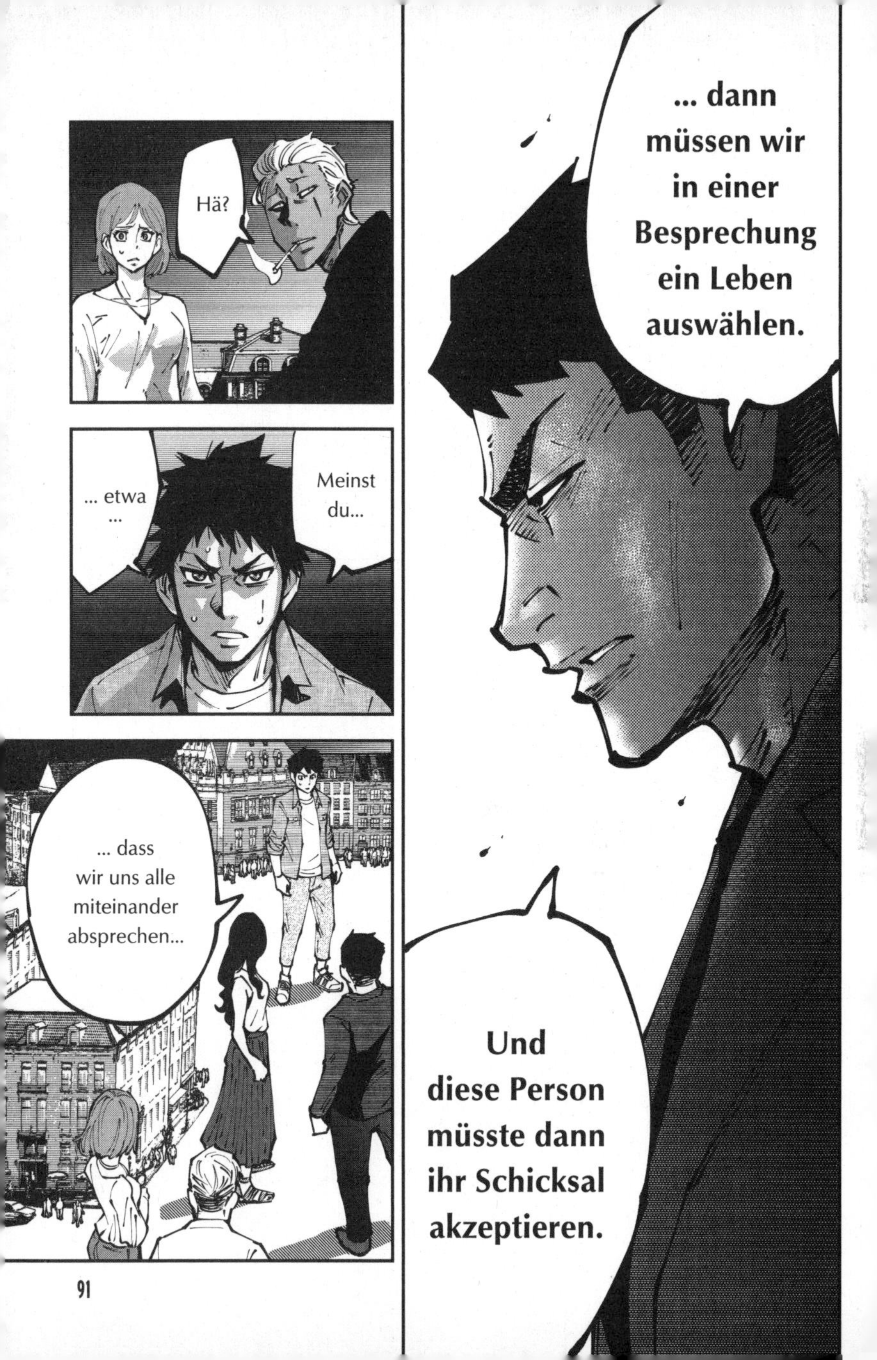
... dann müssen wir in einer Besprechung ein Leben auswählen.
Und diese Person müsste dann ihr Schicksal akzeptieren.
Hä?
Meinst du...
... etwa ...
... dass wir uns alle miteinander absprechen...

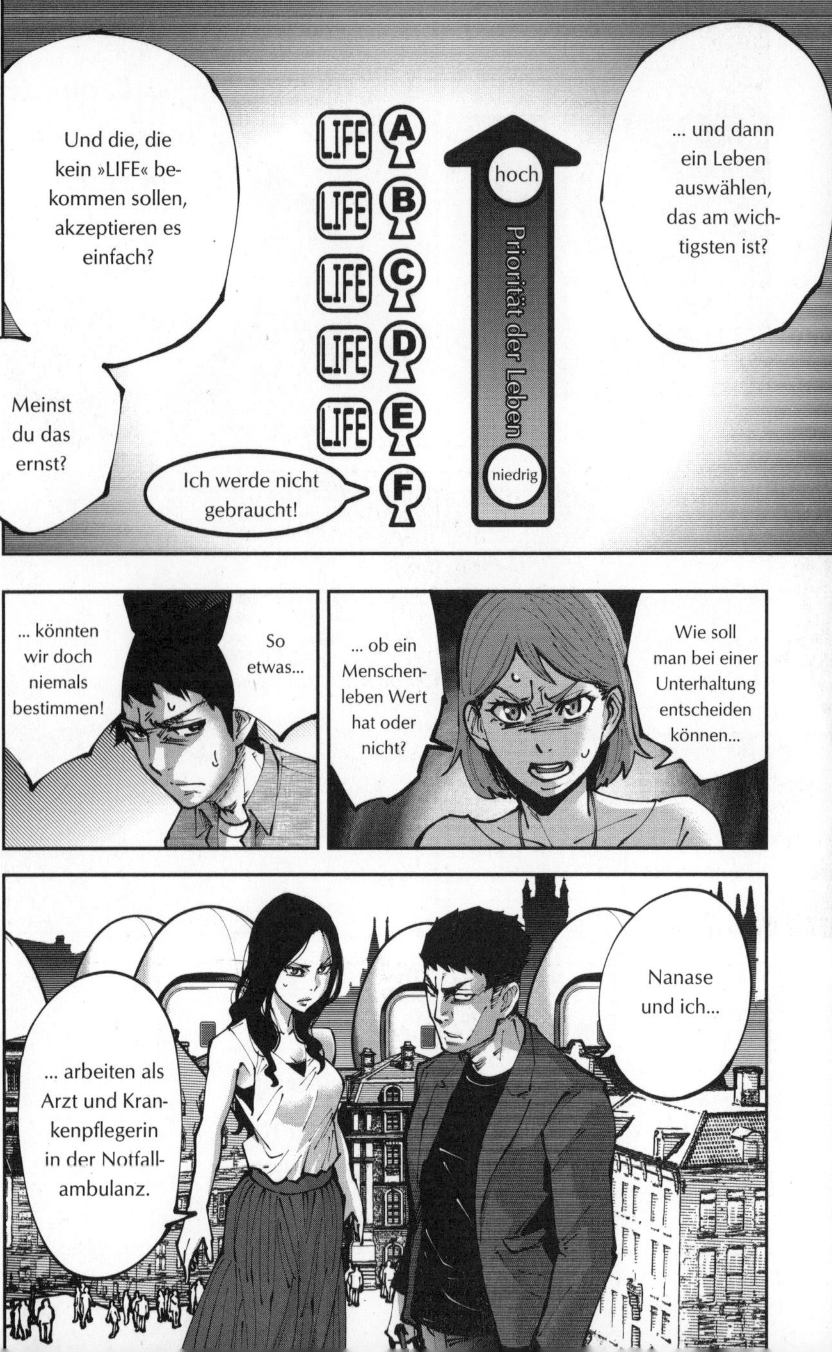
... und dann ein Leben auswählen, das am wichtigsten ist?
hoch
Priorität der Leben
niedrig
LIFE A
LIFE B
LIFE C
LIFE D
LIFE E
F
Ich werde nicht gebraucht!
Und die, die kein »LIFE« bekommen sollen, akzeptieren es einfach?
Meinst du das ernst?
Wie soll man bei einer Unterhaltung entscheiden können...
... ob ein Menschenleben Wert hat oder nicht?
So etwas...
... könnten wir doch niemals bestimmen!
Nanase und ich...
... arbeiten als Arzt und Krankenpflegerin in der Notfallambulanz.

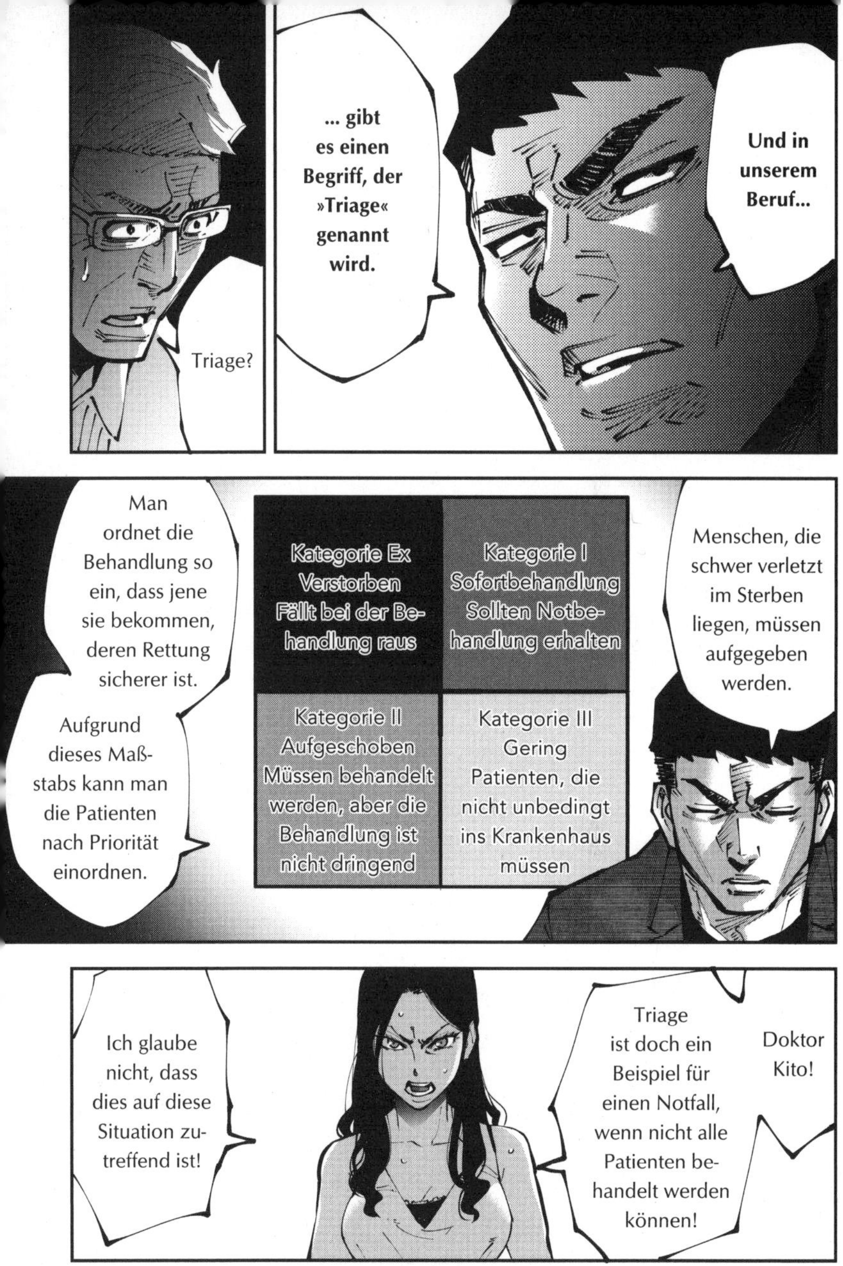
Und in unserem Beruf...
... gibt es einen Begriff, der »Triage« genannt wird.
Triage?
Menschen, die schwer verletzt im Sterben liegen, müssen aufgegeben werden.
Kategorie I Sofortbehandlung Sollten Notbehandlung erhalten
Kategorie Ex Verstorben Fällt bei der Behandlung raus
Kategorie III Gering Patienten, die nicht unbedingt ins Krankenhaus müssen
Kategorie II Aufgeschoben Müssen behandelt werden, aber die Behandlung ist nicht dringend
Man ordnet die Behandlung so ein, dass jene sie bekommen, deren Rettung sicherer ist.
Aufgrund dieses Maßstabs kann man die Patienten nach Priorität einordnen.
Doktor Kito!
Triage ist doch ein Beispiel für einen Notfall, wenn nicht alle Patienten behandelt werden können!
Ich glaube nicht, dass dies auf diese Situation zutreffend ist!

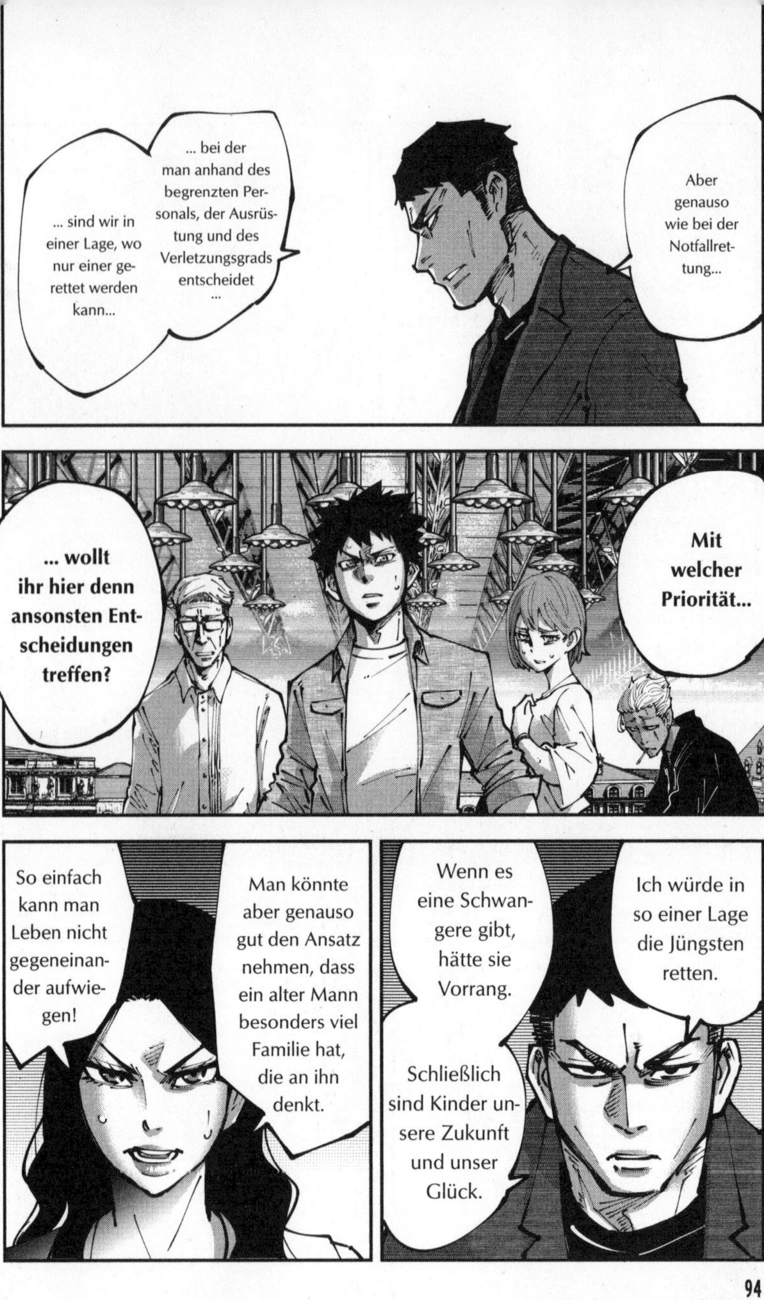
Aber genauso wie bei der Notfallrettung...
... bei der man anhand des begrenzten Personals, der Ausrüstung und des Verletzungsgrads entscheidet ...
... sind wir in einer Lage, wo nur einer gerettet werden kann...
Mit welcher Priorität...
... wollt ihr hier denn ansonsten Entscheidungen treffen?
Ich würde in so einer Lage die Jüngsten retten.
Wenn es eine Schwangere gibt, hätte sie Vorrang.
Schließlich sind Kinder unsere Zukunft und unser Glück.
Man könnte aber genauso gut den Ansatz nehmen, dass ein alter Mann besonders viel Familie hat, die an ihn denkt.
So einfach kann man Leben nicht gegeneinander aufwiegen!

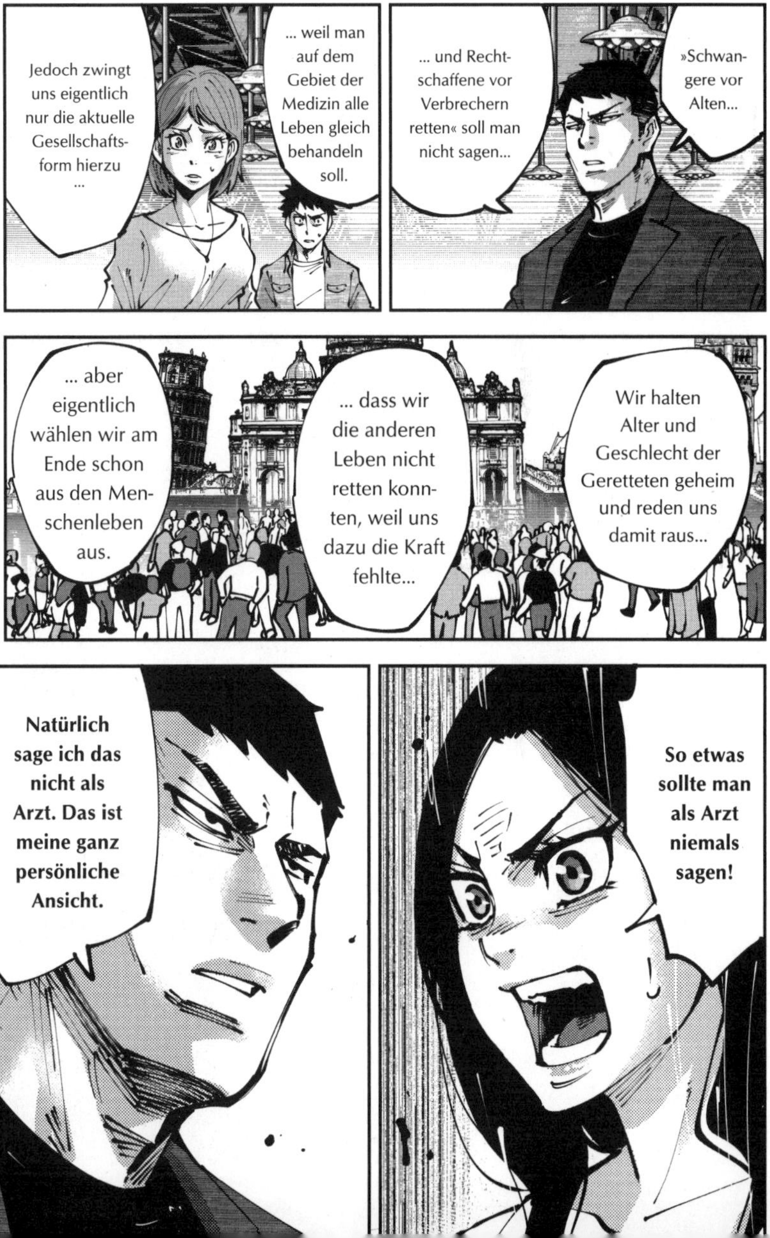
»Schwangere vor Alten...
... und Rechtschaffene vor Verbrechern retten« soll man nicht sagen...
... weil man auf dem Gebiet der Medizin alle Leben gleich behandeln soll.
Jedoch zwingt uns eigentlich nur die aktuelle Gesellschaftsform hierzu ...
Wir halten Alter und Geschlecht der Geretteten geheim und reden uns damit raus...
... dass wir die anderen Leben nicht retten konnten, weil uns dazu die Kraft fehlte...
... aber eigentlich wählen wir am Ende schon aus den Menschenleben aus.
So etwas sollte man als Arzt niemals sagen!
Natürlich sage ich das nicht als Arzt. Das ist meine ganz persönliche Ansicht.

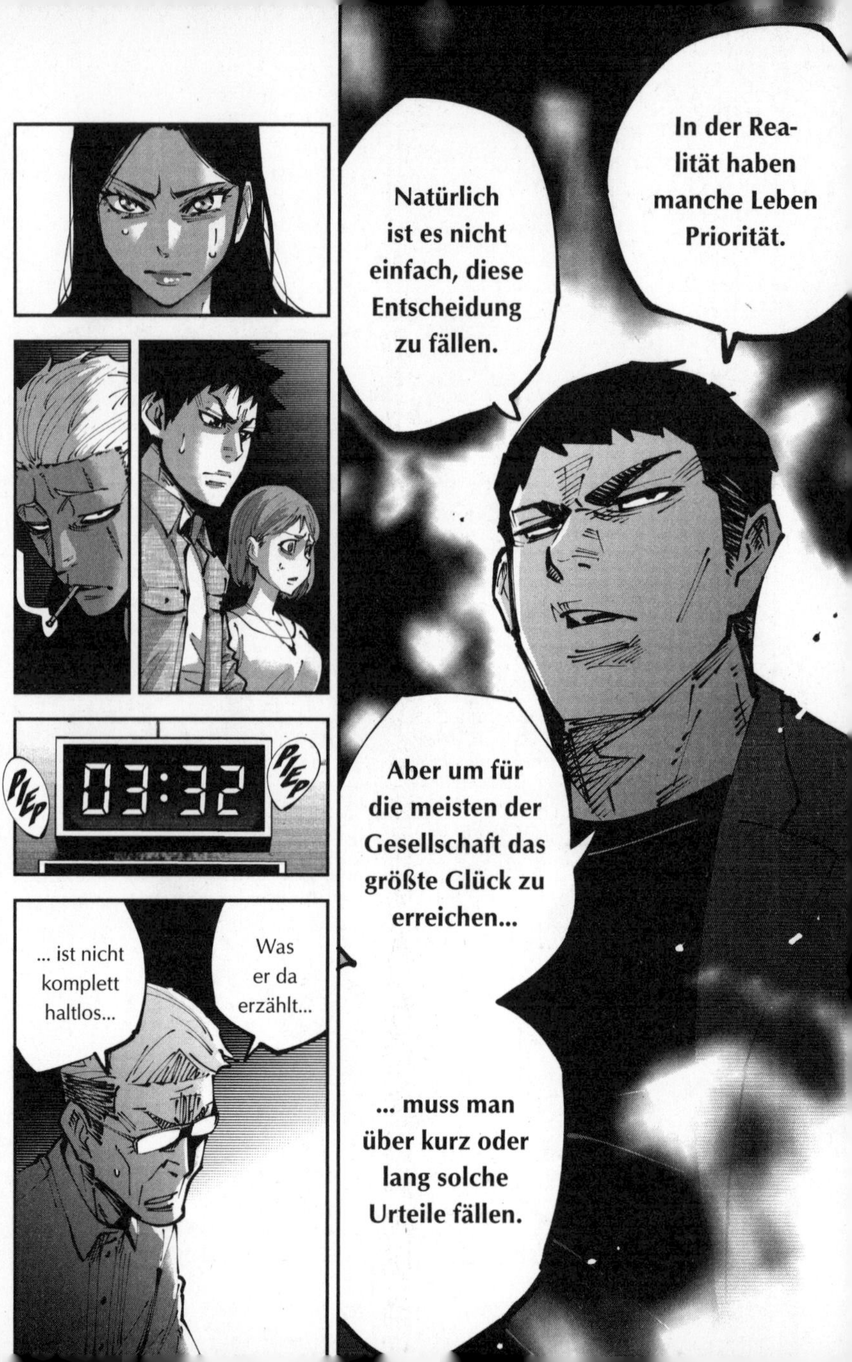
In der Realität haben manche Leben Priorität.
Natürlich ist es nicht einfach, diese Entscheidung zu fällen.
Aber um für die meisten der Gesellschaft das größte Glück zu erreichen...
... muss man über kurz oder lang solche Urteile fällen.
03:32
PIEP
PIEP
Was er da erzählt...
... ist nicht komplett haltlos...

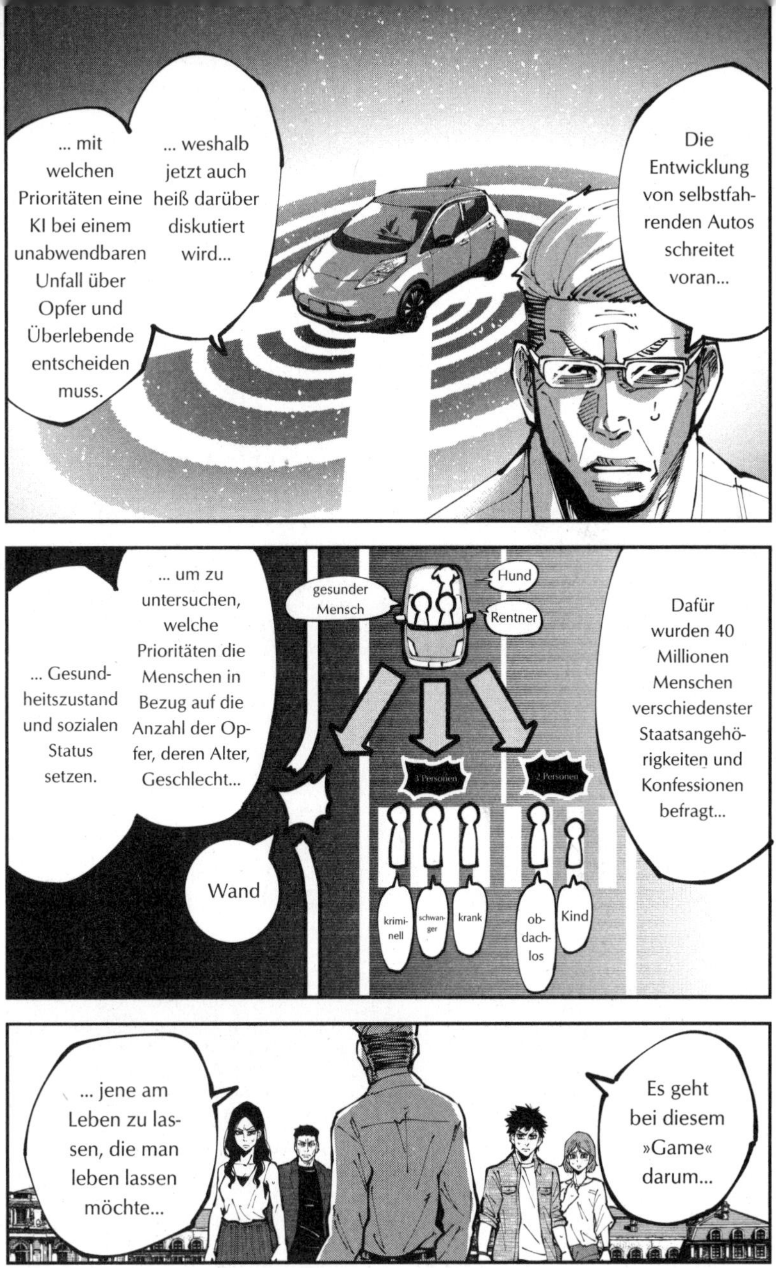
Die Entwicklung von selbstfahrenden Autos schreitet voran...
... weshalb jetzt auch heiß darüber diskutiert wird...
... mit welchen Prioritäten eine KI bei einem unabwendbaren Unfall über Opfer und Überlebende entscheiden muss.
Dafür wurden 40 Millionen Menschen verschiedenster Staatsangehörigkeiten und Konfessionen befragt...
... um zu untersuchen, welche Prioritäten die Menschen in Bezug auf die Anzahl der Opfer, deren Alter, Geschlecht...
... Gesundheitszustand und sozialen Status setzen.
Hund
Rentner
gesunder Mensch
2 Personen
3 Personen
Wand
Kind
obdachlos
krank
schwanger
kriminell
Es geht bei diesem »Game« darum...
... jene am Leben zu lassen, die man leben lassen möchte...

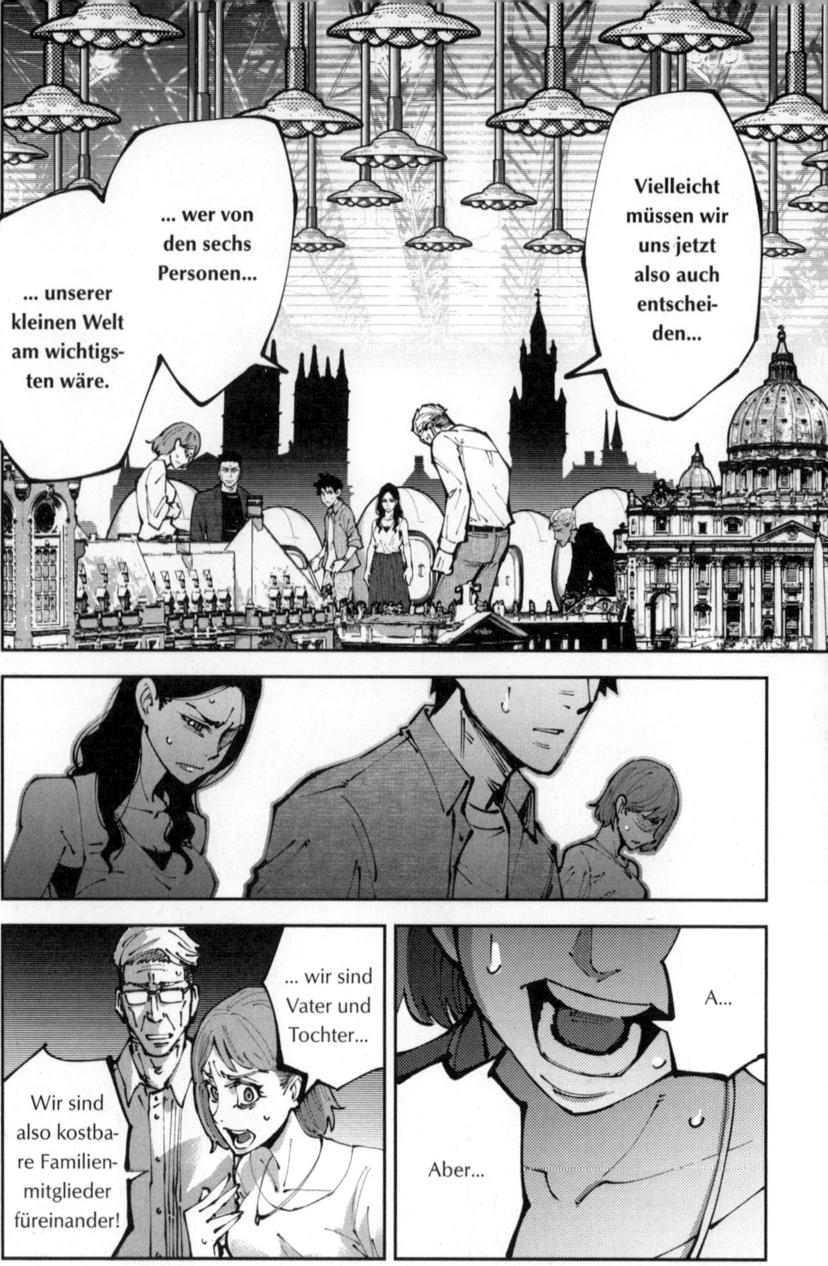

Vielleicht müssen wir uns jetzt also auch entschei-den...
... wer von den sechs Personen...
... unserer kleinen Welt am wichtigs-ten wäre.
A...
Aber...
... wir sind Vater und Tochter...
Wir sind also kostba-re Familien-mitglieder füreinander!

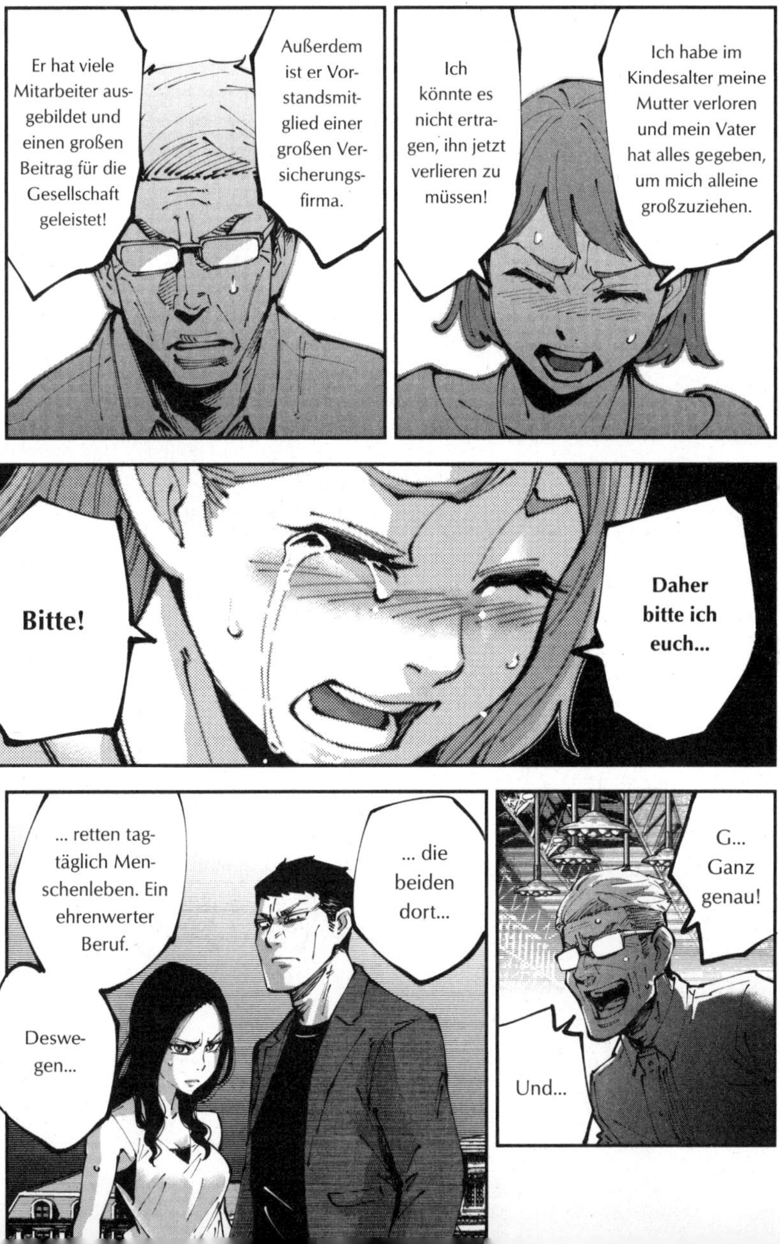

Ich habe im Kindesalter meine Mutter verloren und mein Vater hat alles gegeben, um mich alleine großzuziehen.
Ich könnte es nicht ertragen, ihn jetzt verlieren zu müssen!
Außerdem ist er Vorstandsmitglied einer großen Versicherungsfirma.
Er hat viele Mitarbeiter ausgebildet und einen großen Beitrag für die Gesellschaft geleistet!
Daher bitte ich euch...
Bitte!
G... Ganz genau!
Und...
... die beiden dort...
... retten tagtäglich Menschenleben. Ein ehrenwerter Beruf.
Deswegen...

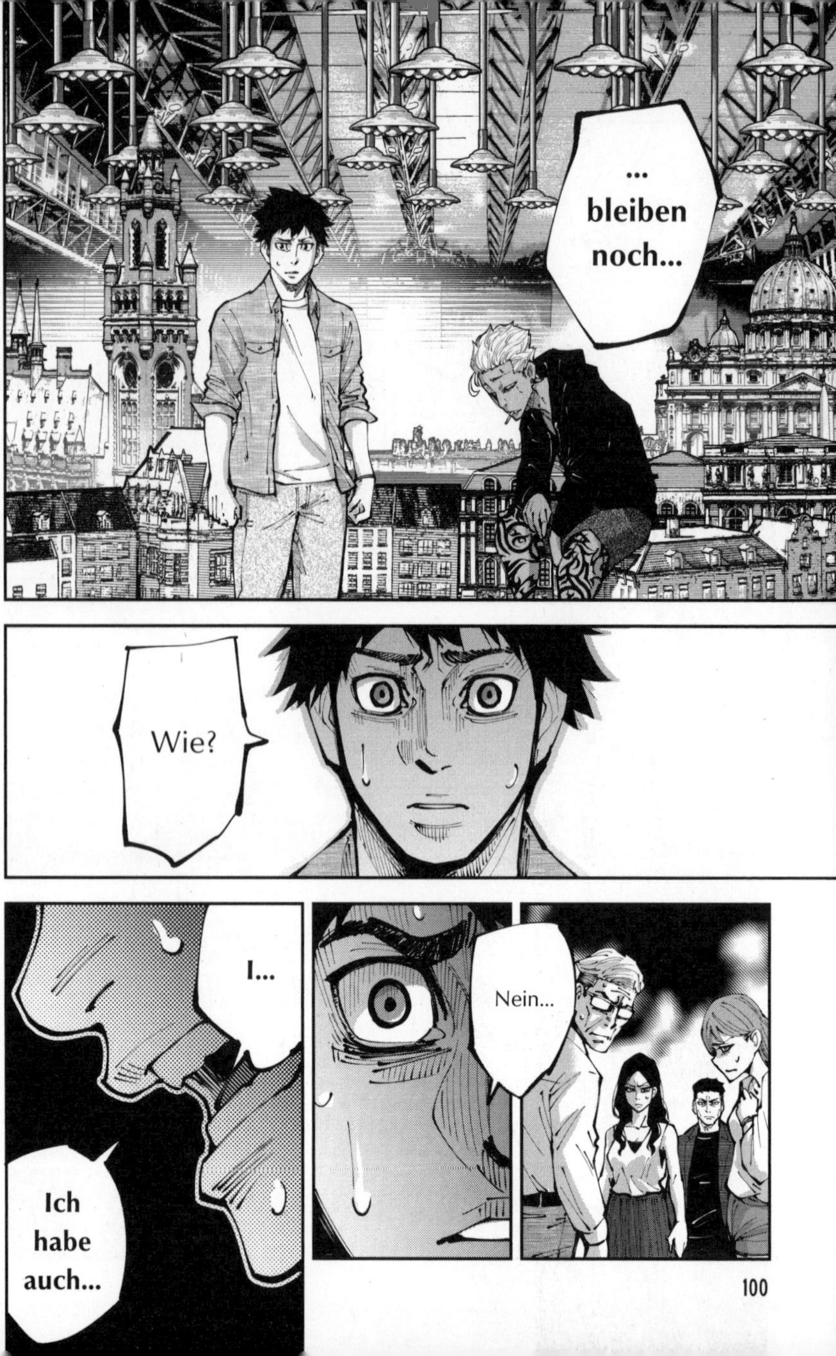

... bleiben noch...
Wie?
Nein...
I...
Ich habe auch...

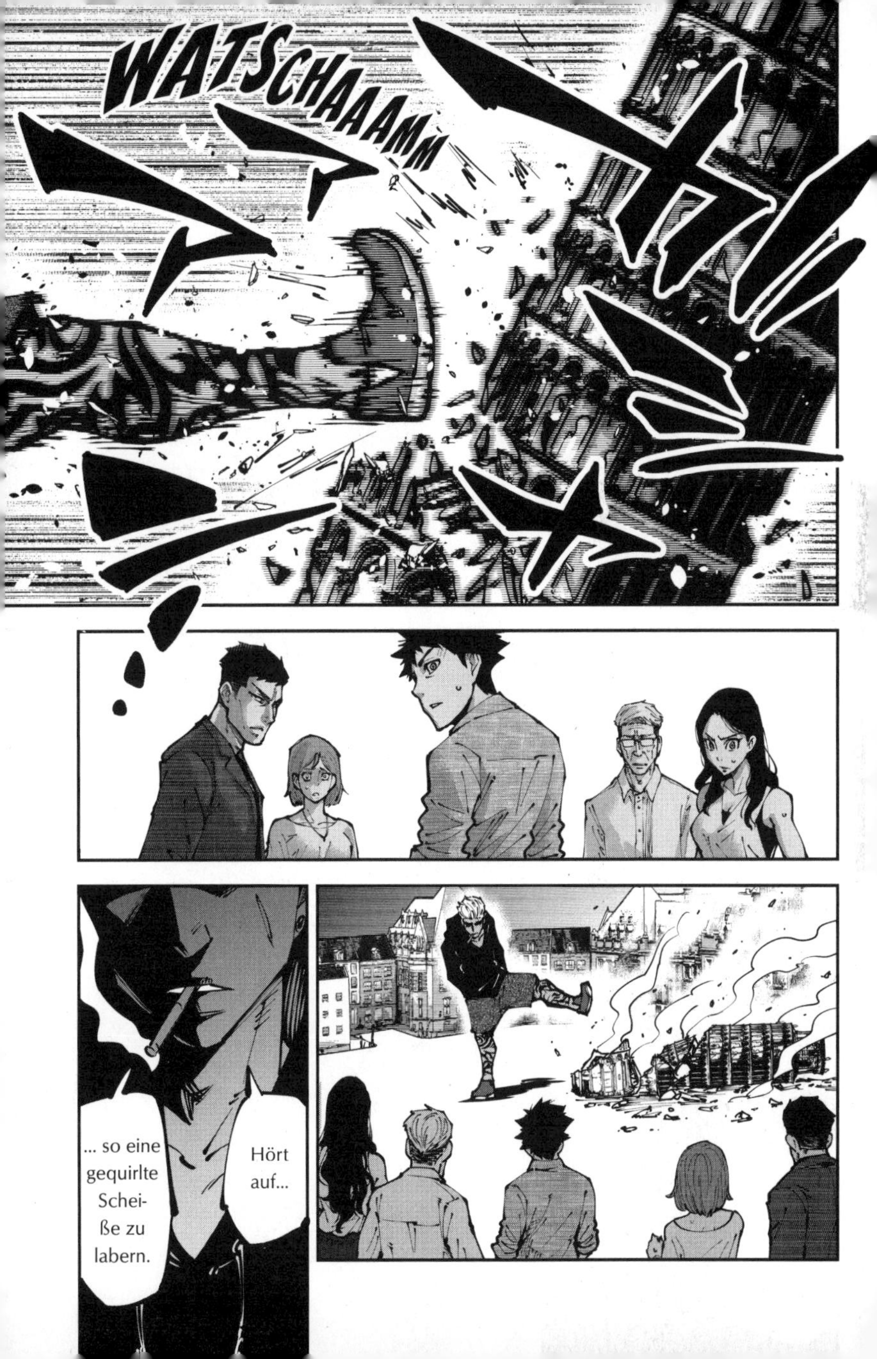
WATSCHAAAMM
Hört auf...
... so eine gequirlte Schei-ße zu labern.

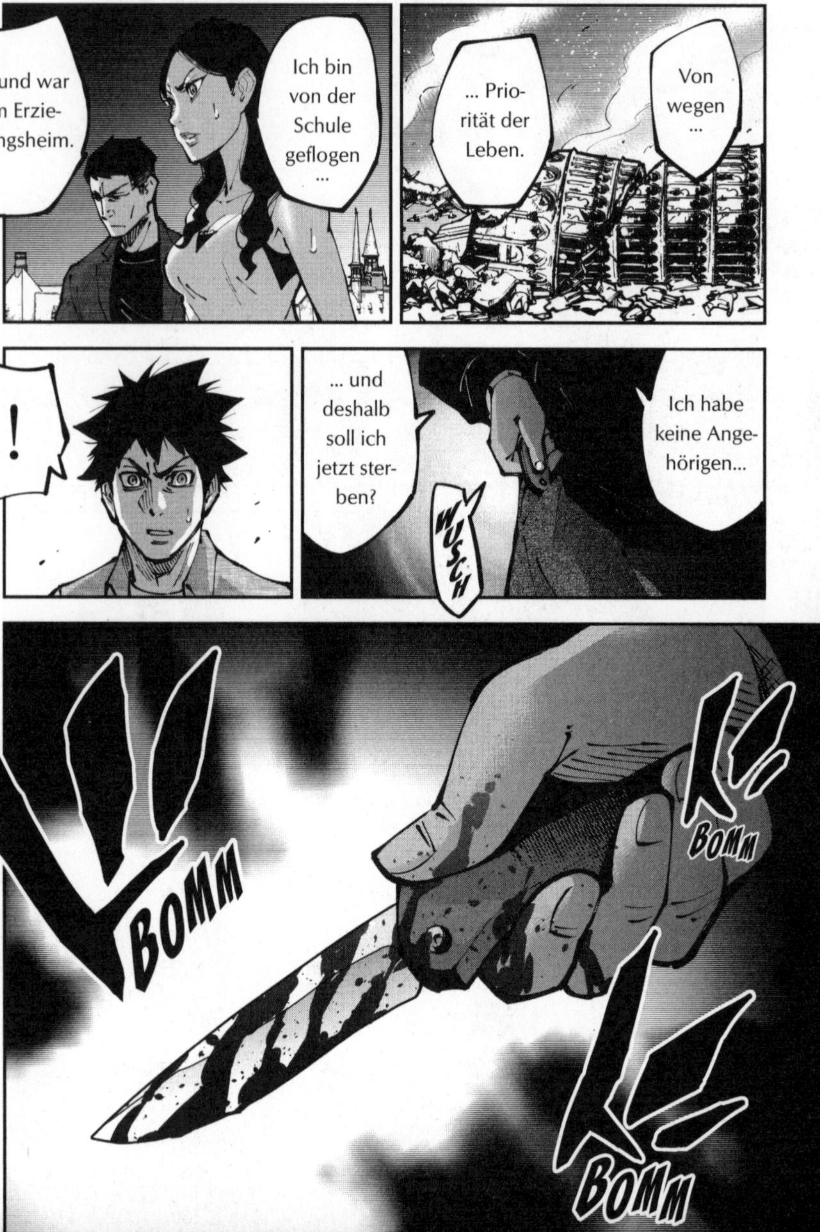

Von wegen ...
... Priorität der Leben.
Ich bin von der Schule geflogen ...
... und war im Erziehungsheim.
Ich habe keine Angehörigen...
... und deshalb soll ich jetzt sterben?
WUSCH
!
BOMM
BOMM
BOMM

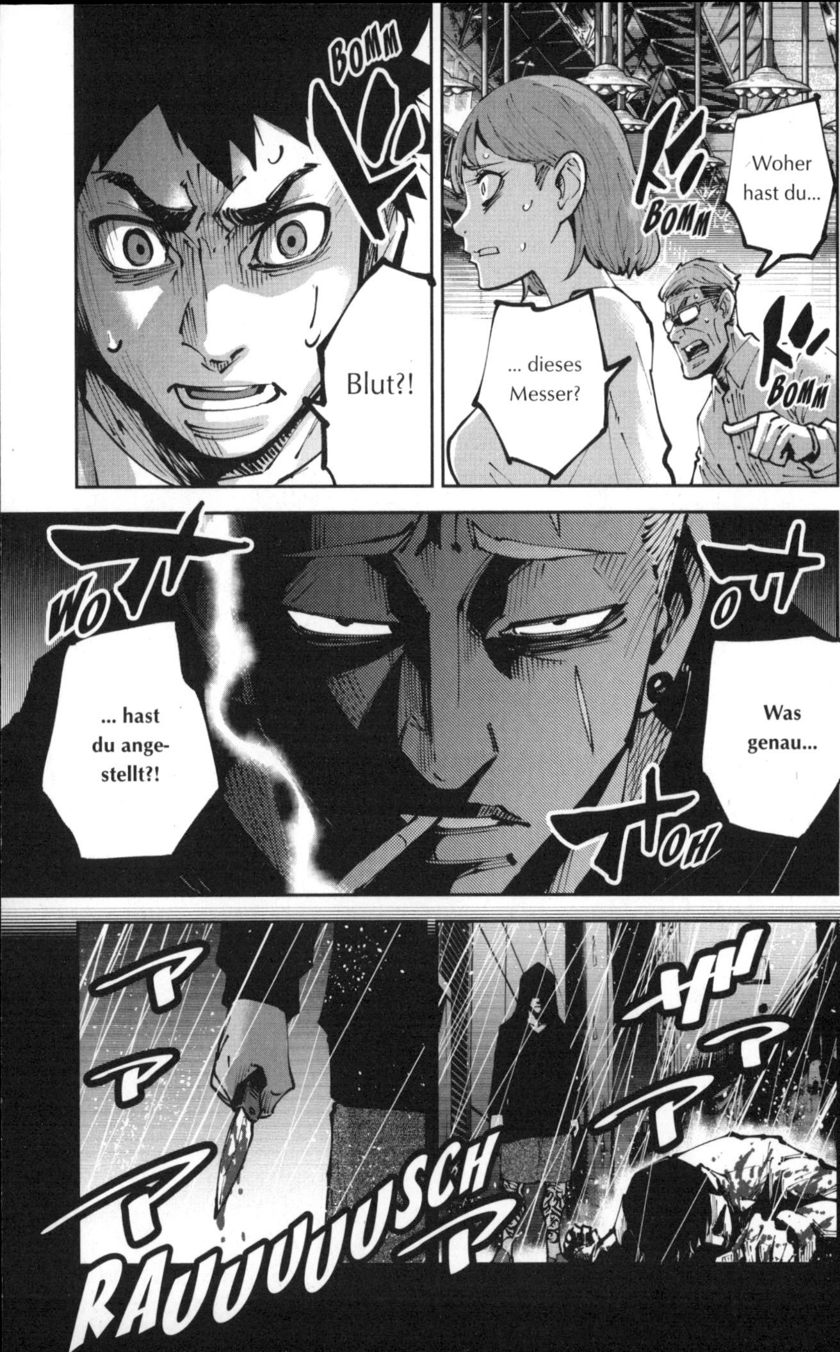
Woher hast du...
... dieses Messer?
BOMM
BOMM
BOMM
Blut?!
BOMM
Was genau...
... hast du angestellt?!
WO
O
OH
RAUUUUUSCH

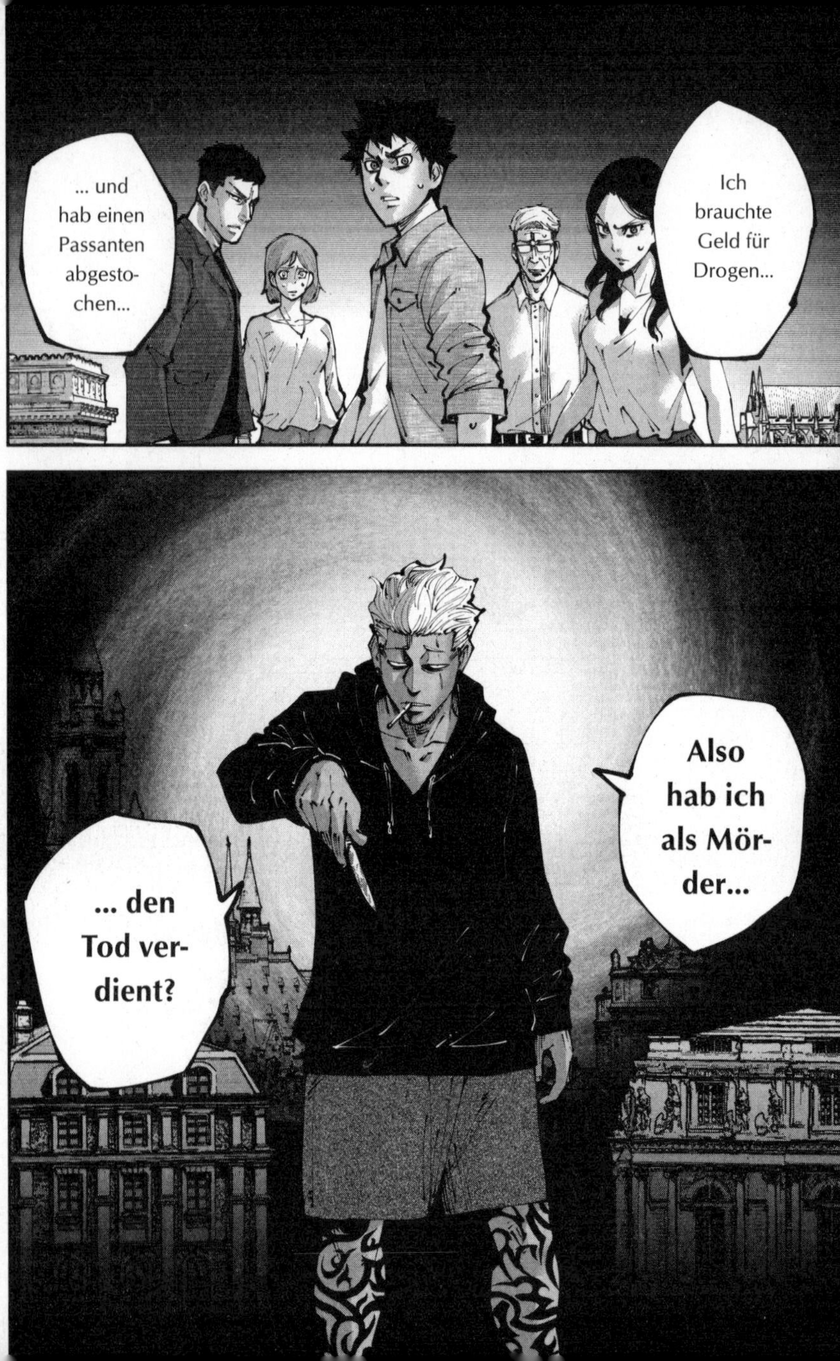
Ich brauchte Geld für Drogen...
... und hab einen Passanten abgestochen...
Also hab ich als Mörder...
... den Tod verdient?

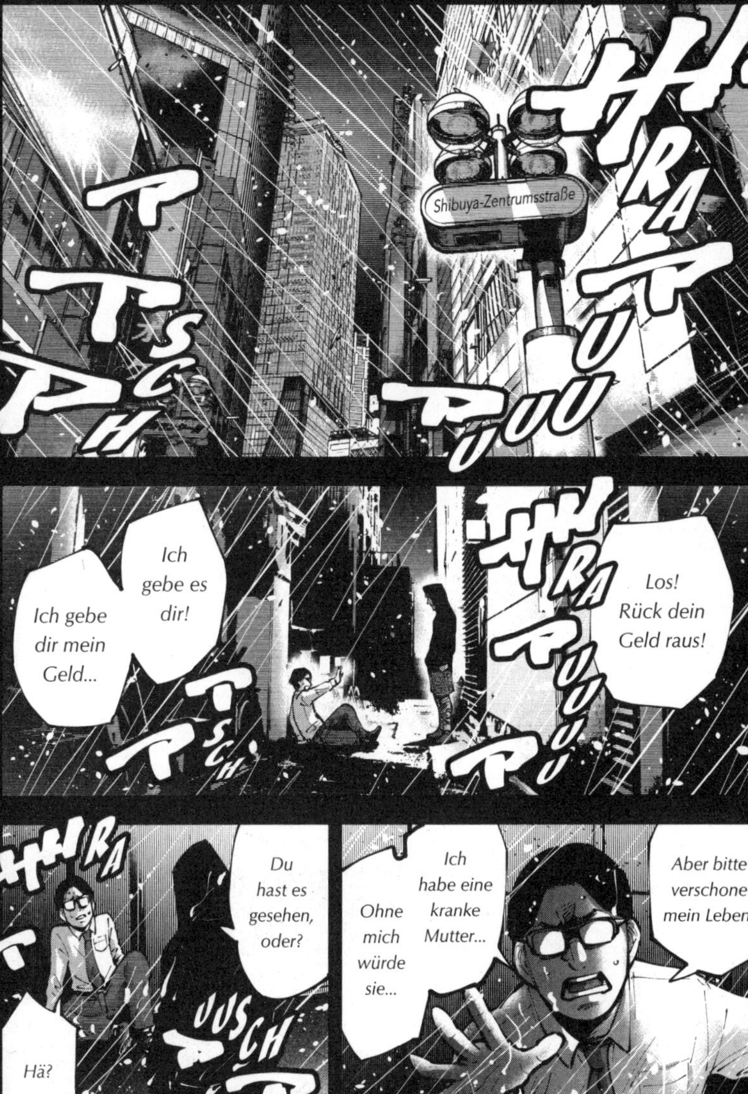
Shibuya-Zentrumsstraße
Los! Rück dein Geld raus!
Ich gebe es dir!
Ich gebe dir mein Geld...
Aber bitte verschone mein Leben!
Ich habe eine kranke Mutter...
Ohne mich würde sie...
Du hast es gesehen, oder?
Hä?

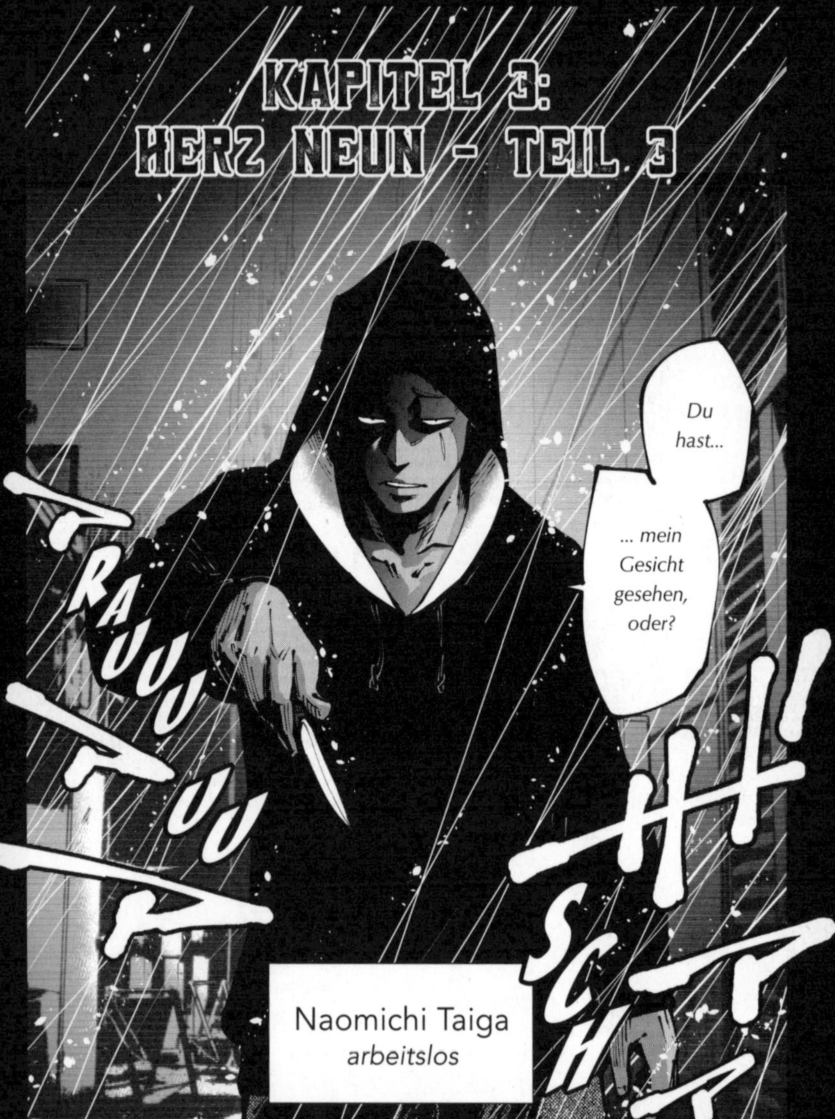
KAPITEL 3:
HERZ NEUN - TEIL 3
Du hast...
... mein Gesicht gesehen, oder?
Naomichi Taiga
arbeitslos

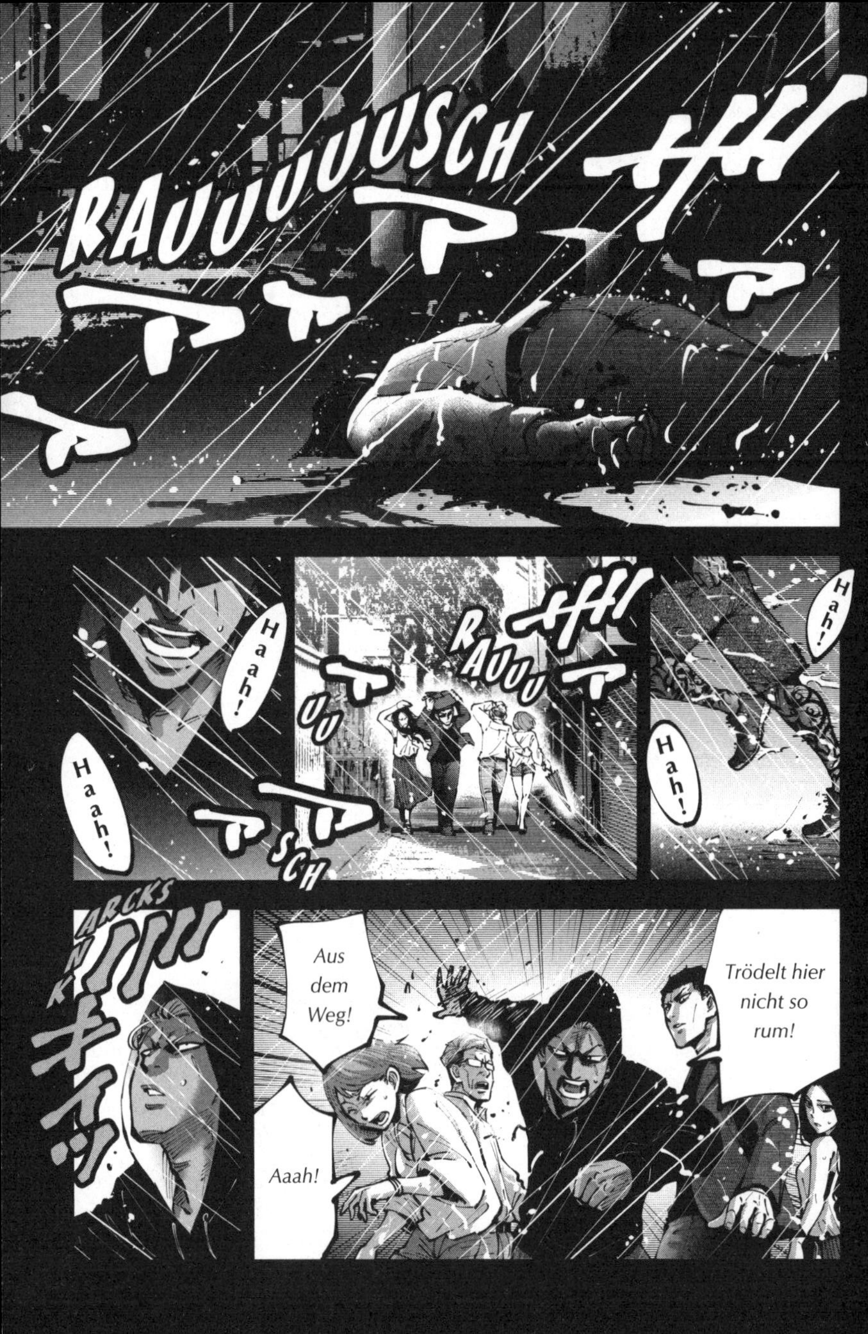
RAUUUUUSCH
Hah!
Hah!
RAUUU
UU
SCH
Haah!
Haah!
Trödelt hier nicht so rum!
Aus dem Weg!
Aaah!
KNARCKS

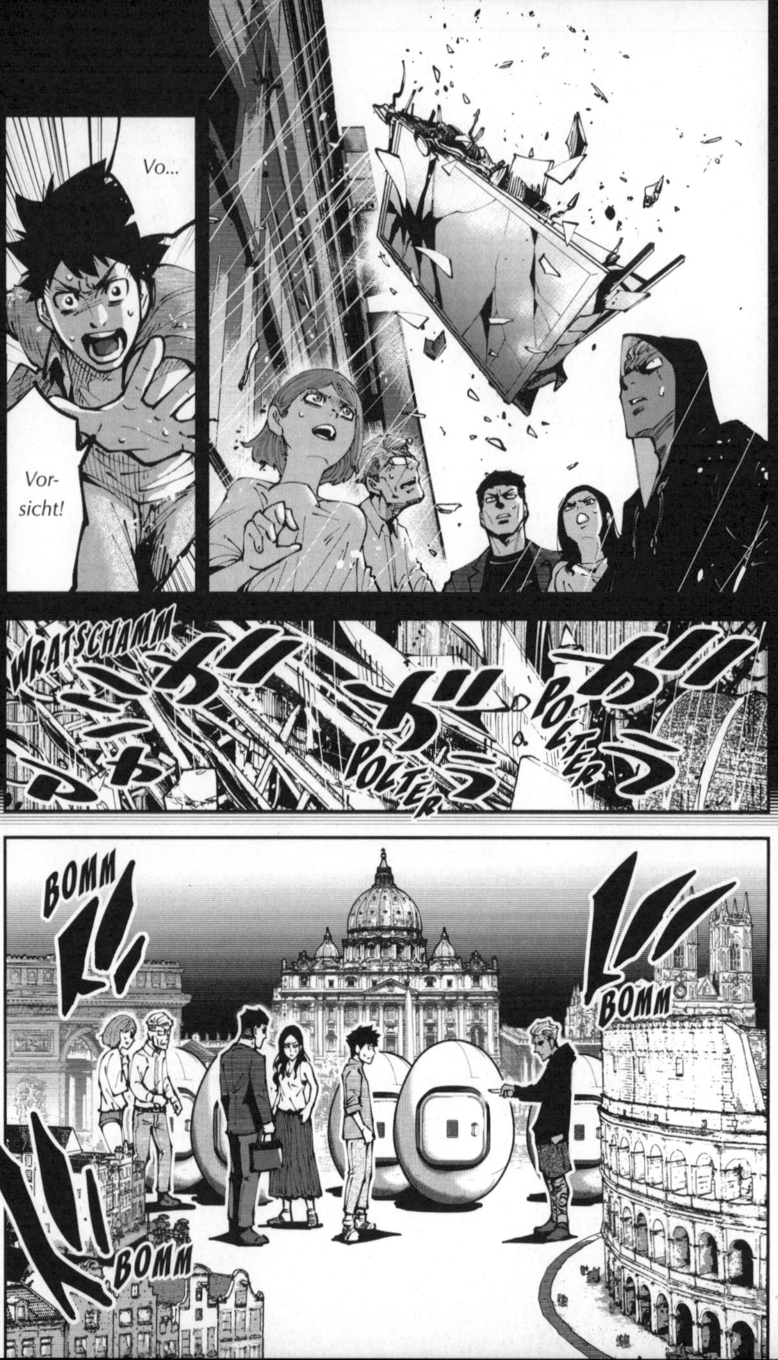
Vo...
Vor-
sicht!
WRATSCHAMM
POLTER
POLTER
BOMM
BOMM
BOMM

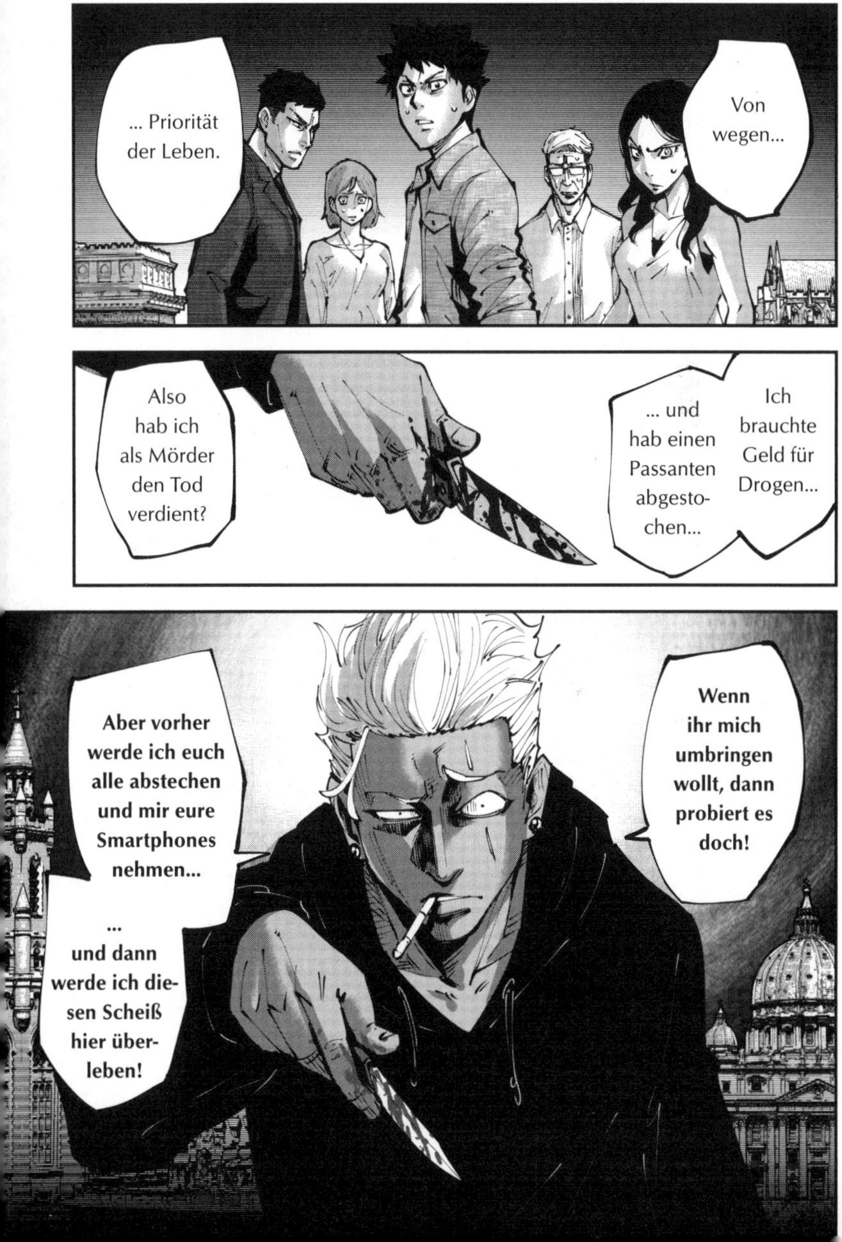
Von wegen...
... Priorität der Leben.
Ich brauchte Geld für Drogen...
... und hab einen Passanten abgestochen...
Also hab ich als Mörder den Tod verdient?
Wenn ihr mich umbringen wollt, dann probiert es doch!
Aber vorher werde ich euch alle abstechen und mir eure Smartphones nehmen...
... und dann werde ich diesen Scheiß hier überleben!

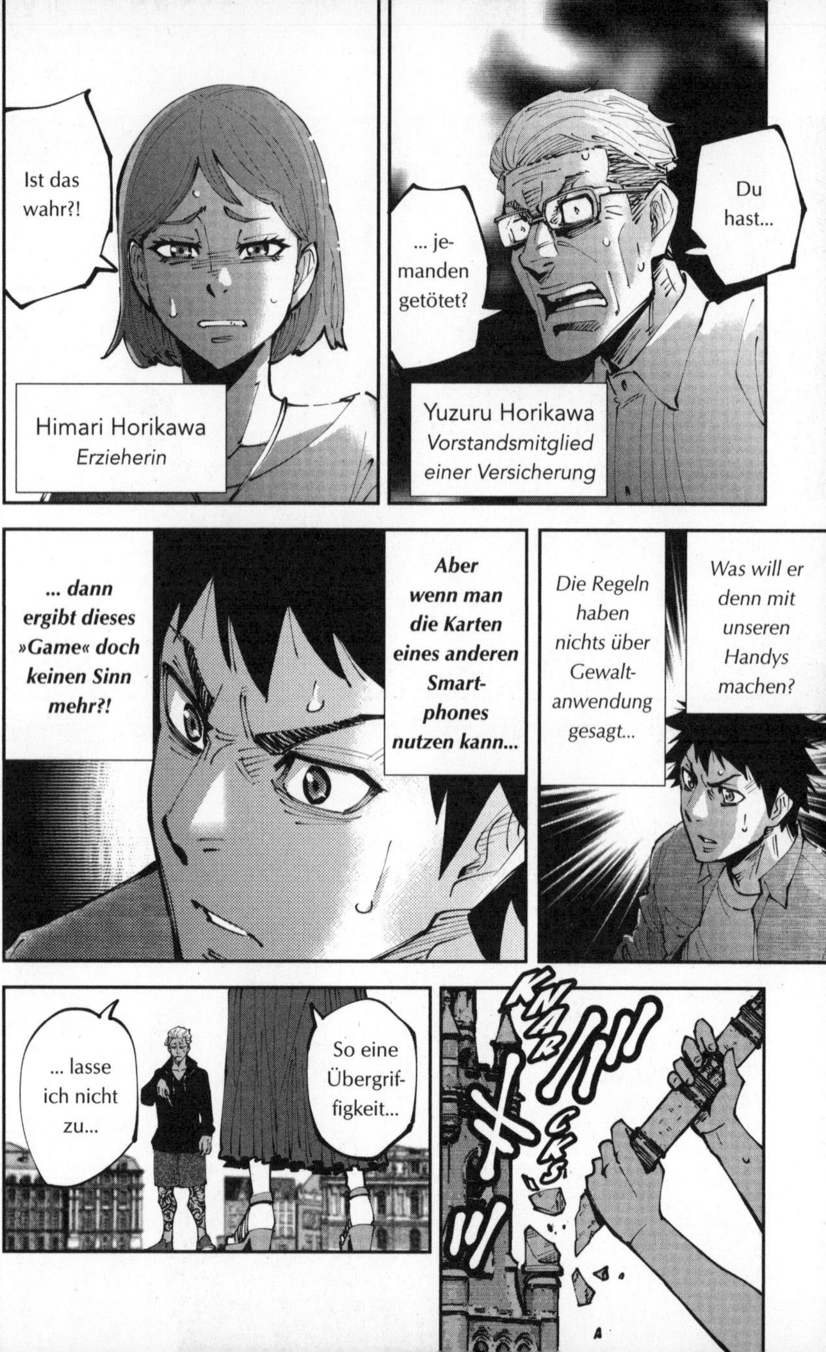

Du hast...
... jemanden getötet?
Yuzuru Horikawa
Vorstandsmitglied einer Versicherung
Ist das wahr?!
Himari Horikawa
Erzieherin
Was will er denn mit unseren Handys machen?
Die Regeln haben nichts über Gewaltanwendung gesagt...
Aber wenn man die Karten eines anderen Smartphones nutzen kann...
... dann ergibt dieses »Game« doch keinen Sinn mehr?!
KNAR
CKS
So eine Übergriffigkeit...
... lasse ich nicht zu...

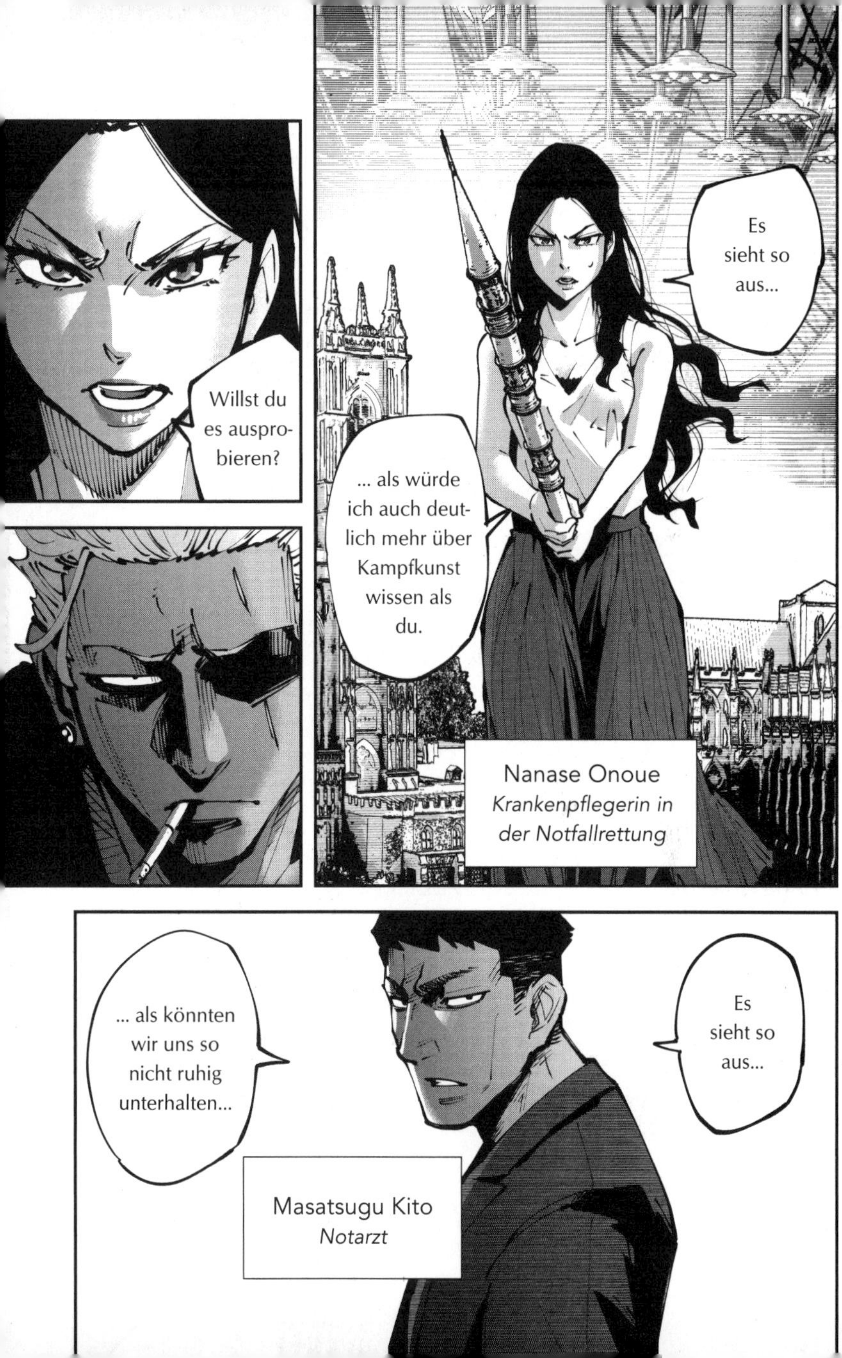
Es sieht so aus...
... als würde ich auch deutlich mehr über Kampfkunst wissen als du.
Nanase Onoue
Krankenpflegerin in der Notfallrettung
Willst du es auspro- bieren?
Es sieht so aus...
... als könnten wir uns so nicht ruhig unterhalten...
Masatsugu Kito
Notarzt

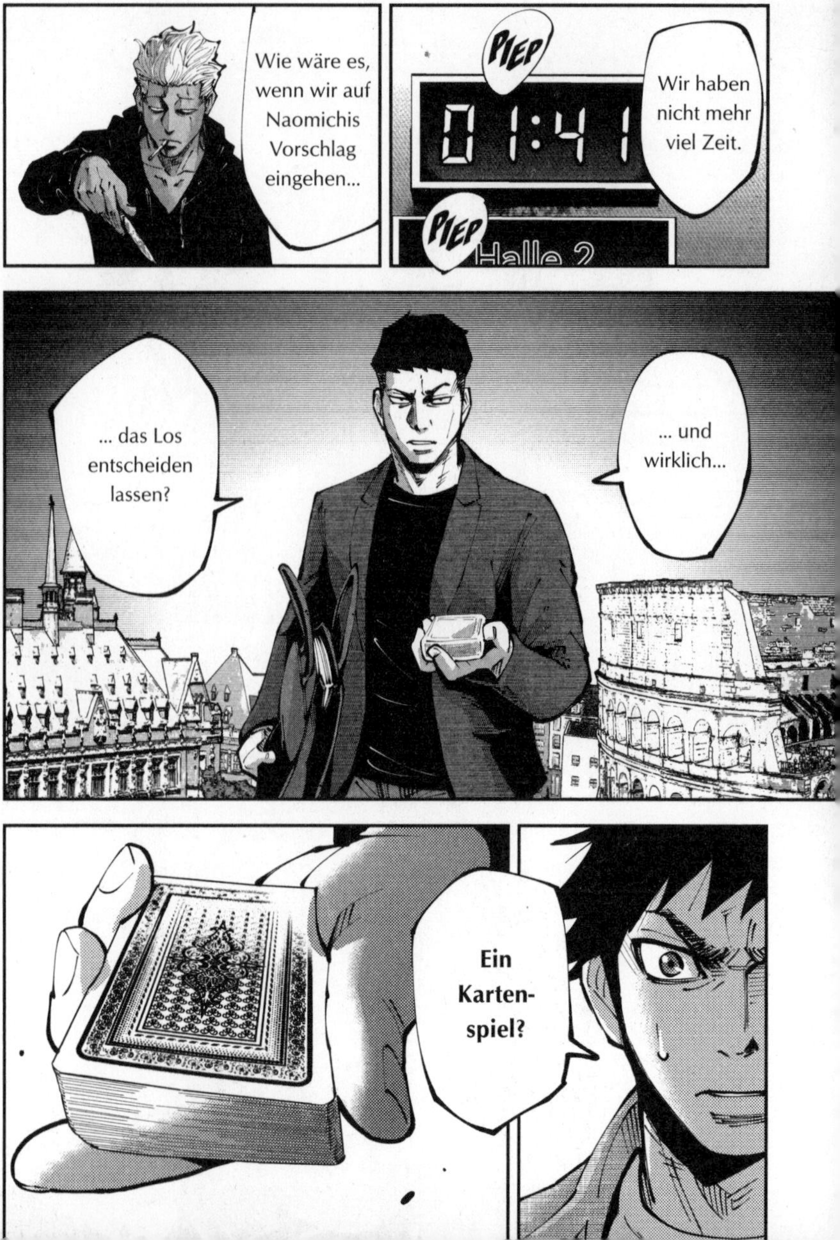

Wie wäre es, wenn wir auf Naomichis Vorschlag eingehen...
PIEP
01:41
Wir haben nicht mehr viel Zeit.
PIEP
Halle 2
... und wirklich...
... das Los entscheiden lassen?
Ein Karten-spiel?

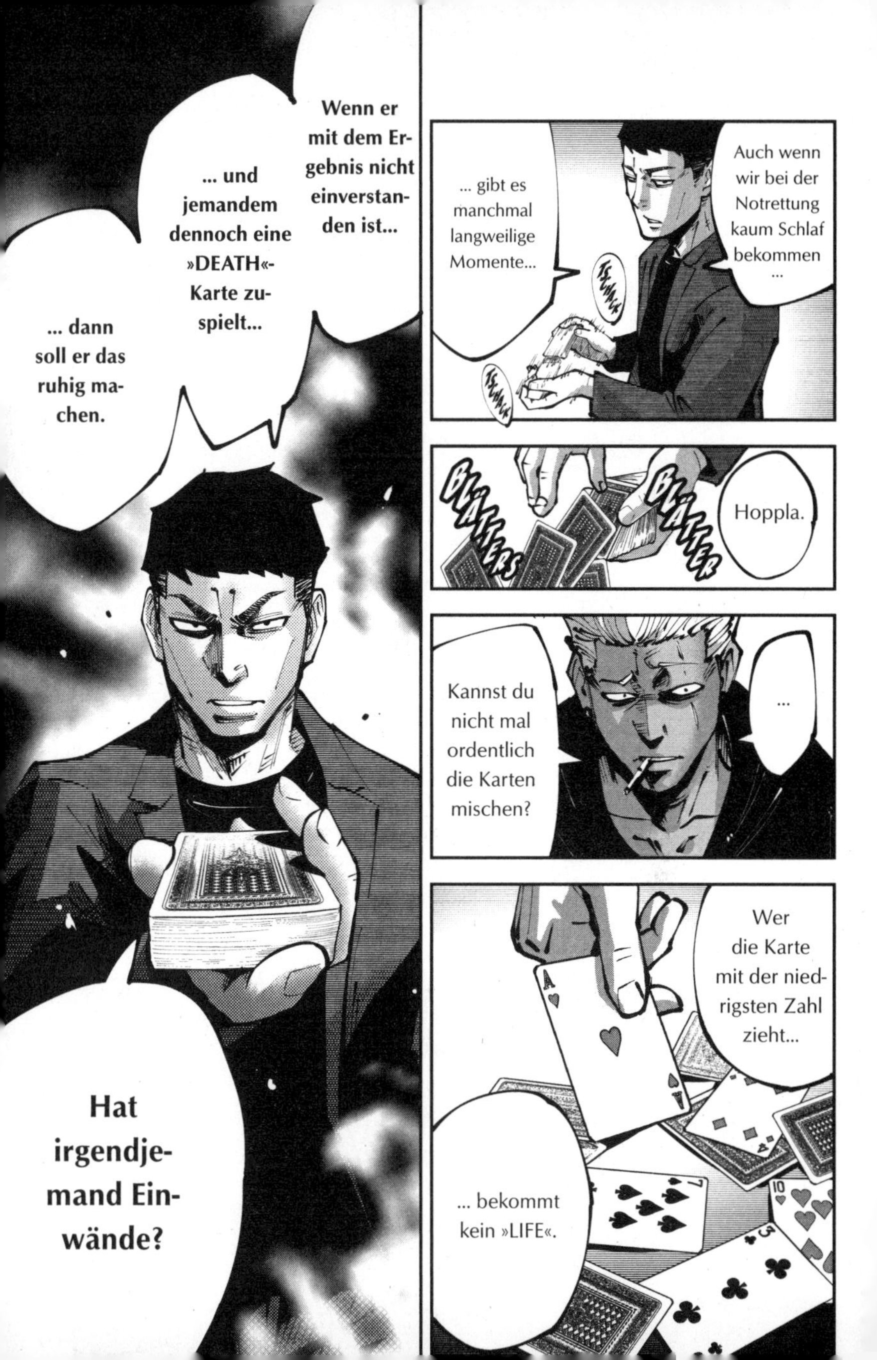
Auch wenn wir bei der Notrettung kaum Schlaf bekommen ...
... gibt es manchmal langweilige Momente...
BLÄTTER
Hoppla.
...
Kannst du nicht mal ordentlich die Karten mischen?
Wer die Karte mit der niedrigsten Zahl zieht...
... bekommt kein »LIFE«.
Wenn er mit dem Ergebnis nicht einverstanden ist...
... und jemandem dennoch eine »DEATH«-Karte zuspielt...
... dann soll er das ruhig machen.
Hat irgendjemand Einwände?

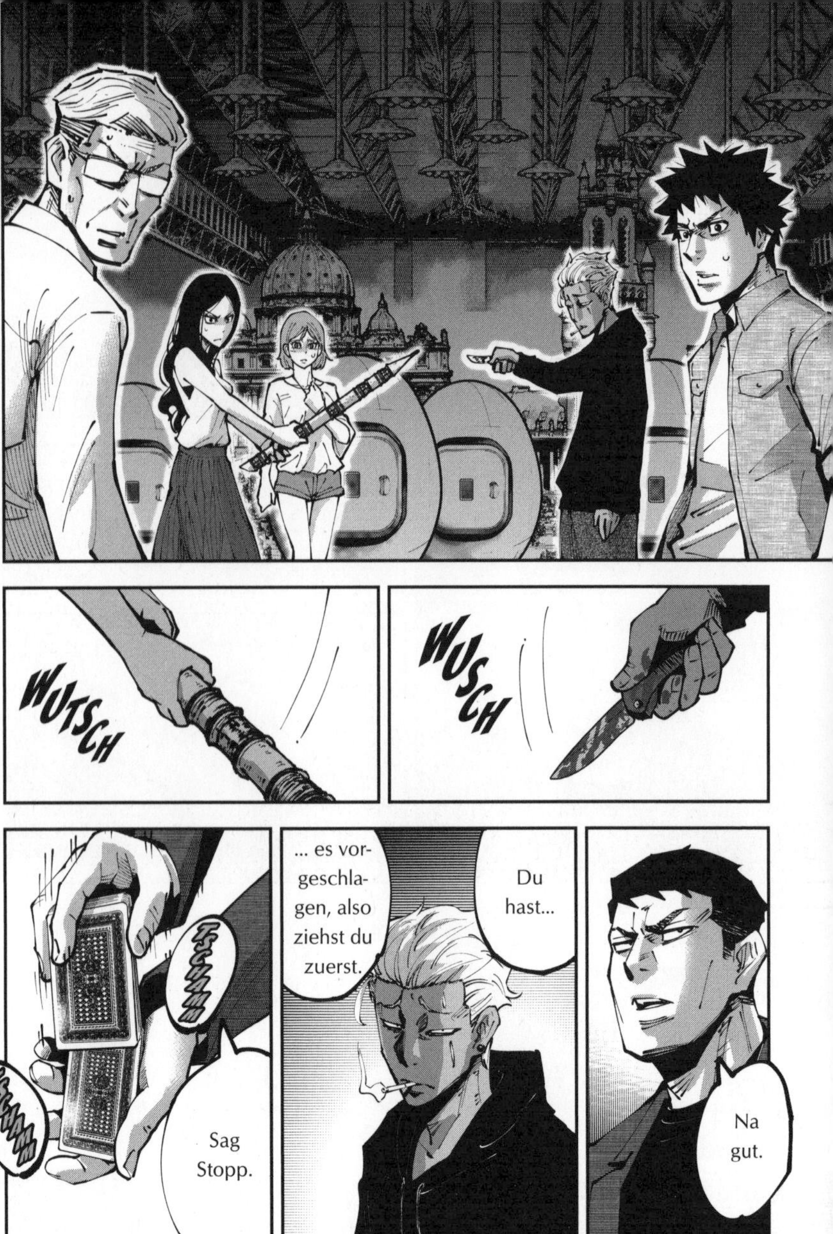
WUSCH
WUTSCH
Na gut.
Du hast...
... es vorgeschlagen, also ziehst du zuerst.
TSCHAMM
TSCHAMM
Sag Stopp.

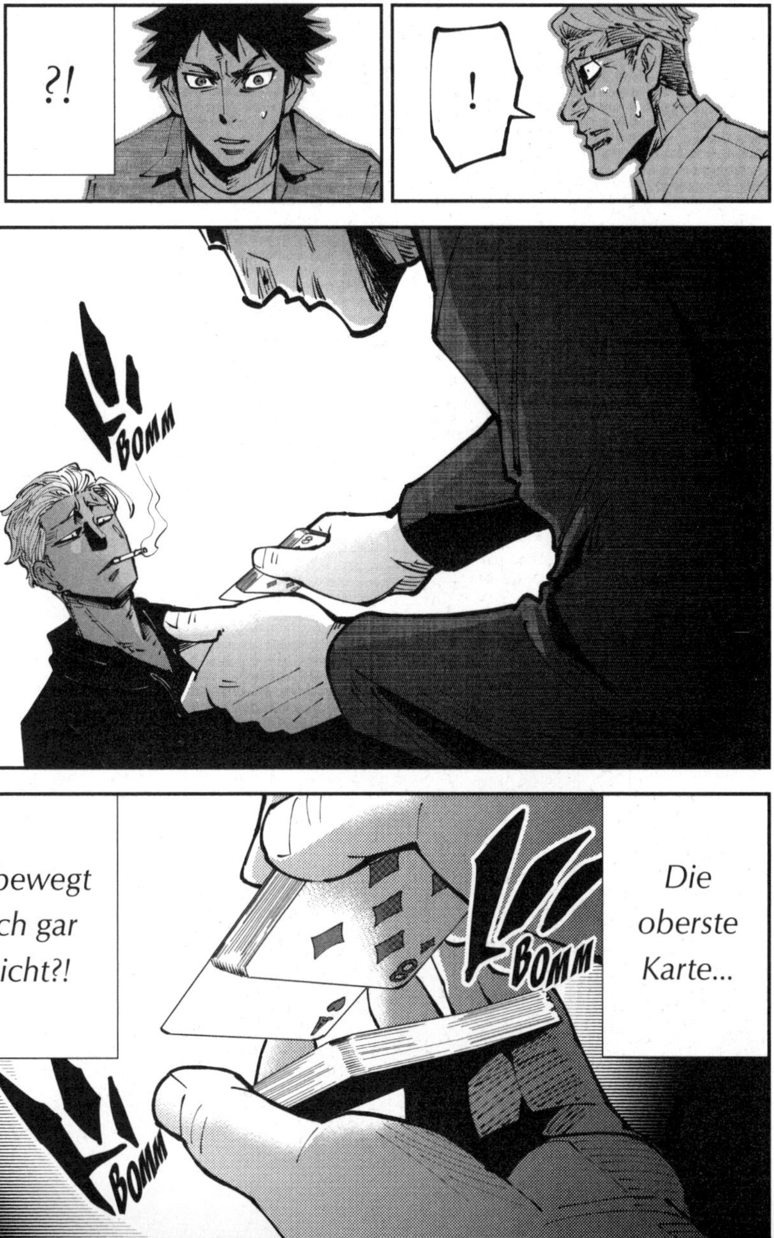

!
?!
BOMM
Die oberste Karte...
... bewegt sich gar nicht?!
BOMM
BOMM

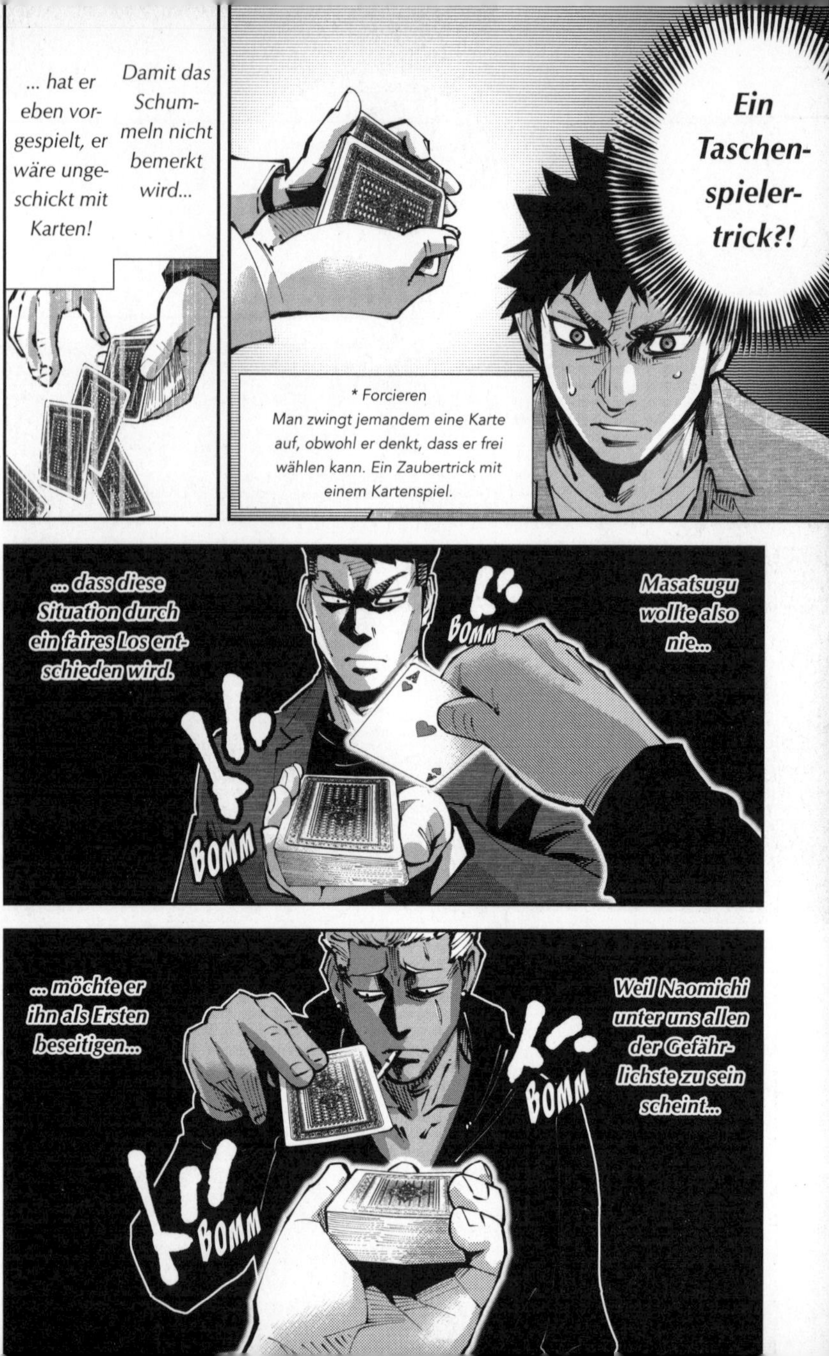
Ein Taschenspielertrick?!
Damit das Schummeln nicht bemerkt wird...
... hat er eben vorgespielt, er wäre ungeschickt mit Karten!
* Forcieren
Man zwingt jemandem eine Karte auf, obwohl er denkt, dass er frei wählen kann. Ein Zaubertrick mit einem Kartenspiel.
Masatsugu wollte also nie...
... dass diese Situation durch ein faires Los entschieden wird.
BOMM
BOMM
Weil Naomichi unter uns allen der Gefährlichste zu sein scheint...
... möchte er ihn als Ersten beseitigen...
BOMM
BOMM

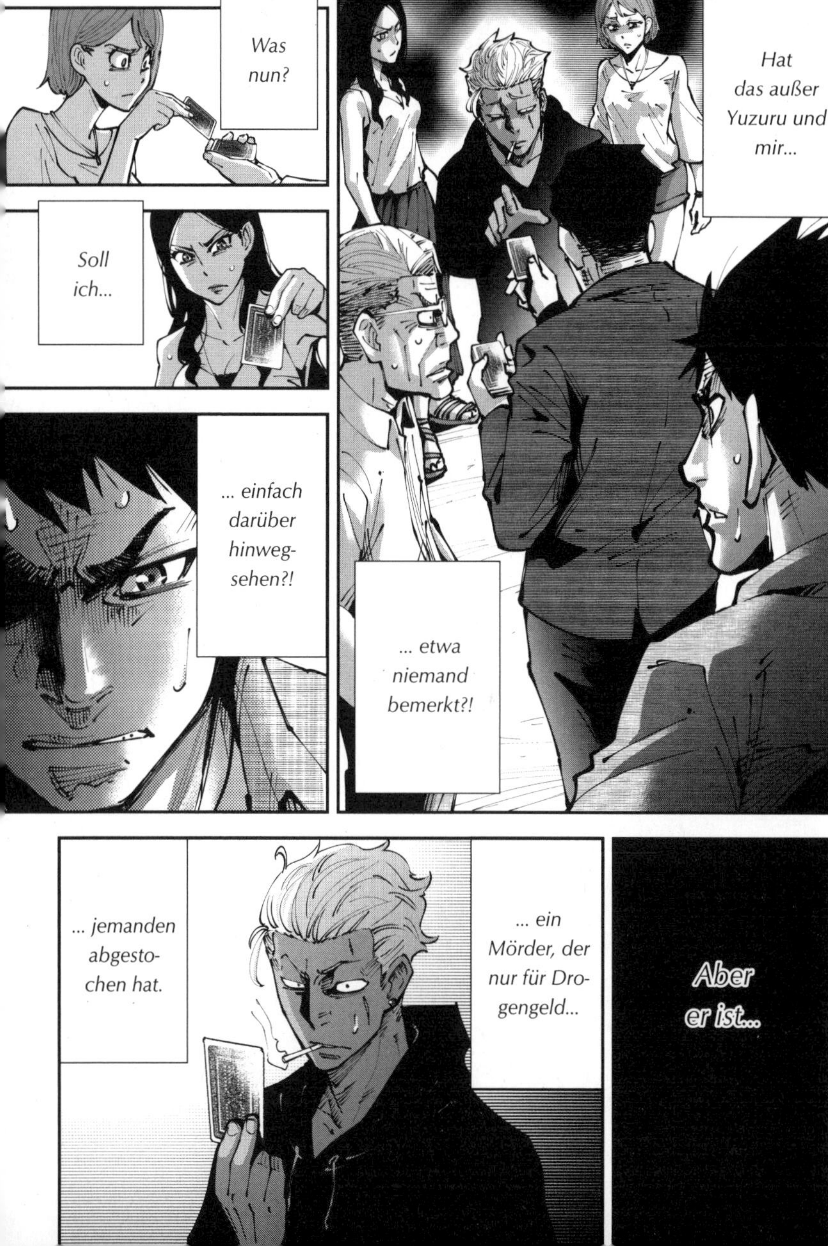
Hat das außer Yuzuru und mir...
... etwa niemand bemerkt?!
Was nun?
Soll ich...
... einfach darüber hinweg-sehen?!
Aber er ist...
... ein Mörder, der nur für Dro-gengeld...
... jemanden abgesto-chen hat.

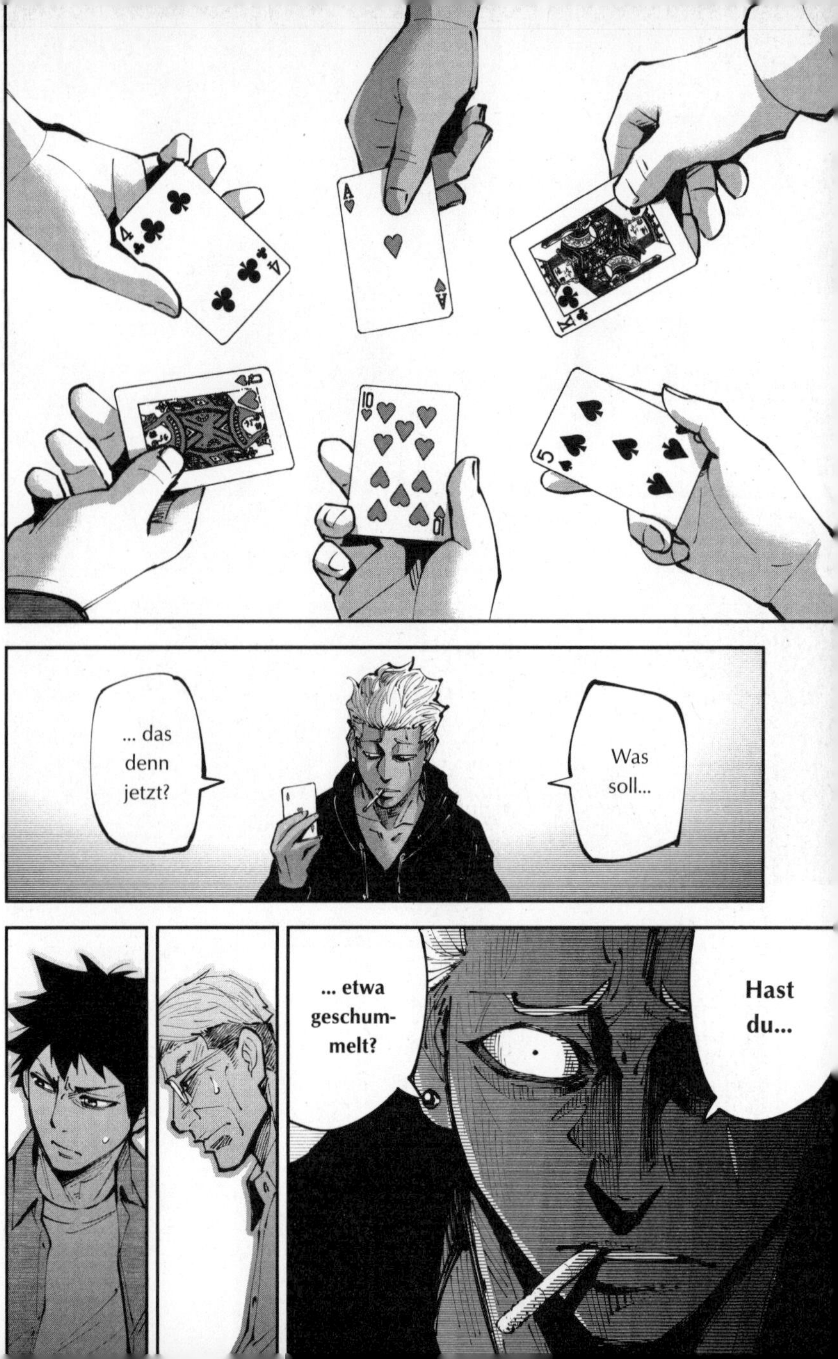
Was soll...
... das denn jetzt?
Hast du...
... etwa geschummelt?

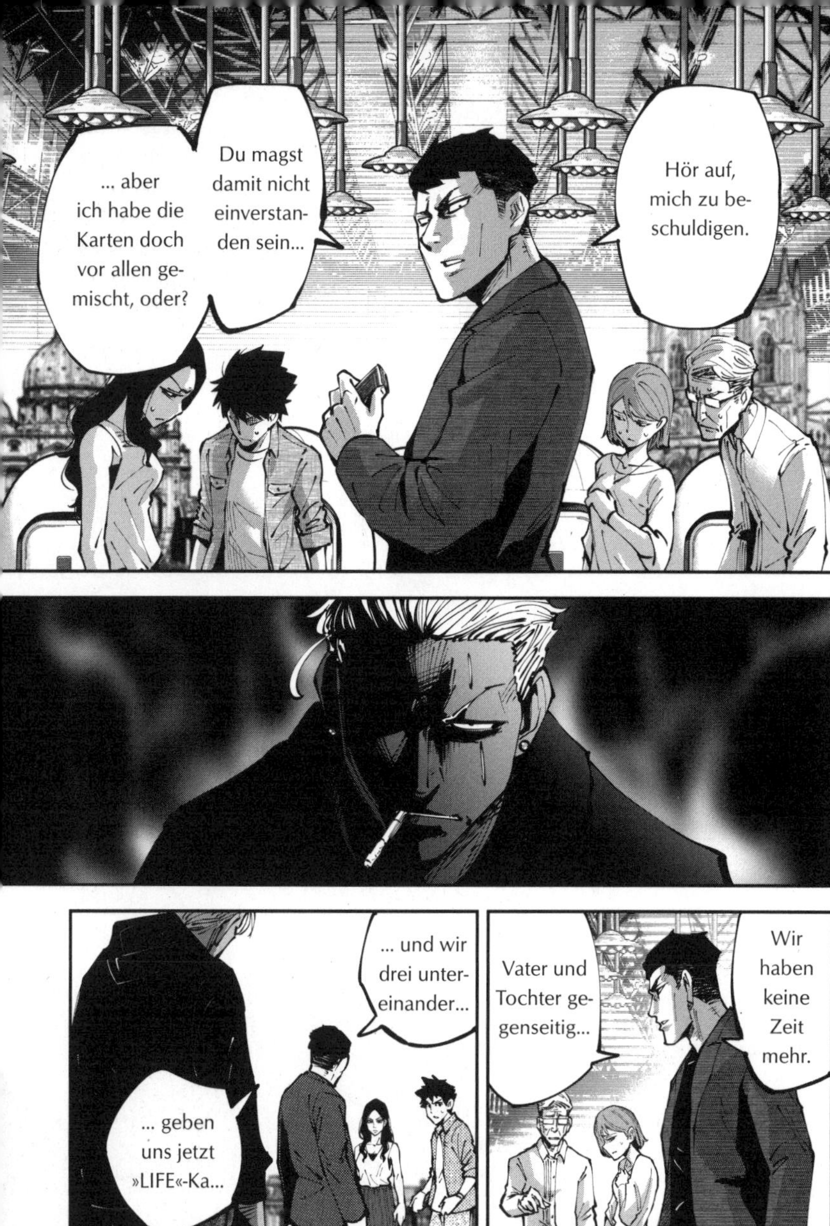
Hör auf, mich zu beschuldigen.
Du magst damit nicht einverstanden sein...
... aber ich habe die Karten doch vor allen gemischt, oder?
Wir haben keine Zeit mehr.
Vater und Tochter gegenseitig...
... und wir drei untereinander...
... geben uns jetzt »LIFE«-Ka...

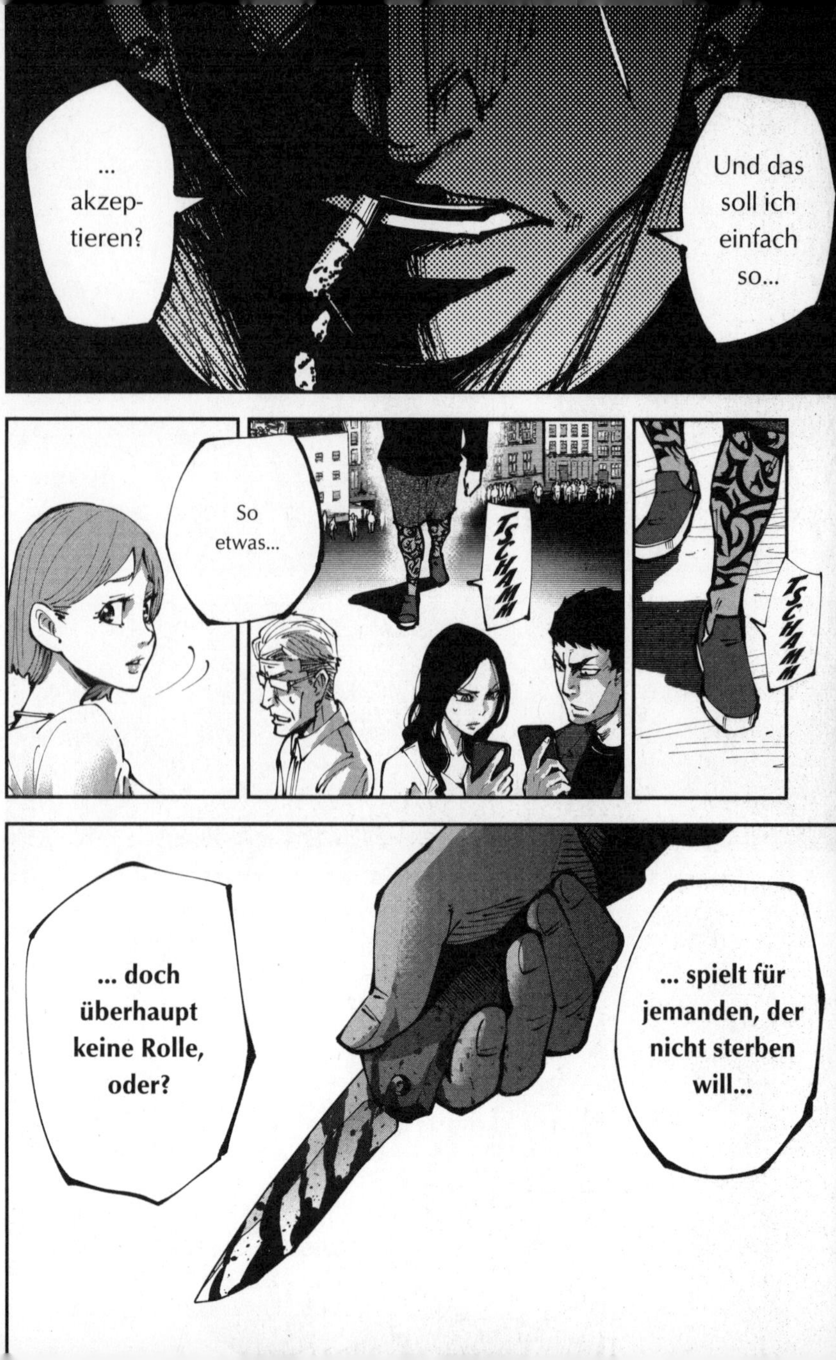
Und das soll ich einfach so...
... akzeptieren?
TSCHAMM
TSCHAMM
So etwas...
... spielt für jemanden, der nicht sterben will...
... doch überhaupt keine Rolle, oder?

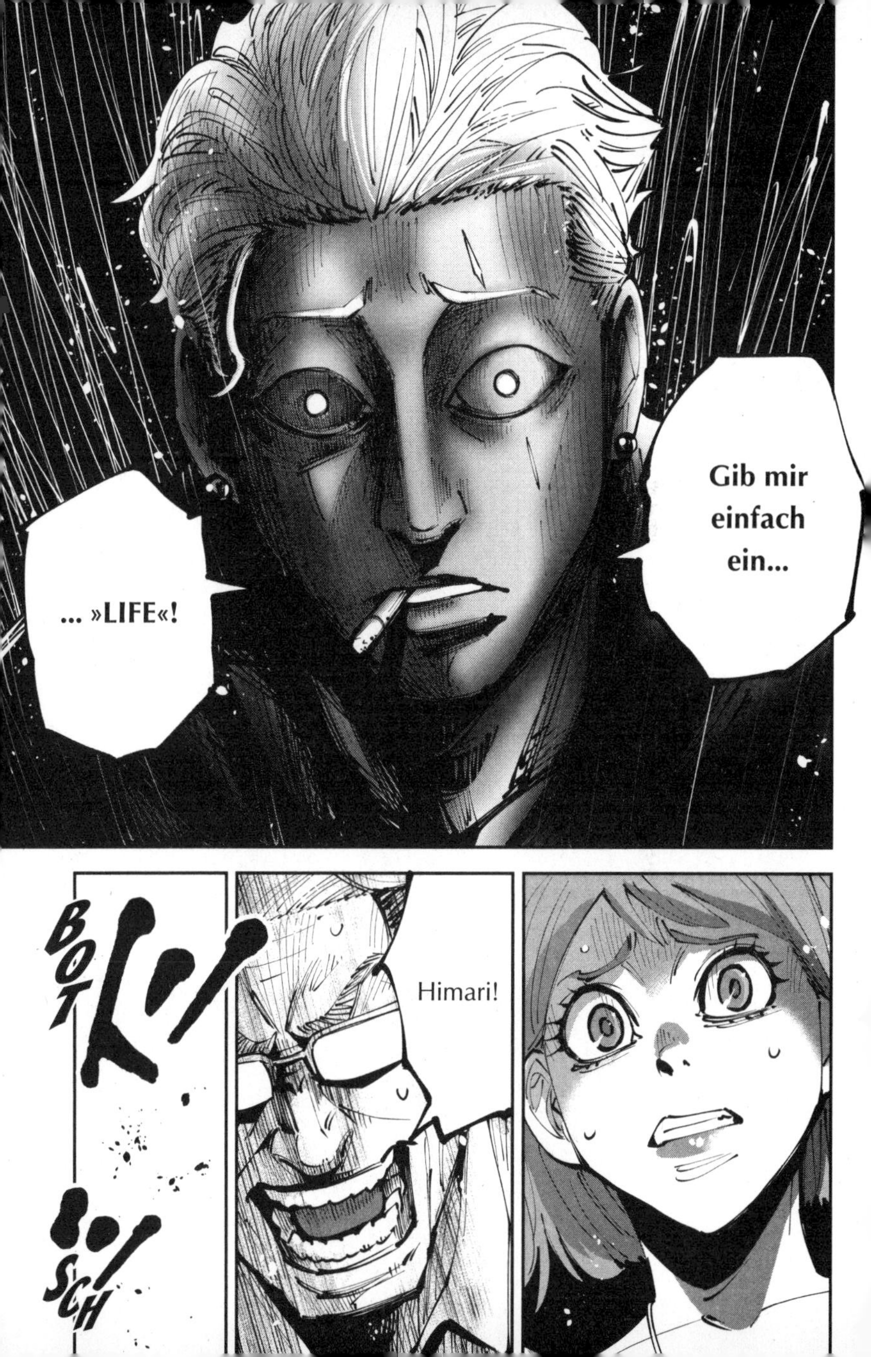
Gib mir einfach ein...
... »LIFE«!
Himari!
BOTT
SCH

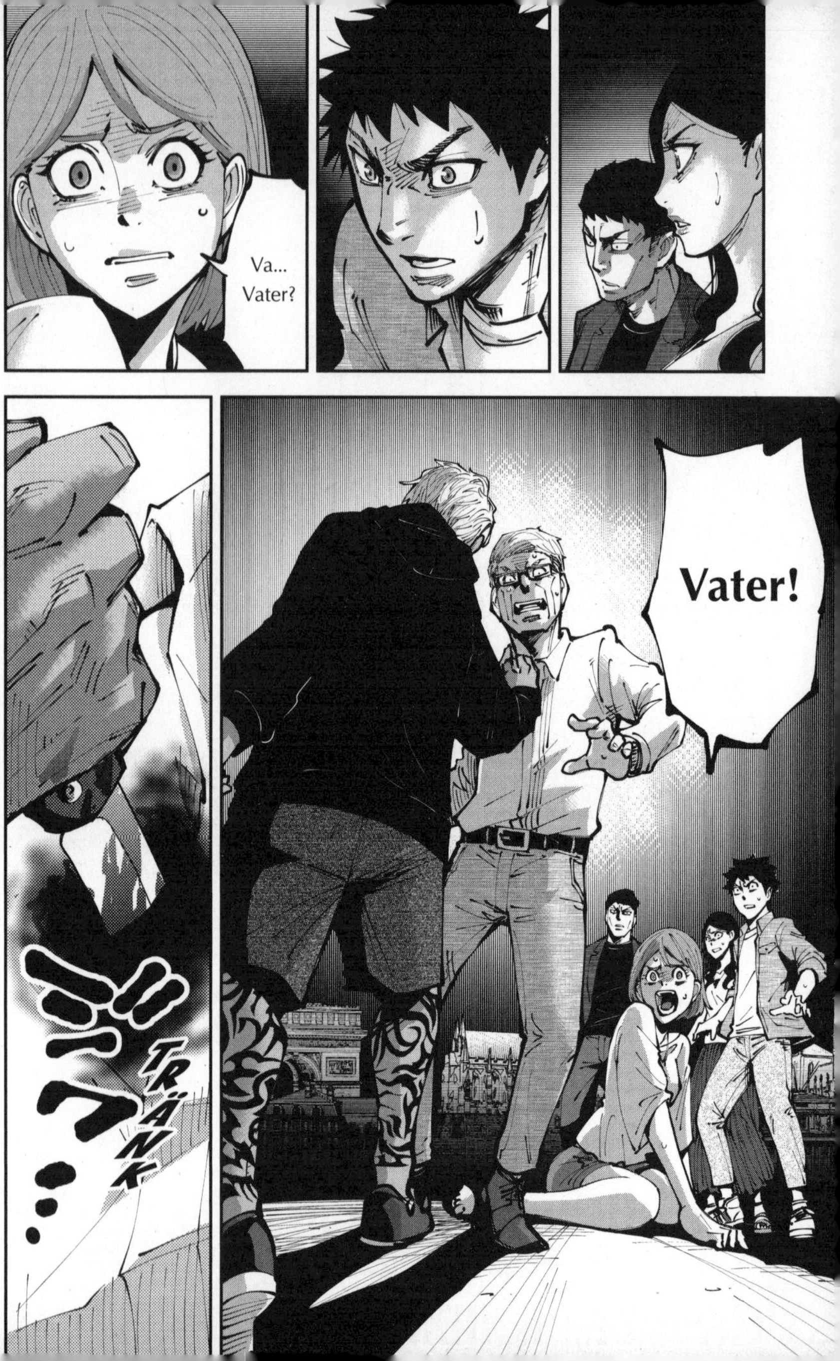
Va...
Vater?
Vater!
TRÄNK

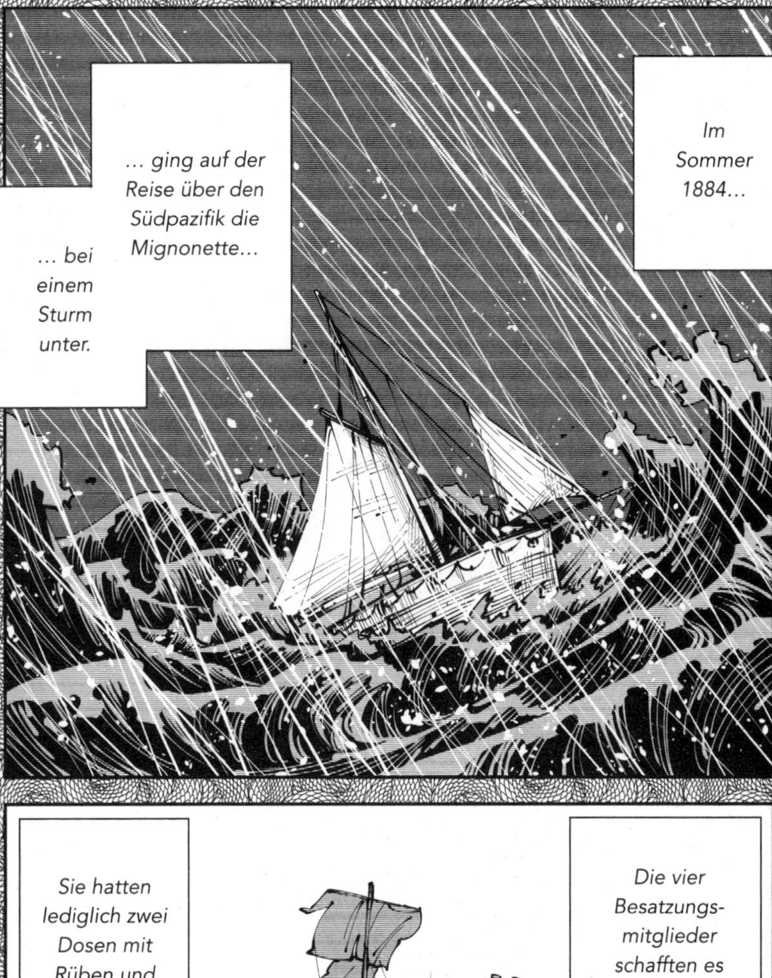

KAPITEL 4: HERZ NEUN - TEIL 4

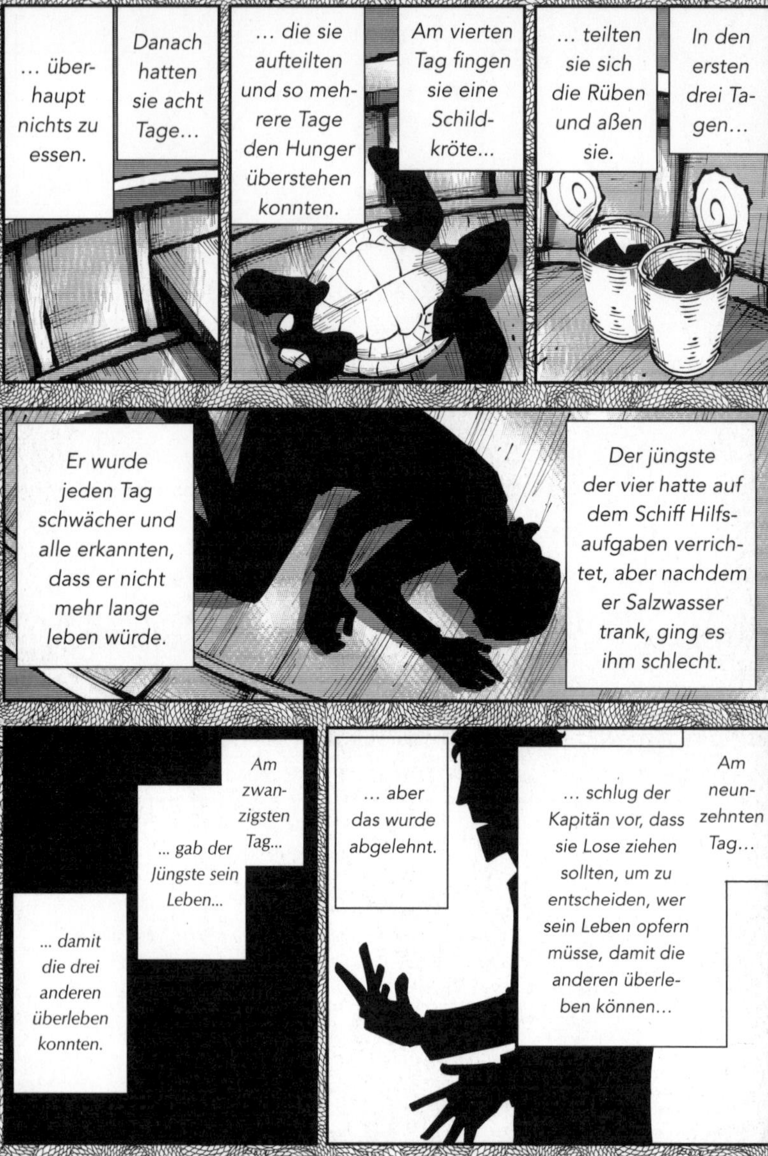
In den ersten drei Tagen…
… teilten sie sich die Rüben und aßen sie.
Am vierten Tag fingen sie eine Schildkröte...
… die sie aufteilten und so mehrere Tage den Hunger überstehen konnten.
Danach hatten sie acht Tage…
… überhaupt nichts zu essen.
Der jüngste der vier hatte auf dem Schiff Hilfsaufgaben verrichtet, aber nachdem er Salzwasser trank, ging es ihm schlecht.
Er wurde jeden Tag schwächer und alle erkannten, dass er nicht mehr lange leben würde.
Am neunzehnten Tag…
… schlug der Kapitän vor, dass sie Lose ziehen sollten, um zu entscheiden, wer sein Leben opfern müsse, damit die anderen überleben können…
… aber das wurde abgelehnt.
Am zwanzigsten Tag...
... gab der Jüngste sein Leben...
... damit die drei anderen überleben konnten.

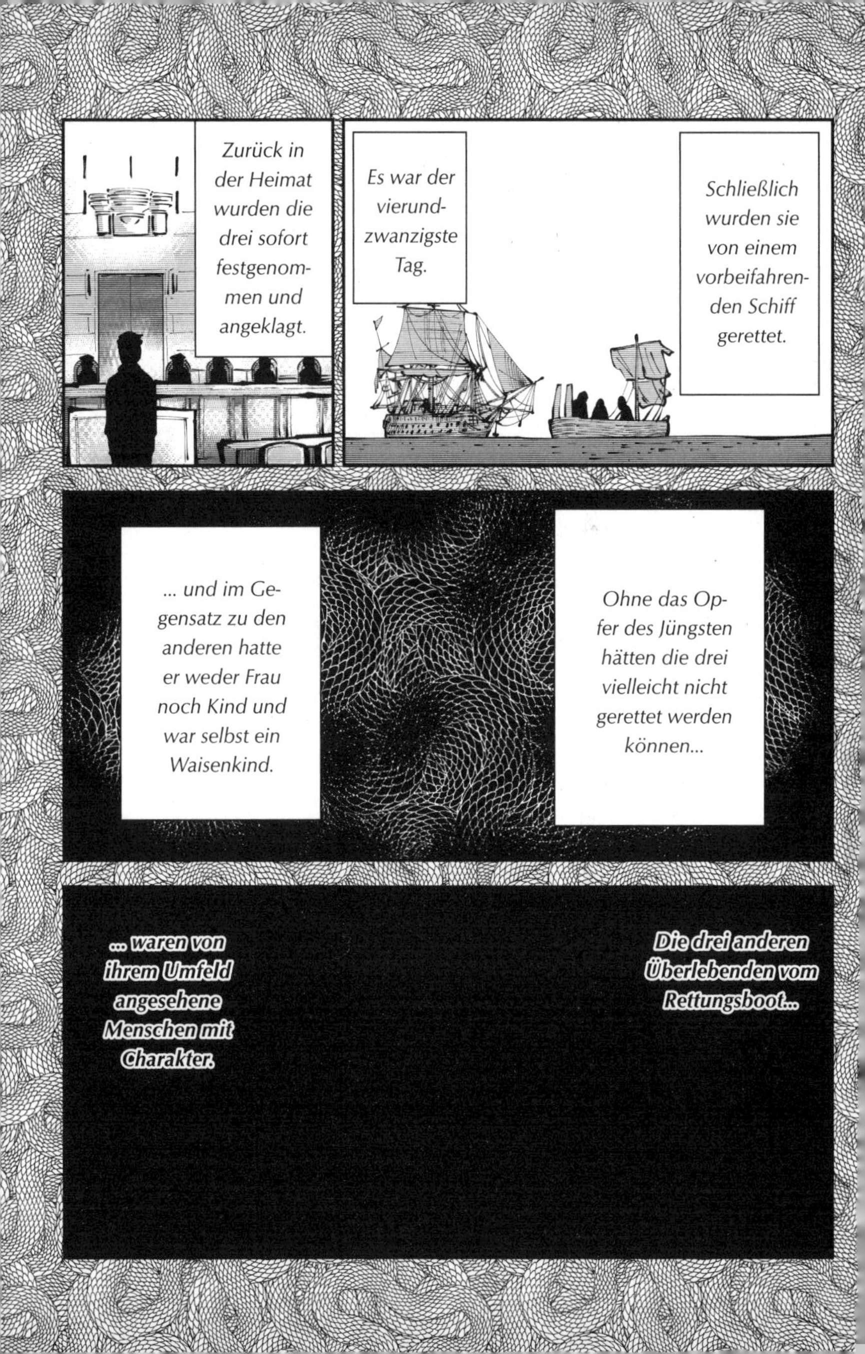
Schließlich wurden sie von einem vorbeifahrenden Schiff gerettet.
Es war der vierundzwanzigste Tag.
Zurück in der Heimat wurden die drei sofort festgenommen und angeklagt.
Ohne das Opfer des Jüngsten hätten die drei vielleicht nicht gerettet werden können...
... und im Gegensatz zu den anderen hatte er weder Frau noch Kind und war selbst ein Waisenkind.
Die drei anderen Überlebenden vom Rettungsboot...
... waren von ihrem Umfeld angesehene Menschen mit Charakter.

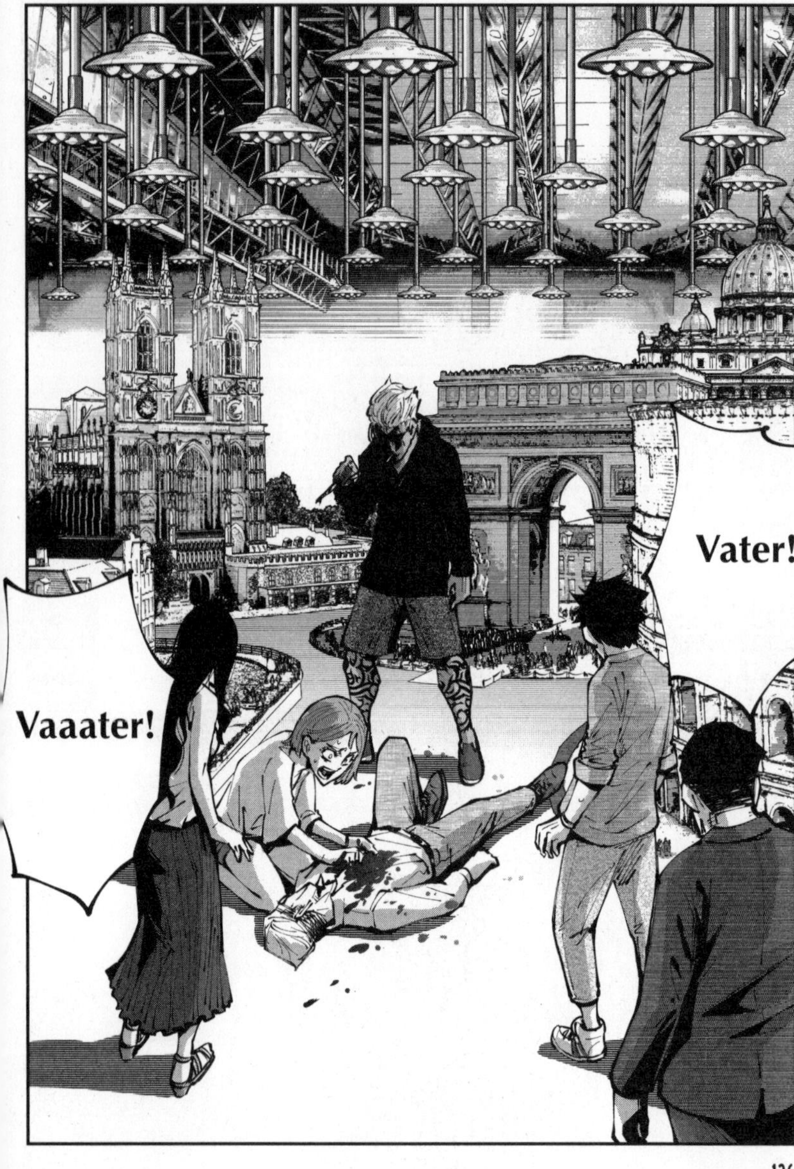
Vater!
Vaaater!

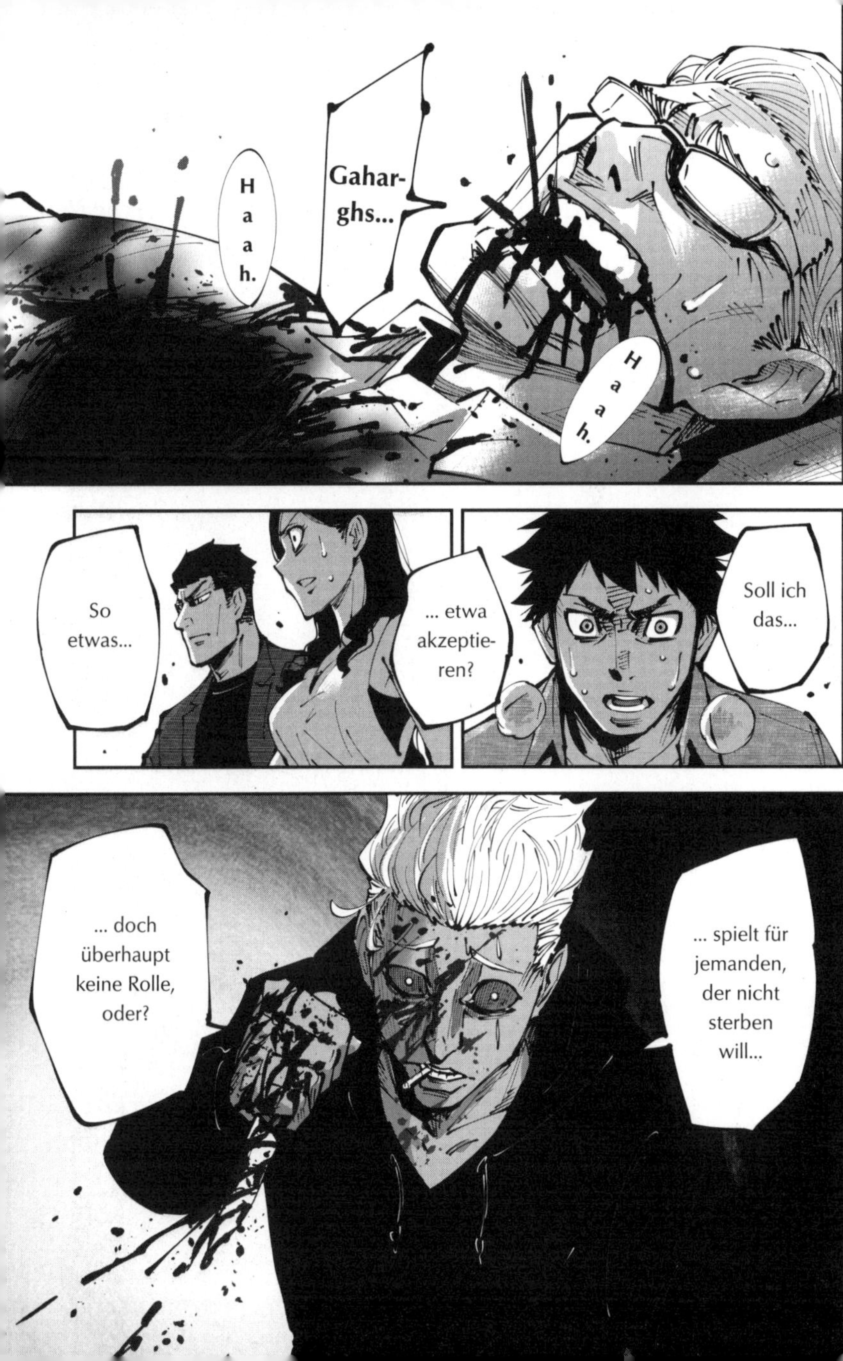
Haah.
Gahar-ghs...
Haah.
Soll ich das...
... etwa akzeptieren?
So etwas...
... spielt für jemanden, der nicht sterben will...
... doch überhaupt keine Rolle, oder?

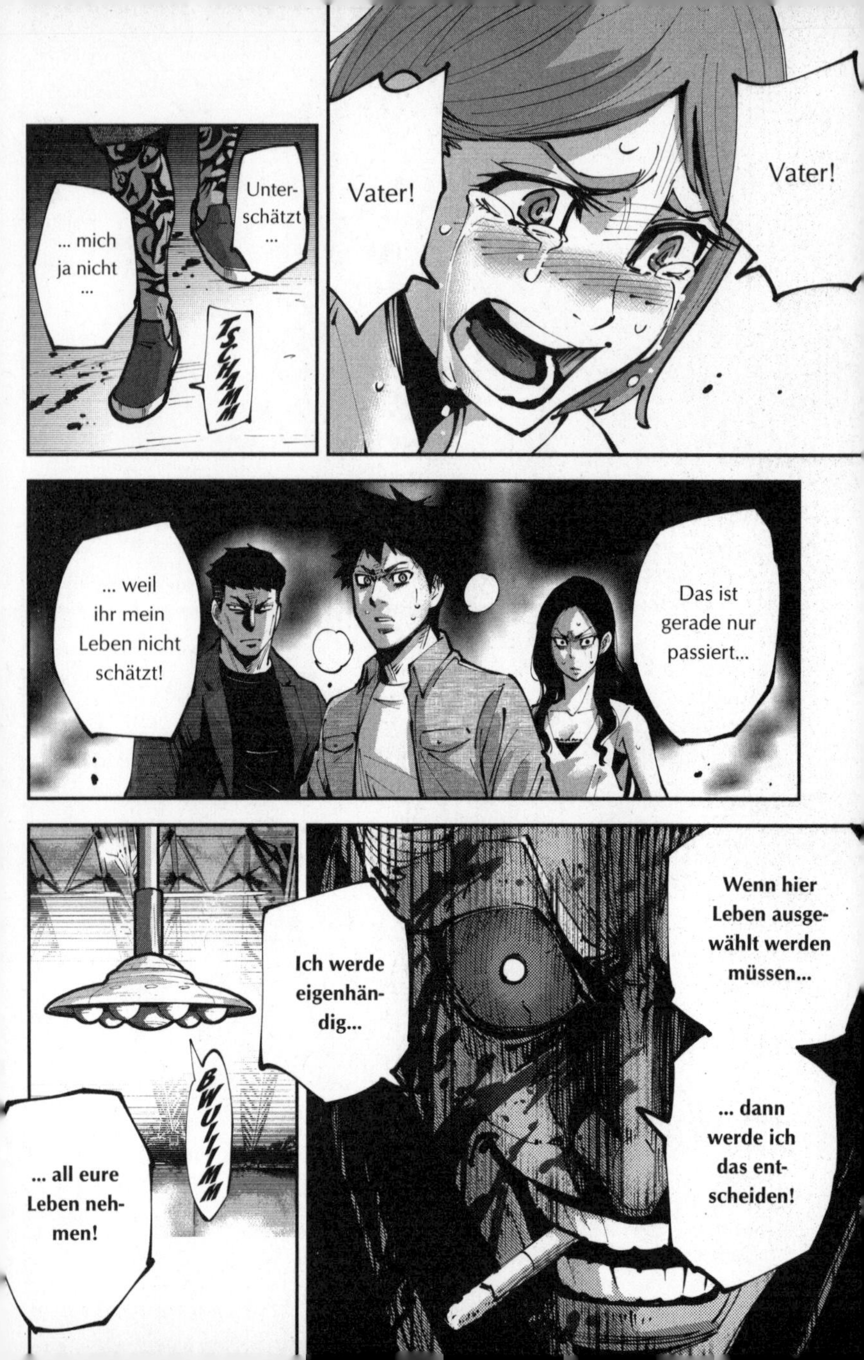
Vater!
Vater!
Unter-schätzt ...
... mich ja nicht ...
TSCHAMM
Das ist gerade nur passiert...
... weil ihr mein Leben nicht schätzt!
Wenn hier Leben ausge-wählt werden müssen...
... dann werde ich das ent-scheiden!
Ich werde eigenhän-dig...
BWUIIMM
... all eure Leben neh-men!

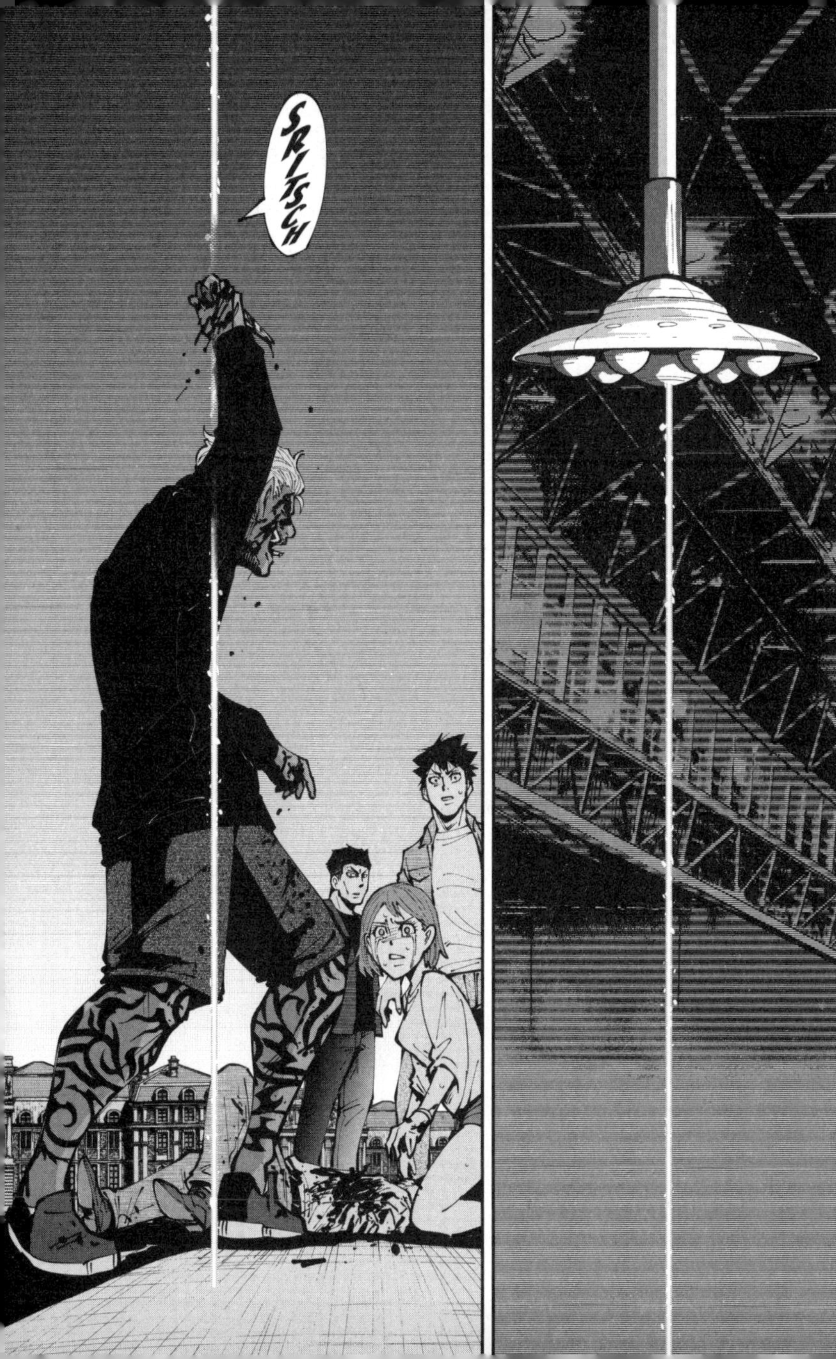
SRITSCH

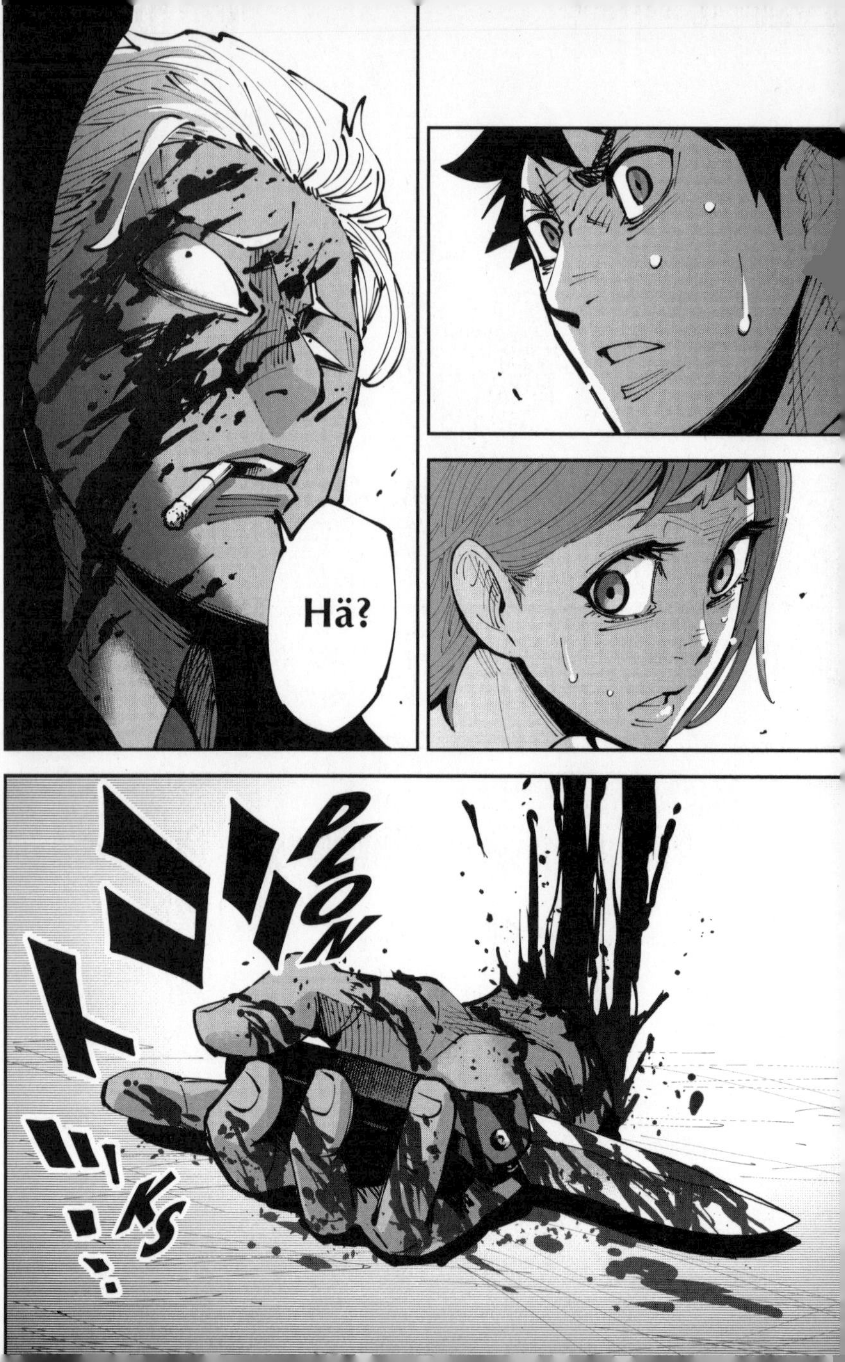
Hä?
PLON
KS

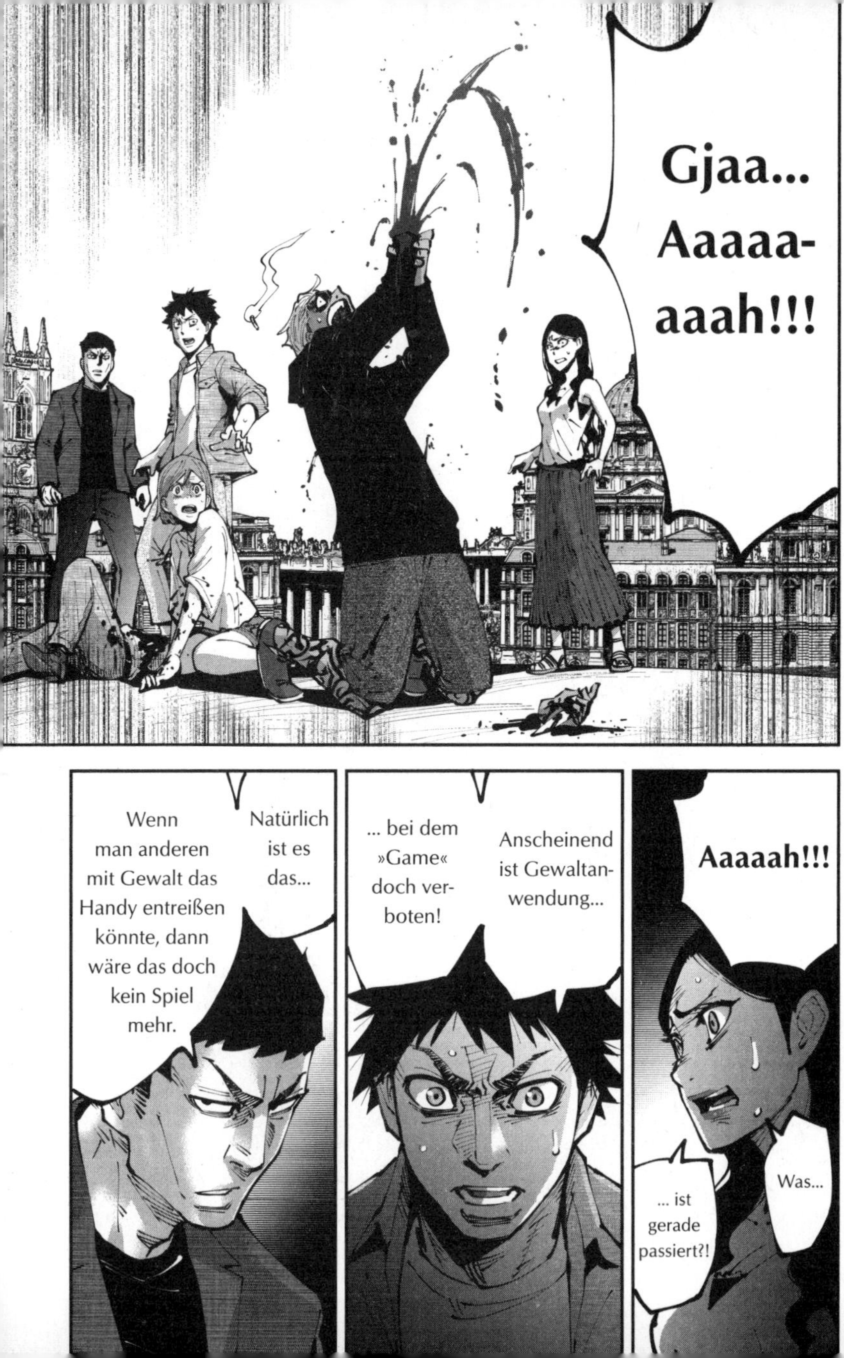
Gjaa... Aaaaa-aaah!!!
Aaaaah!!!
Was...
... ist gerade passiert?!
Anscheinend ist Gewaltanwendung...
... bei dem »Game« doch verboten!
Natürlich ist es das...
Wenn man anderen mit Gewalt das Handy entreißen könnte, dann wäre das doch kein Spiel mehr.

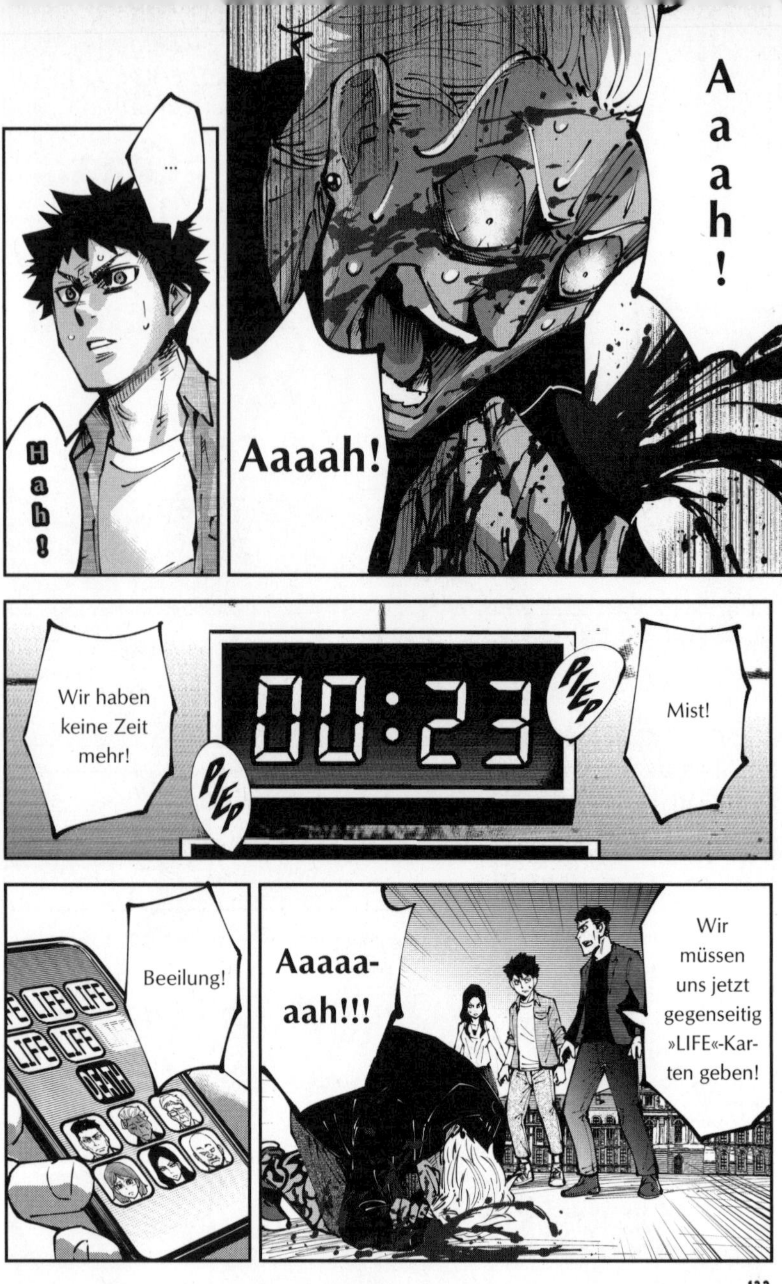
A
a
a
h
!
Aaaah!
...
Hah!
Mist!
PIEP
00:23
PIEP
Wir haben keine Zeit mehr!
Wir müssen uns jetzt gegenseitig »LIFE«-Karten geben!
Aaaaa-aah!!!
Beeilung!
LIFE LIFE LIFE
LIFE LIFE
DEATH

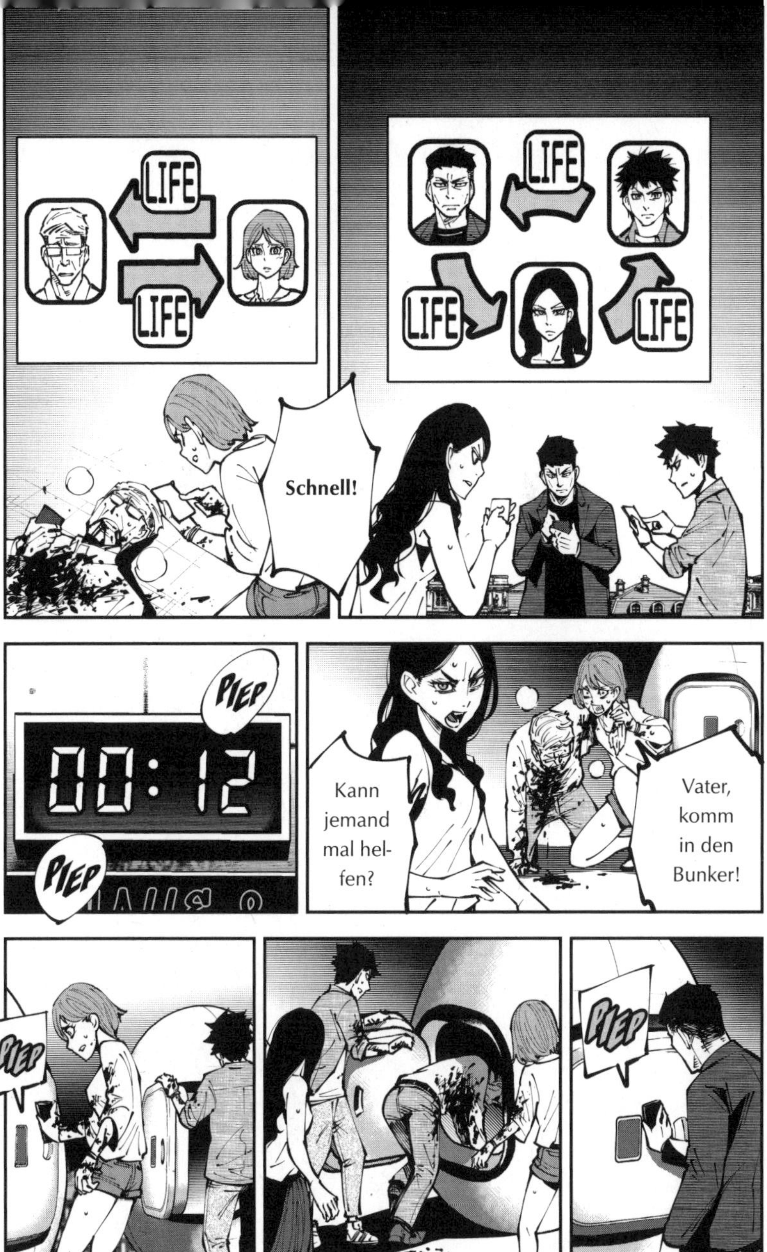
LIFE
LIFE
LIFE
LIFE
LIFE
Schnell!
Vater, komm in den Bunker!
Kann jemand mal hel-fen?
PIEP
PIEP
PIEP
PIEP

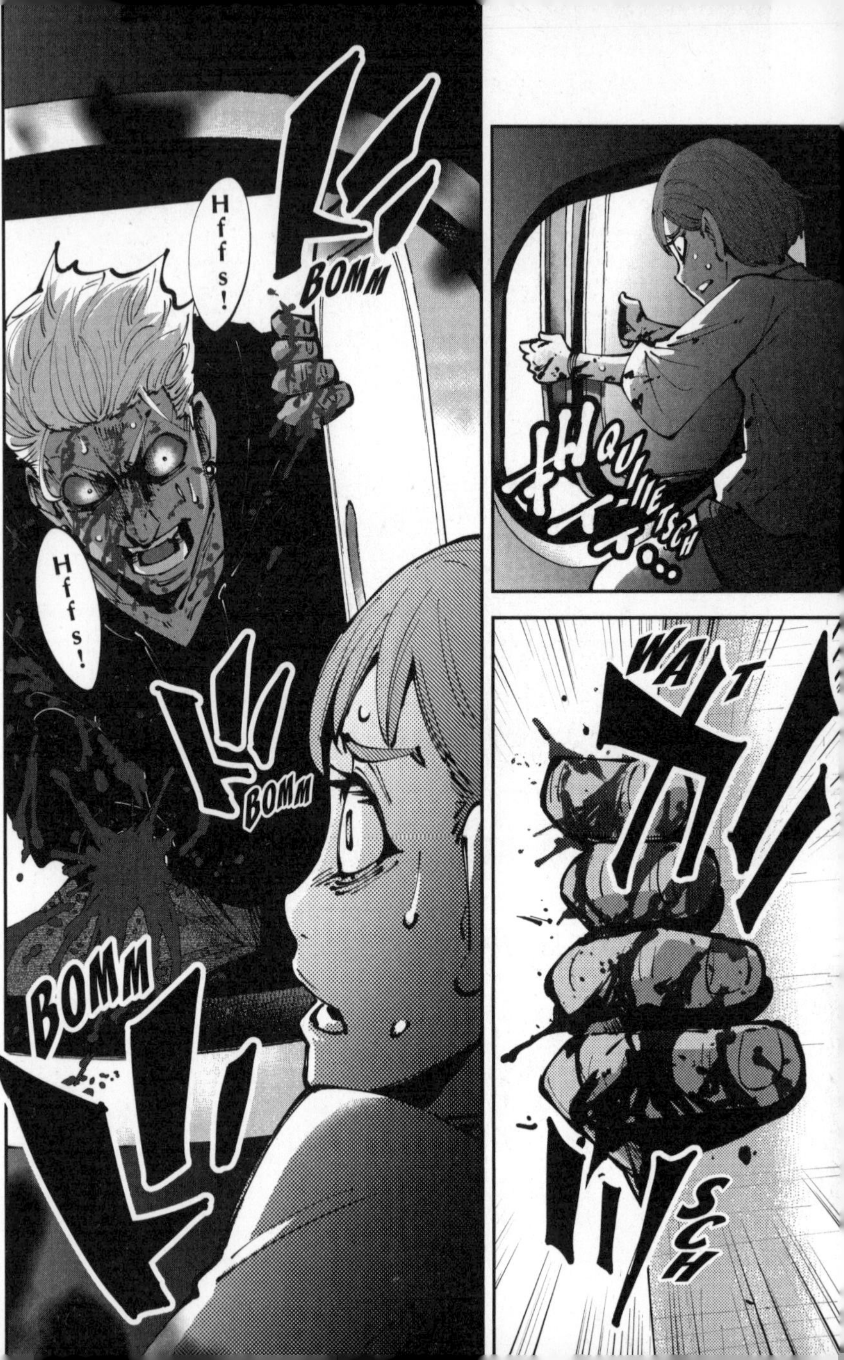
QUIIETSCH
WAT
SCH
BOMM
Hffs!
Hffs!
BOMM
BOMM

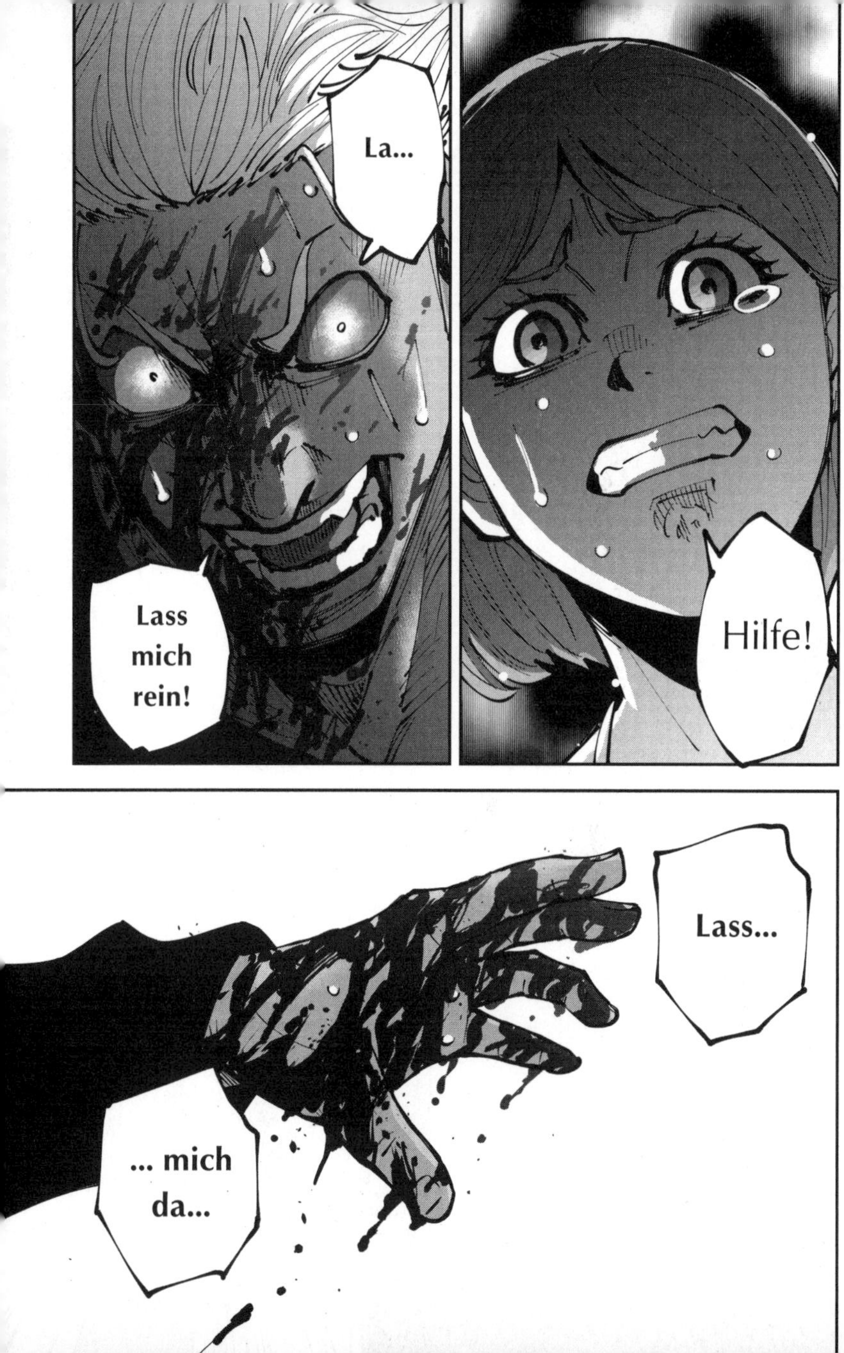
Hilfe!
La...
Lass mich rein!
Lass...
... mich da...

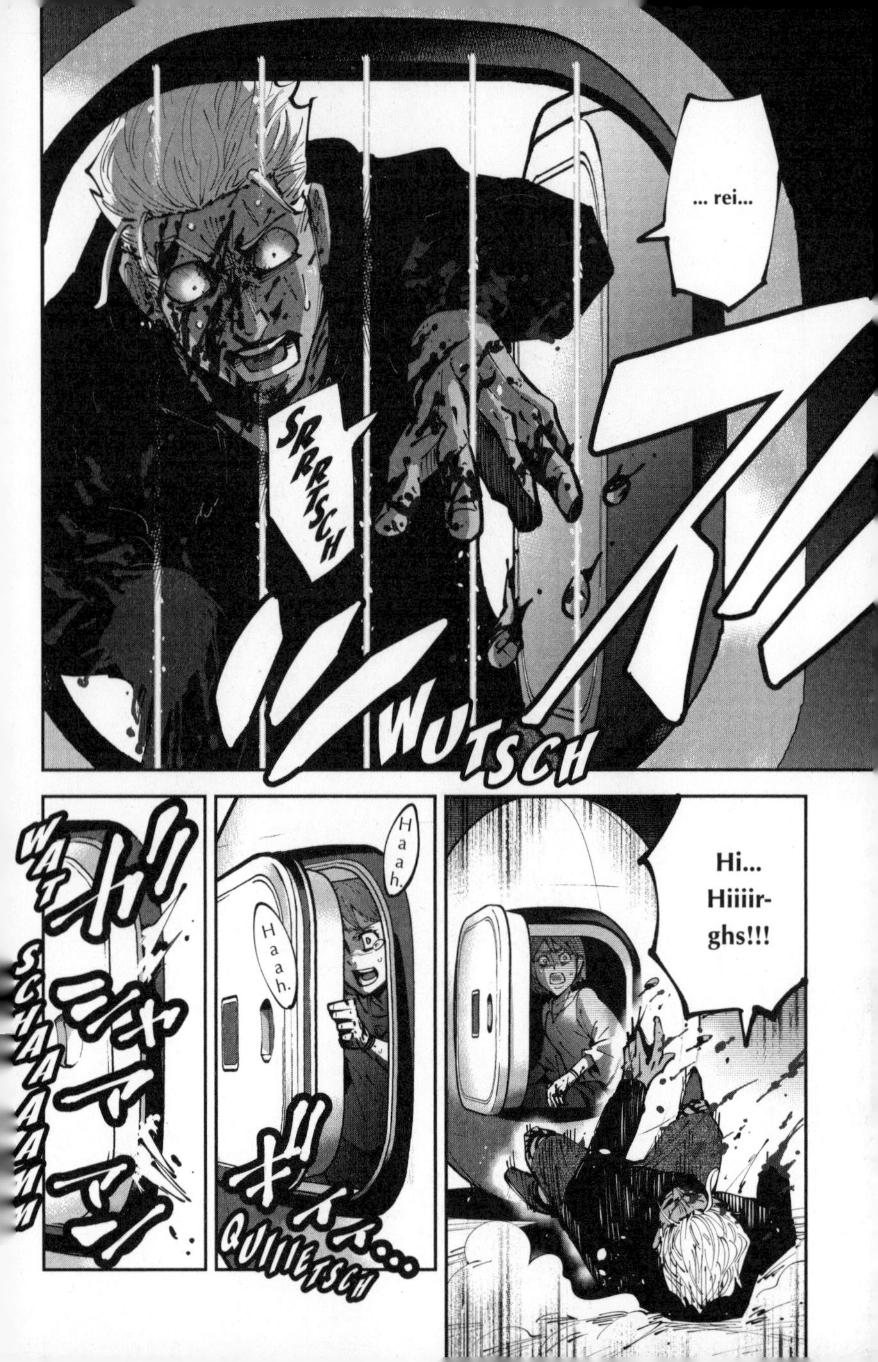
... rei...
SRRRTSCH
WUTSCH
Hi...
Hiiiirghs!!!
Haah.
Haah.
QUIIIETSCH
WAT SCHAAAAAAAMM

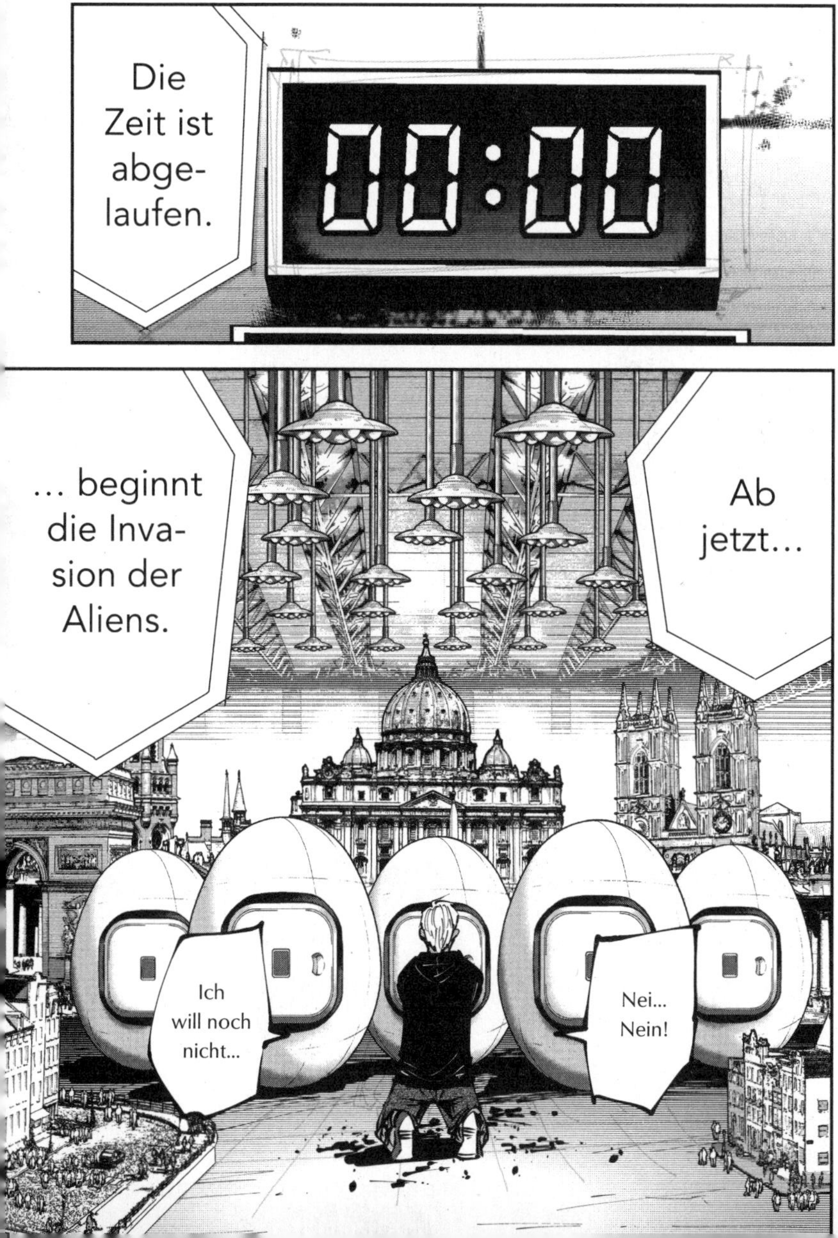
Die Zeit ist abge-laufen.
00:00
Ab jetzt…
… beginnt die Inva-sion der Aliens.
Nei... Nein!
Ich will noch nicht...

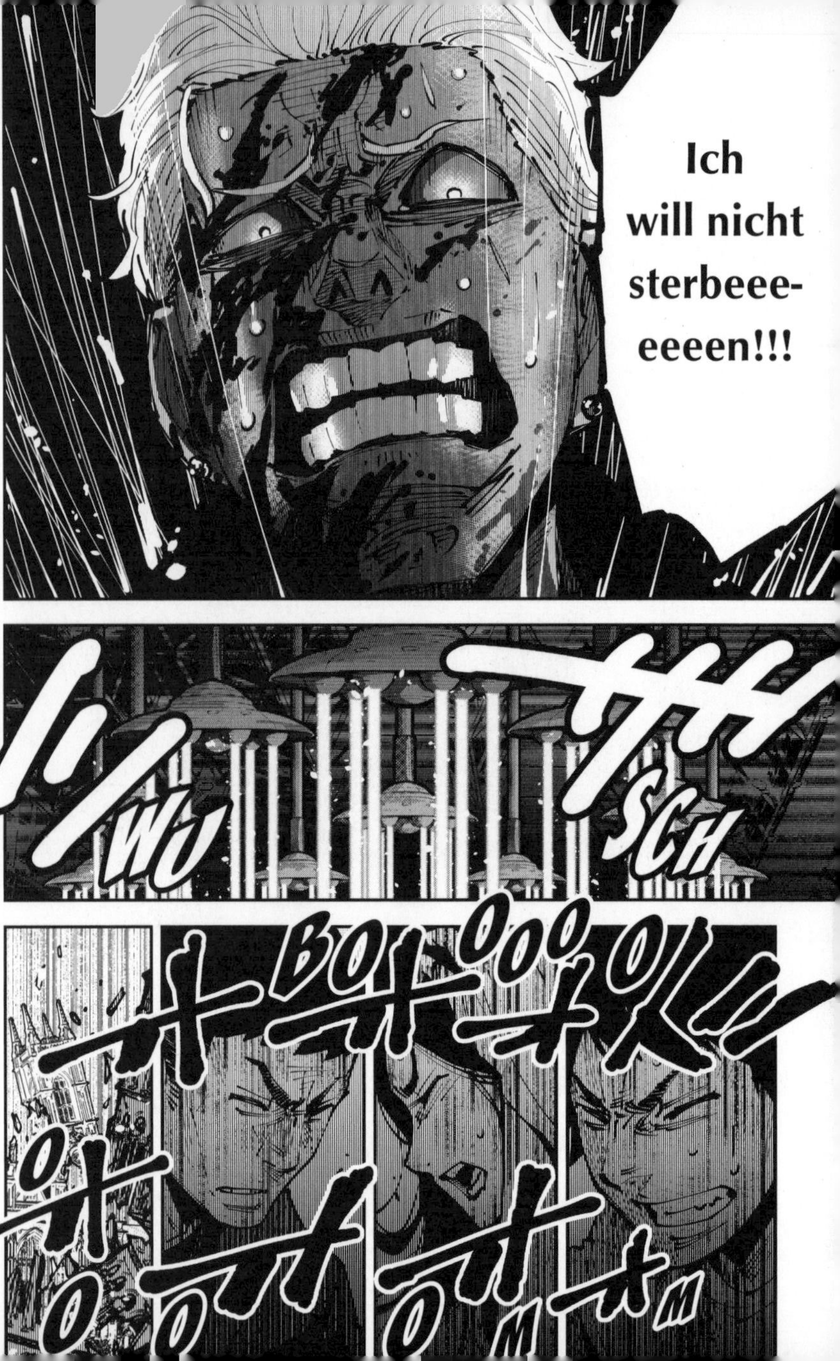
Ich will nicht sterbeee-eeeen!!!
WU
SCH

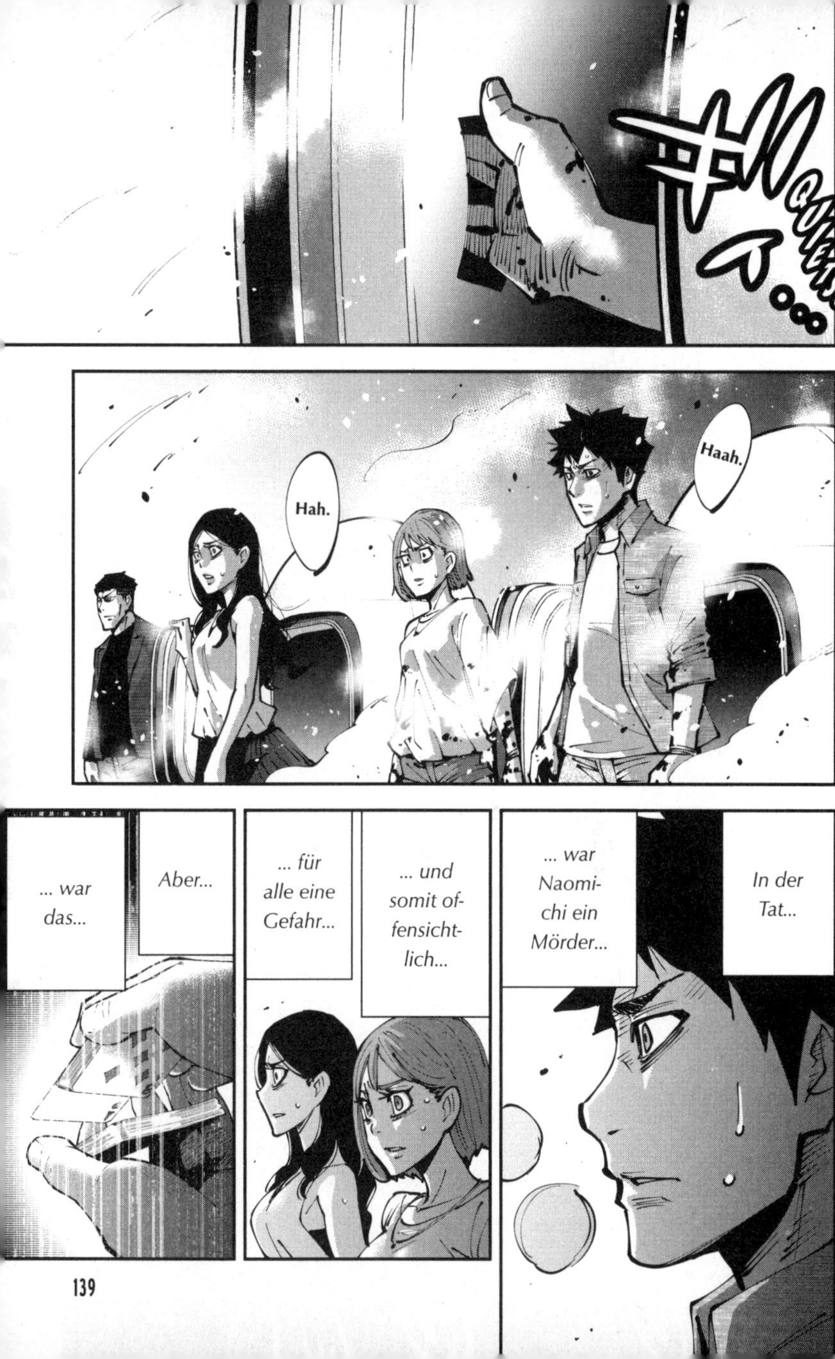
QUIETSCH...
Haah.
Hah.
In der Tat...
... war Naomi-chi ein Mörder...
... und somit of-fensicht-lich...
... für alle eine Gefahr...
Aber...
... war das...

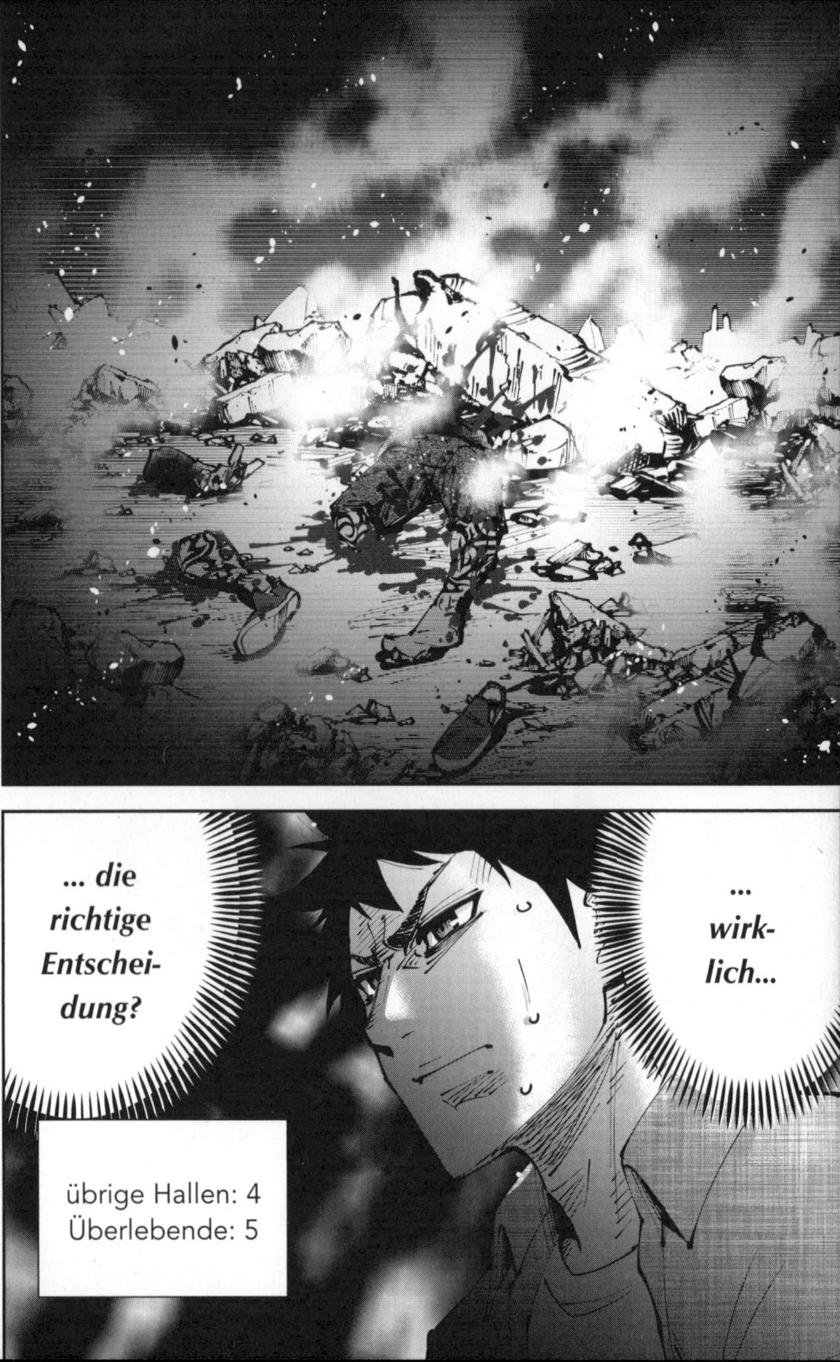
... wirklich...
... die richtige Entscheidung?
übrige Hallen: 4
Überlebende: 5

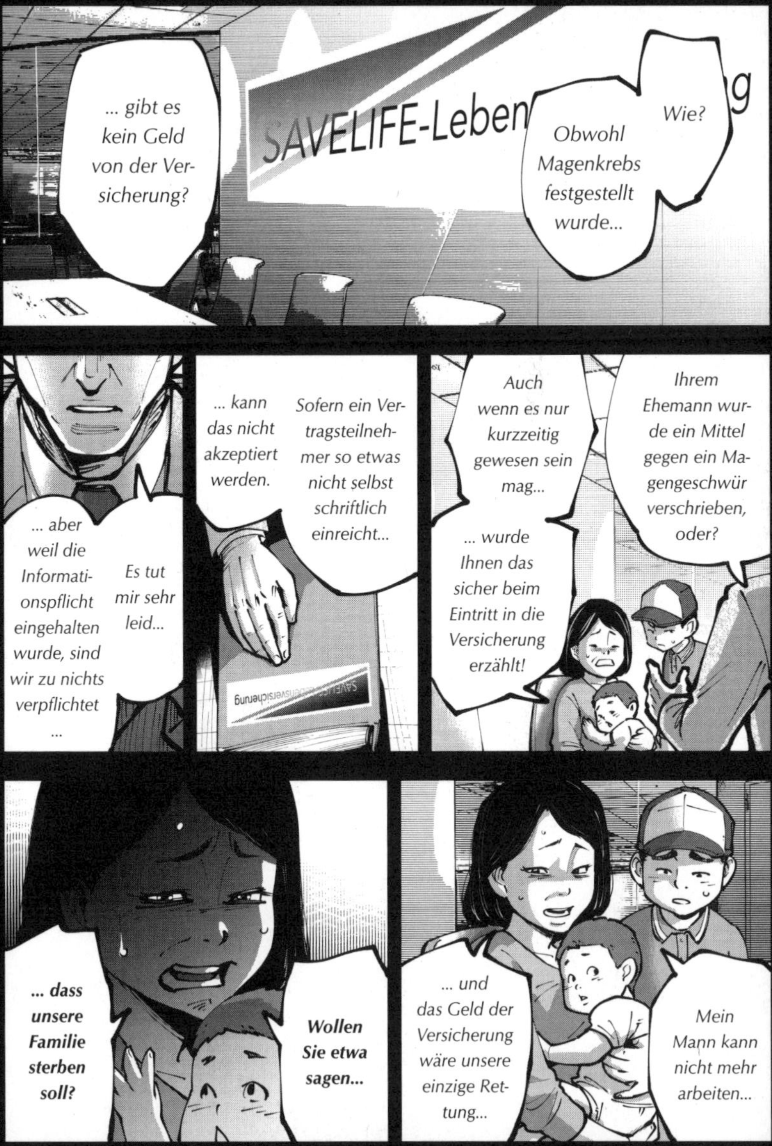

SAVELIFE-Leben
Wie?
Obwohl Magenkrebs festgestellt wurde...
... gibt es kein Geld von der Versicherung?
Ihrem Ehemann wurde ein Mittel gegen ein Magengeschwür verschrieben, oder?
Auch wenn es nur kurzzeitig gewesen sein mag...
... wurde Ihnen das sicher beim Eintritt in die Versicherung erzählt!
Sofern ein Vertragsteilnehmer so etwas nicht selbst schriftlich einreicht...
... kann das nicht akzeptiert werden.
Es tut mir sehr leid...
... aber weil die Informationspflicht eingehalten wurde, sind wir zu nichts verpflichtet ...
Mein Mann kann nicht mehr arbeiten...
... und das Geld der Versicherung wäre unsere einzige Rettung...
Wollen Sie etwa sagen...
... dass unsere Familie sterben soll?

KAPITEL 5: HERZ NEUN - TEIL 5

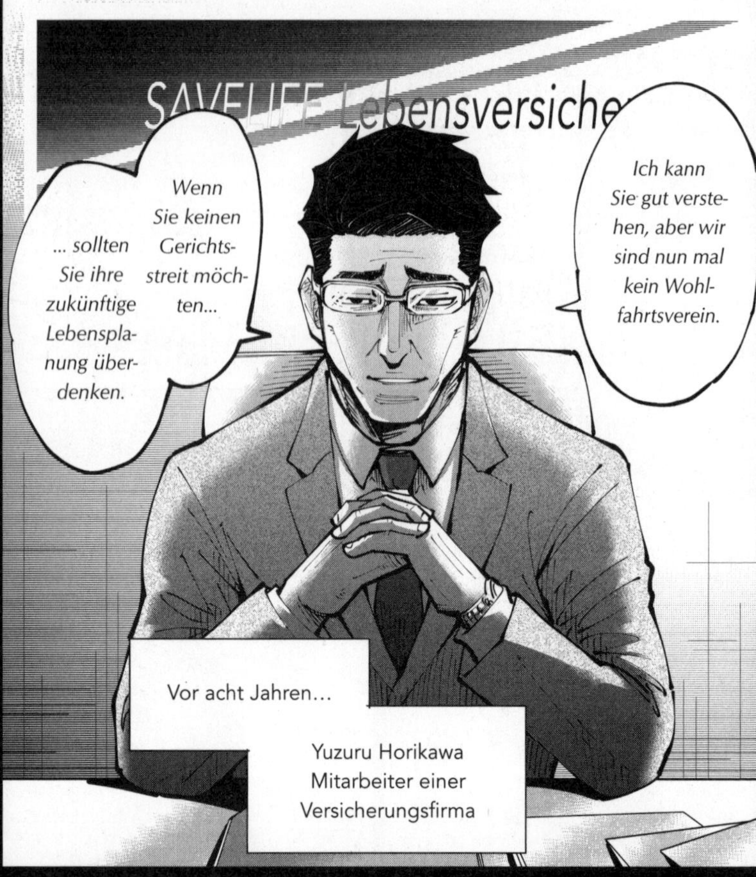

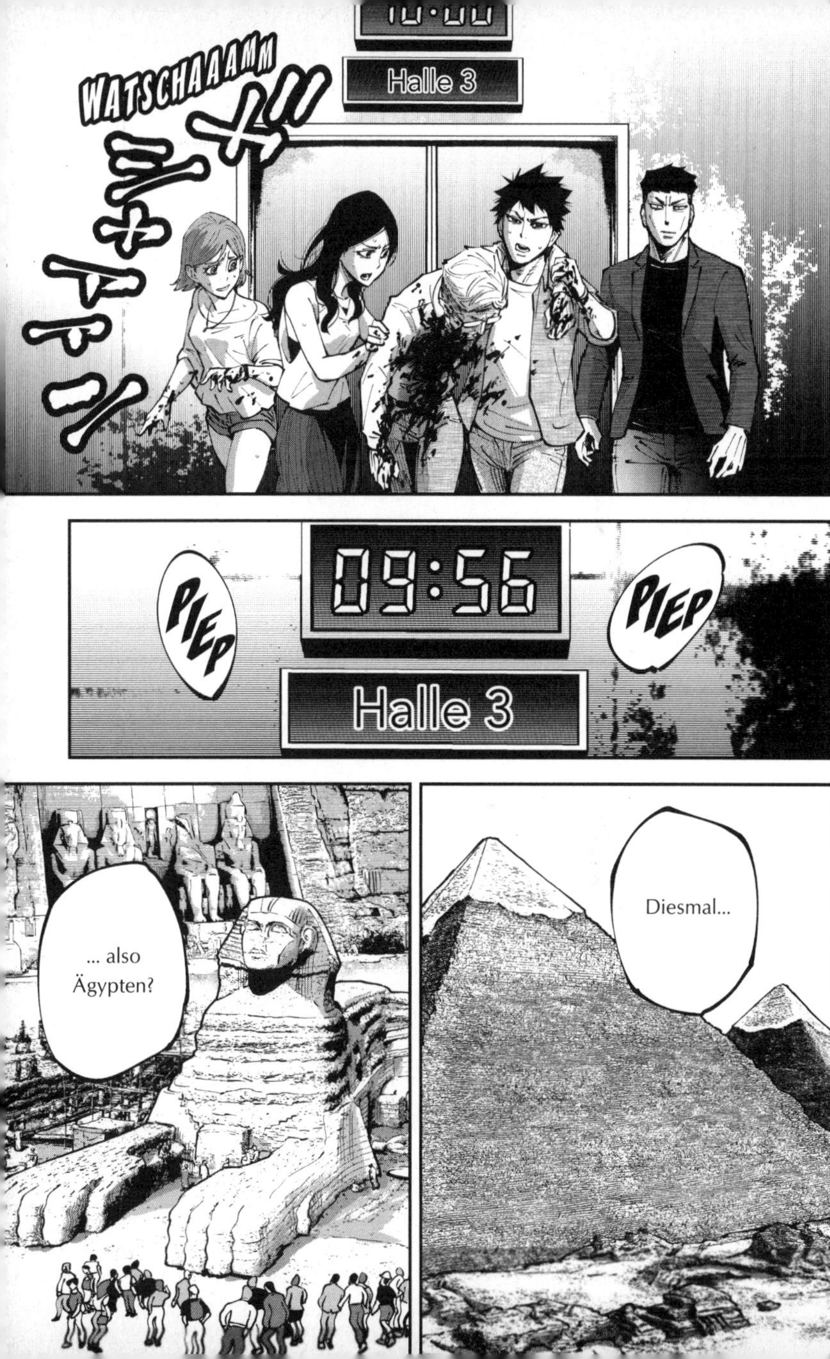
Halle 3
WATSCHAAAMM
PIEP
09:56
PIEP
Halle 3
Diesmal...
... also Ägypten?

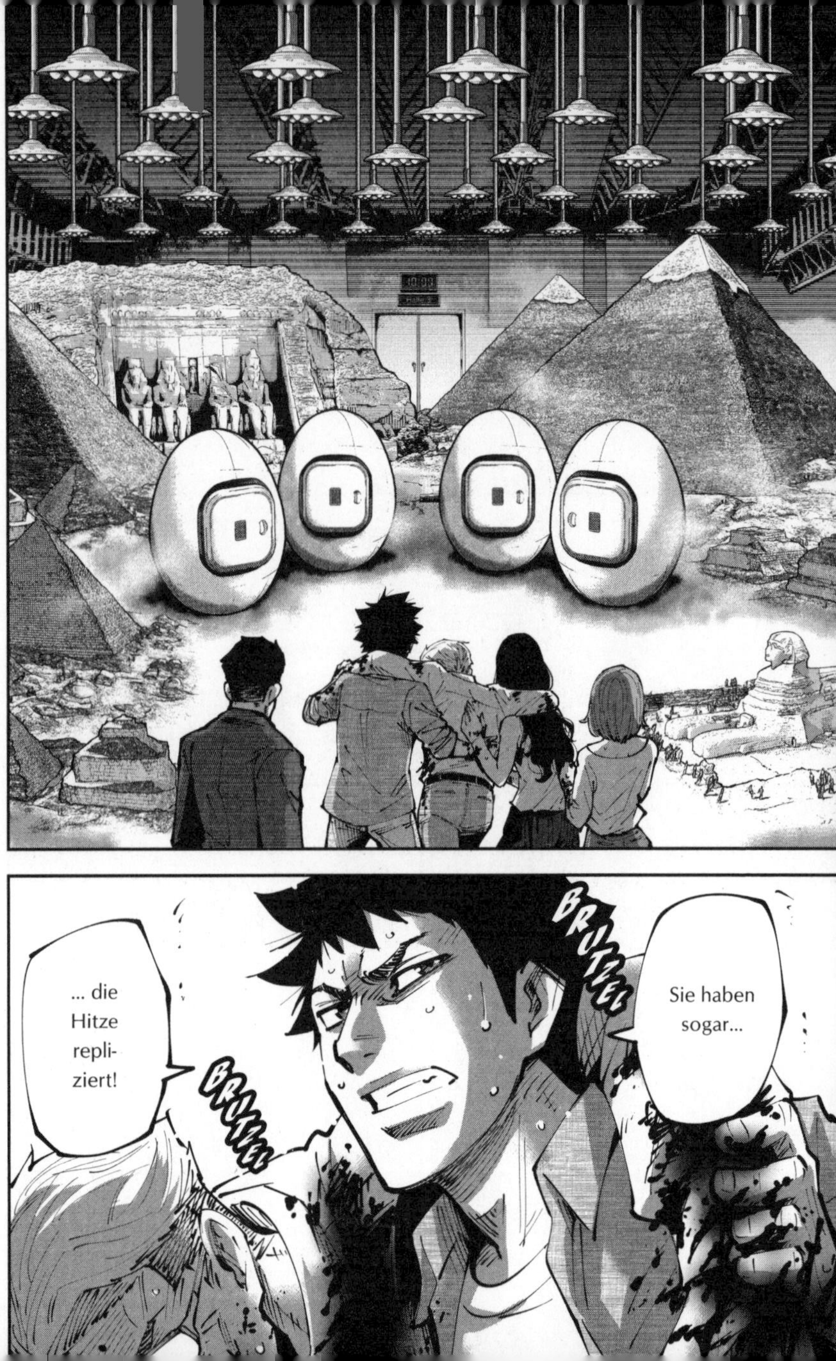

Sie haben sogar...
BRUTZEL
... die Hitze repliziert!
BRUTZEL

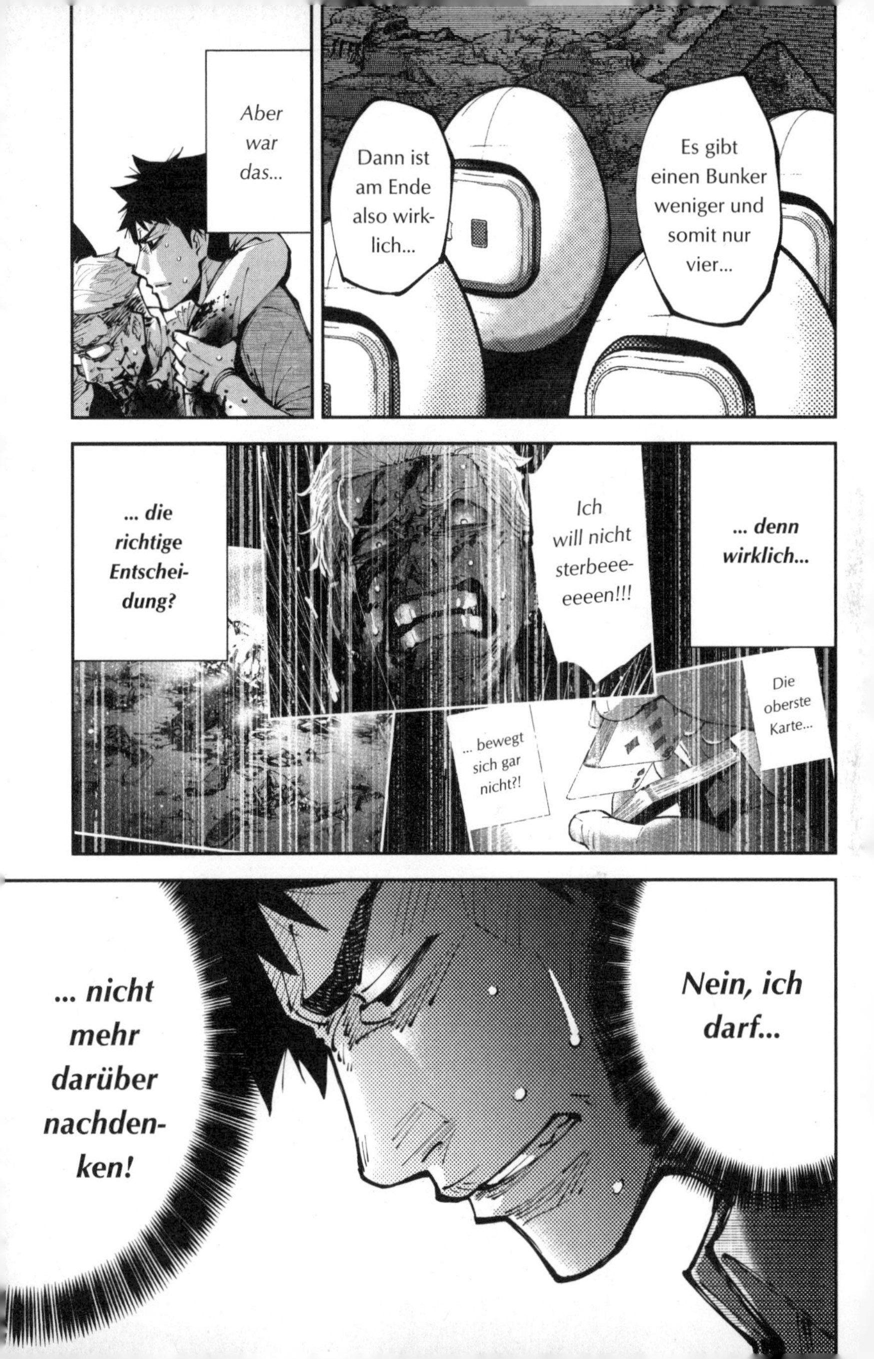
Es gibt einen Bunker weniger und somit nur vier...
Dann ist am Ende also wirklich...
Aber war das...
... denn wirklich...
Ich will nicht sterbeeeeeeen!!!
... die richtige Entscheidung?
Die oberste Karte...
... bewegt sich gar nicht?!
Nein, ich darf...
... nicht mehr darüber nachdenken!

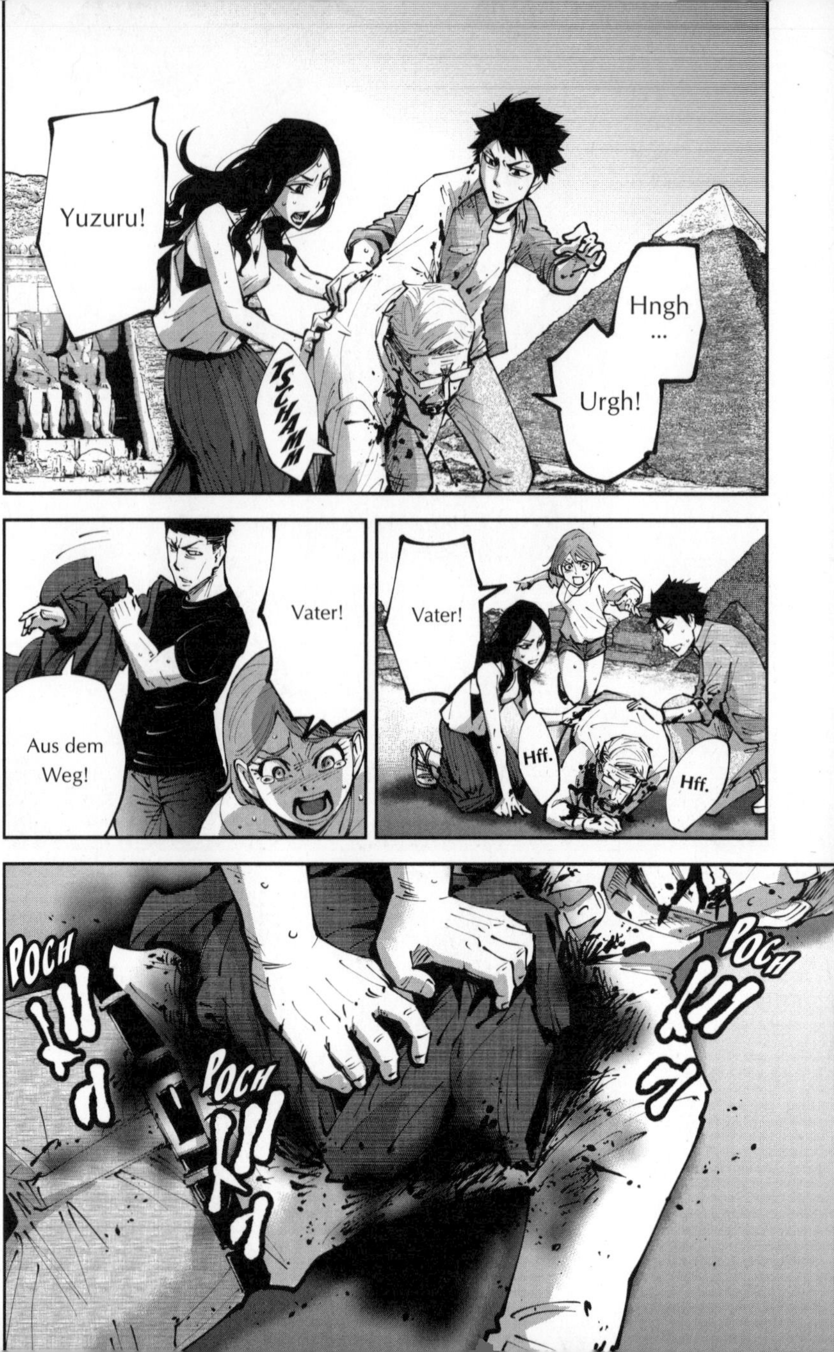
Yuzuru!
TSCHAMM
Hngh ...
Urgh!
Vater!
Aus dem Weg!
Vater!
Hff.
Hff.
POCH
POCH
POCH

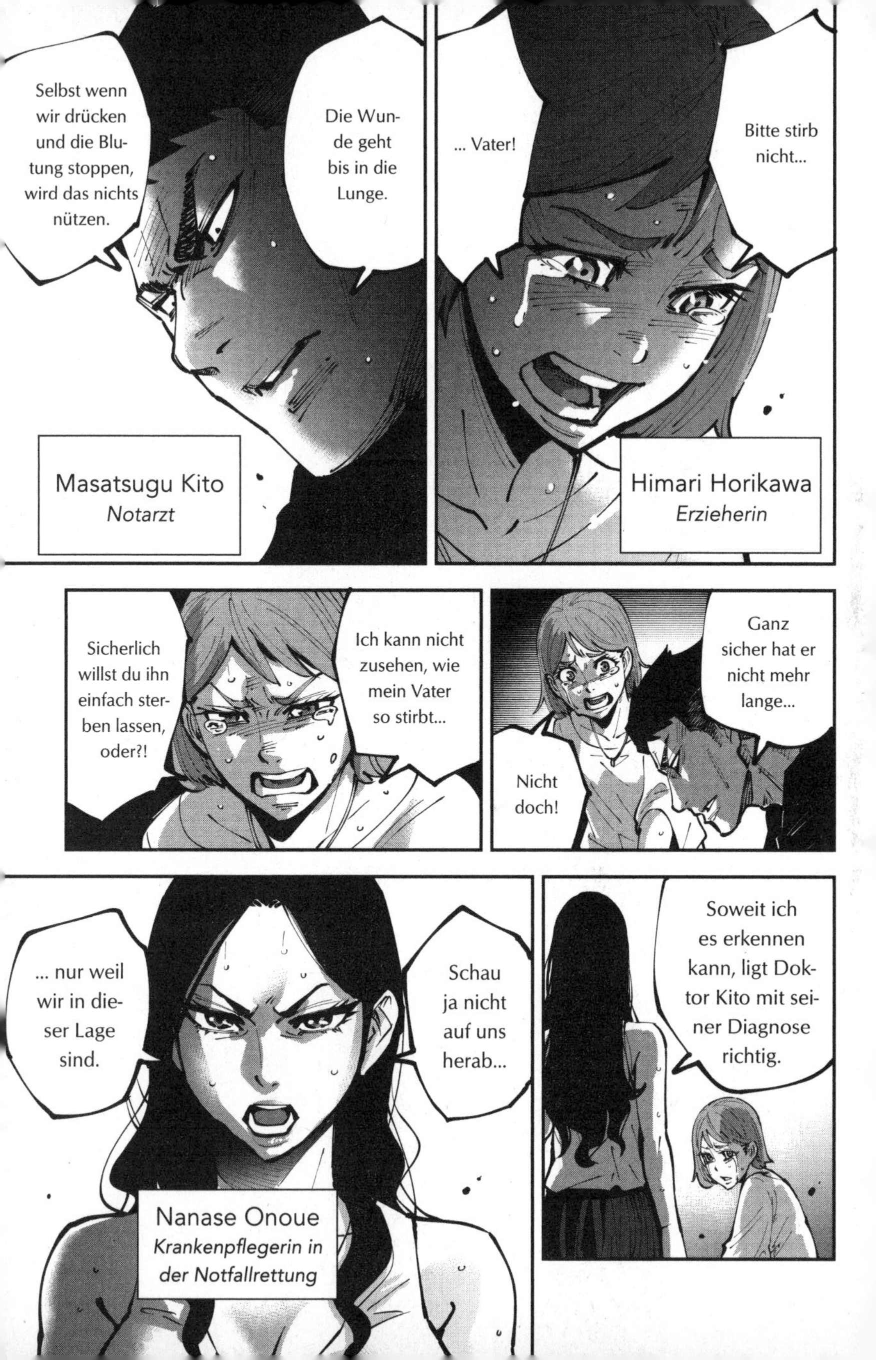
Bitte stirb nicht...
... Vater!
Himari Horikawa
Erzieherin
Die Wunde geht bis in die Lunge.
Selbst wenn wir drücken und die Blutung stoppen, wird das nichts nützen.
Masatsugu Kito
Notarzt
Ganz sicher hat er nicht mehr lange...
Nicht doch!
Ich kann nicht zusehen, wie mein Vater so stirbt...
Sicherlich willst du ihn einfach sterben lassen, oder?!
Soweit ich es erkennen kann, ligt Doktor Kito mit seiner Diagnose richtig.
Schau ja nicht auf uns herab...
... nur weil wir in dieser Lage sind.
Nanase Onoue
Krankenpflegerin in der Notfallrettung

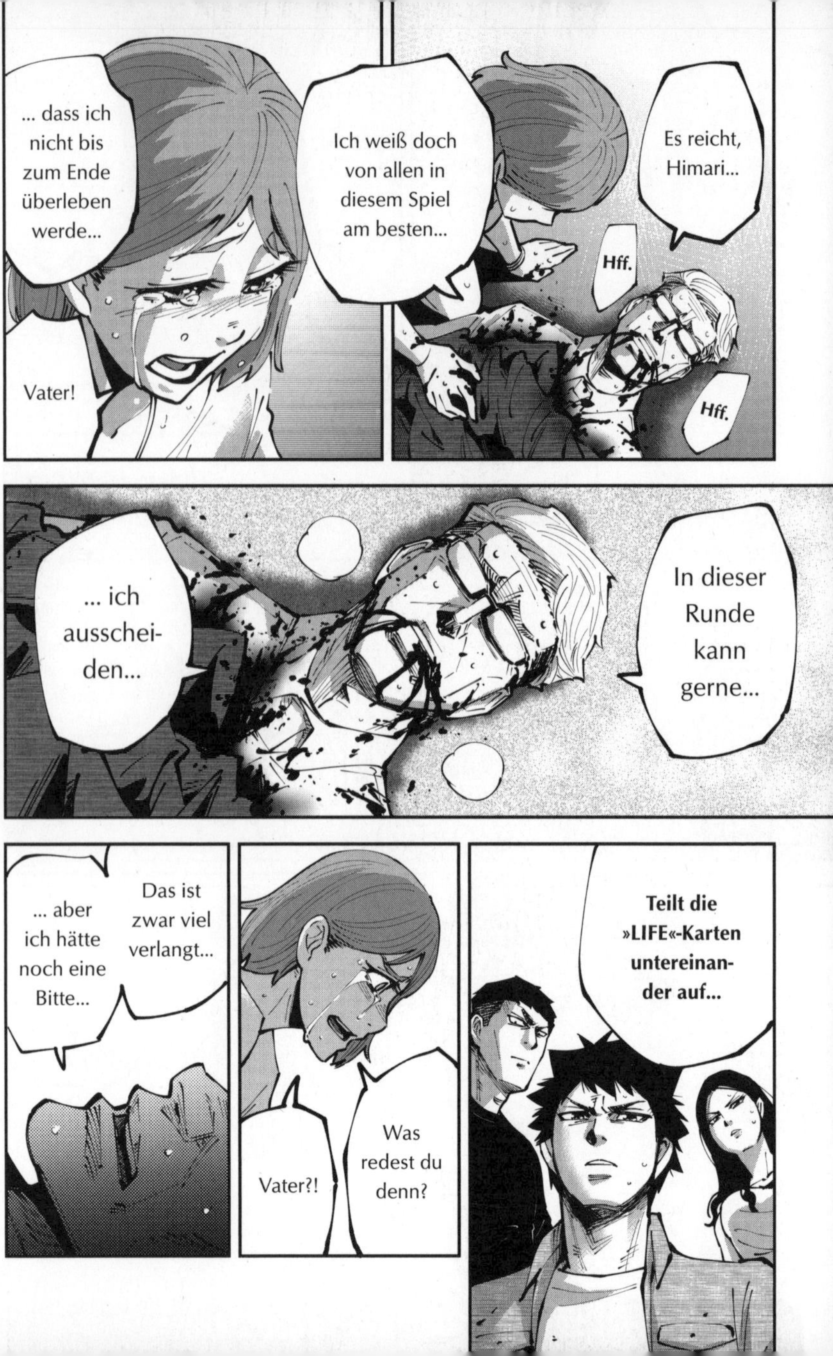

Es reicht, Himari...
Hff.
Hff.
Ich weiß doch von allen in diesem Spiel am besten...
... dass ich nicht bis zum Ende überleben werde...
Vater!
In dieser Runde kann gerne...
... ich ausschei-den...
Teilt die »LIFE«-Karten untereinan-der auf...
Was redest du denn?
Vater?!
Das ist zwar viel verlangt...
... aber ich hätte noch eine Bitte...

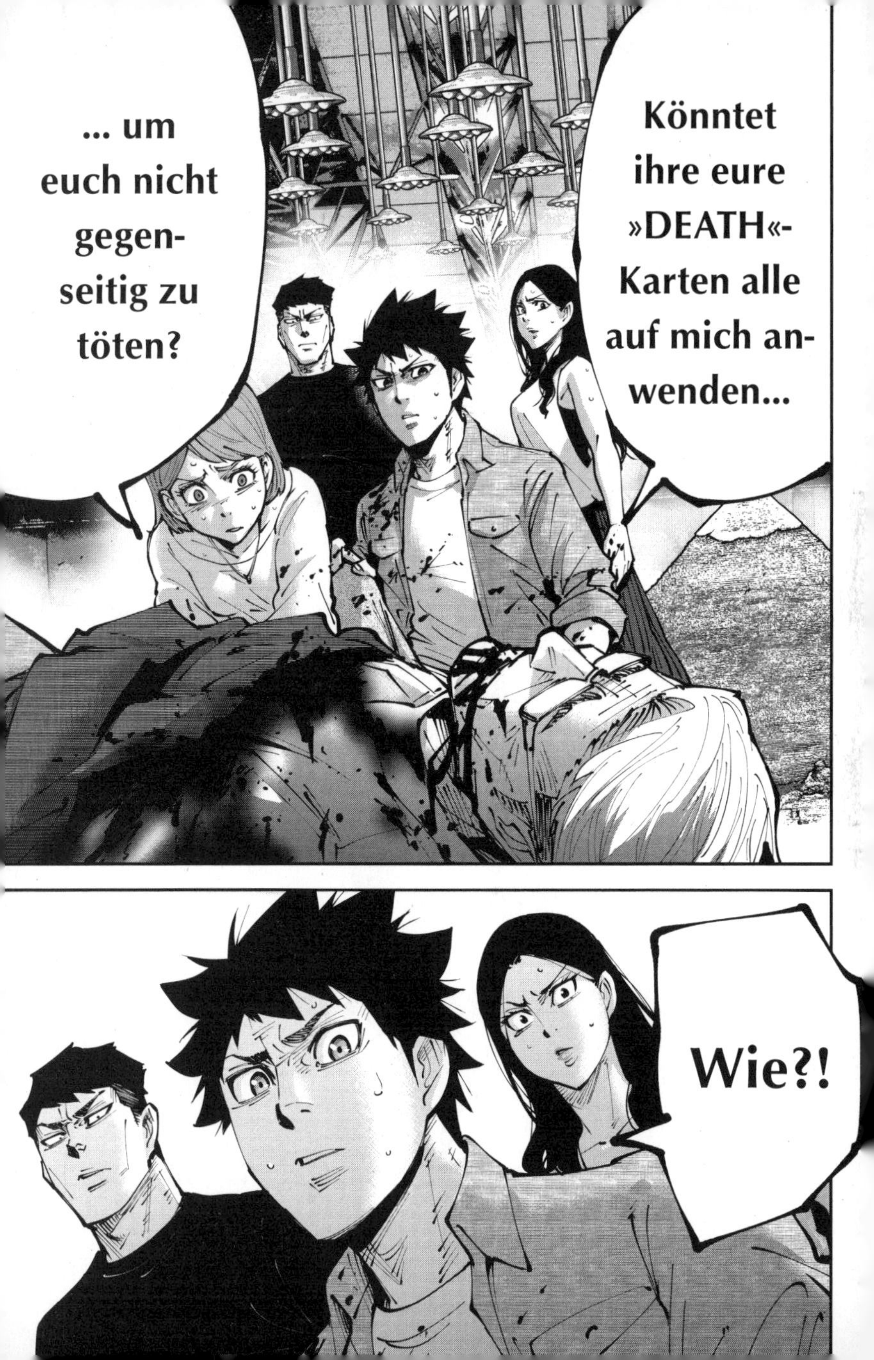
Könntet ihre eure »DEATH«-Karten alle auf mich anwenden...
... um euch nicht gegenseitig zu töten?
Wie?!

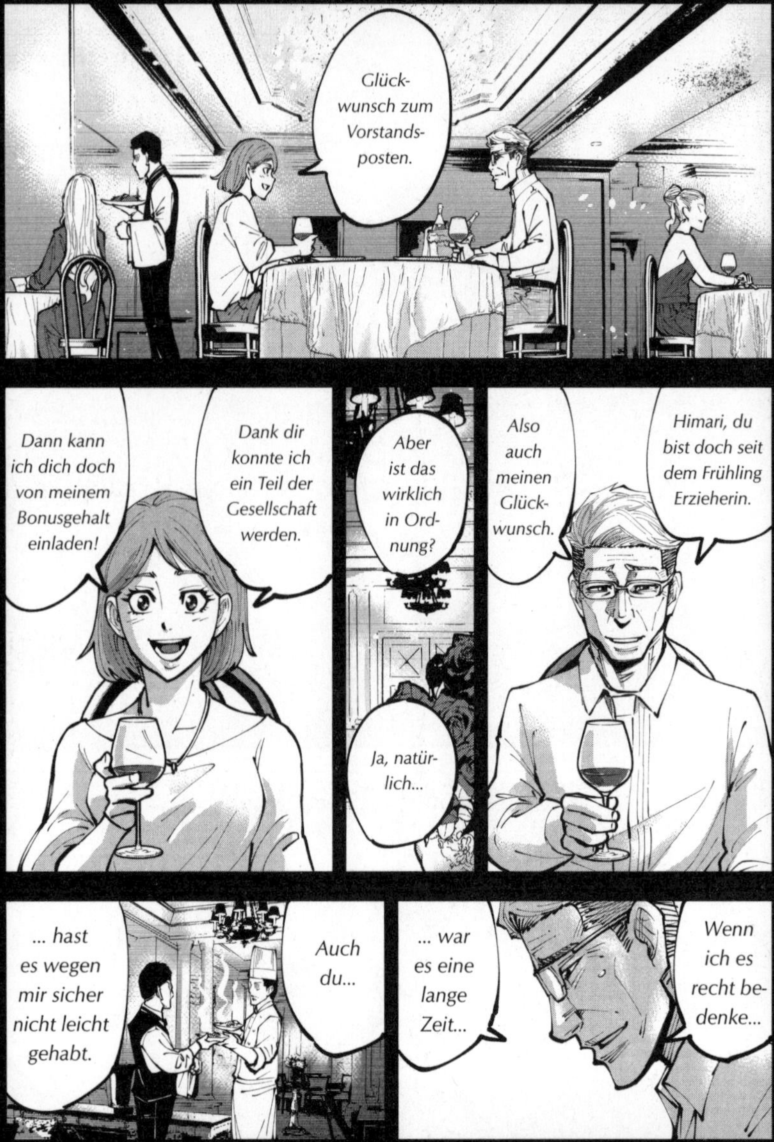
Glückwunsch zum Vorstandsposten.
Himari, du bist doch seit dem Frühling Erzieherin.
Also auch meinen Glückwunsch.
Aber ist das wirklich in Ordnung?
Ja, natürlich...
Dank dir konnte ich ein Teil der Gesellschaft werden.
Dann kann ich dich doch von meinem Bonusgehalt einladen!
Wenn ich es recht bedenke...
... war es eine lange Zeit...
Auch du...
... hast es wegen mir sicher nicht leicht gehabt.

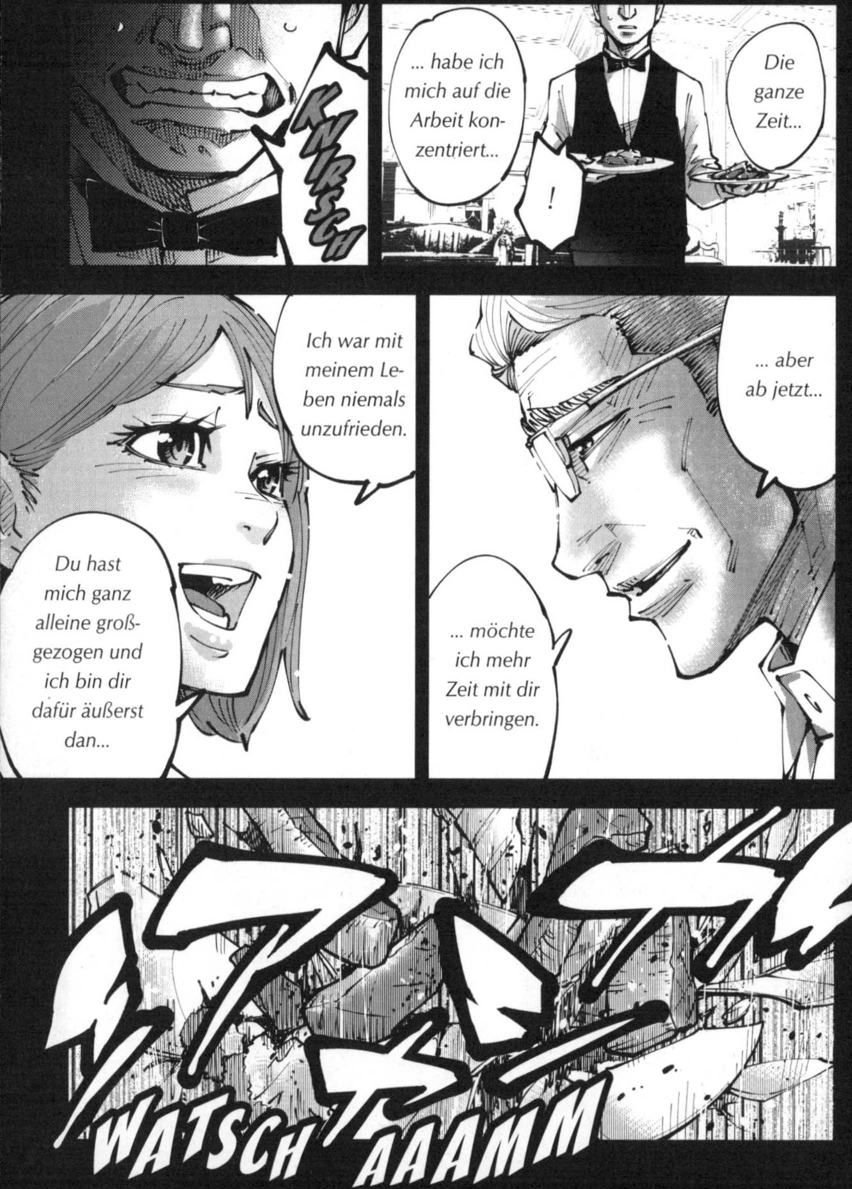
Die ganze Zeit...
... habe ich mich auf die Arbeit konzentriert...
!
KNIRSCH
... aber ab jetzt...
... möchte ich mehr Zeit mit dir verbringen.
Ich war mit meinem Leben niemals unzufrieden.
Du hast mich ganz alleine großgezogen und ich bin dir dafür äußerst dan...
WATSCH
AAAMM

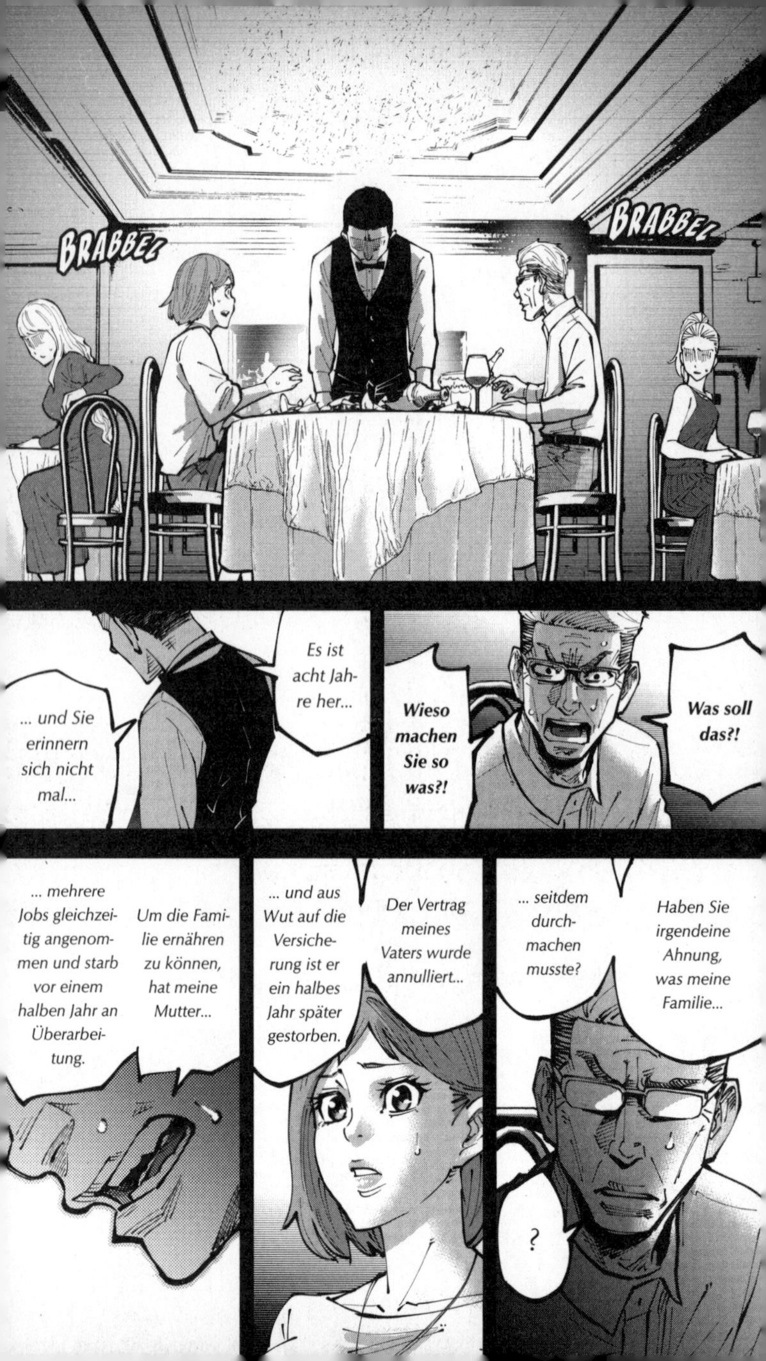
BRABBEL
BRABBEL
Was soll das?!
Wieso machen Sie so was?!
Es ist acht Jahre her...
... und Sie erinnern sich nicht mal...
Haben Sie irgendeine Ahnung, was meine Familie...
... seitdem durchmachen musste?
?
Der Vertrag meines Vaters wurde annulliert...
... und aus Wut auf die Versicherung ist er ein halbes Jahr später gestorben.
Um die Familie ernähren zu können, hat meine Mutter...
... mehrere Jobs gleichzeitig angenommen und starb vor einem halben Jahr an Überarbeitung.

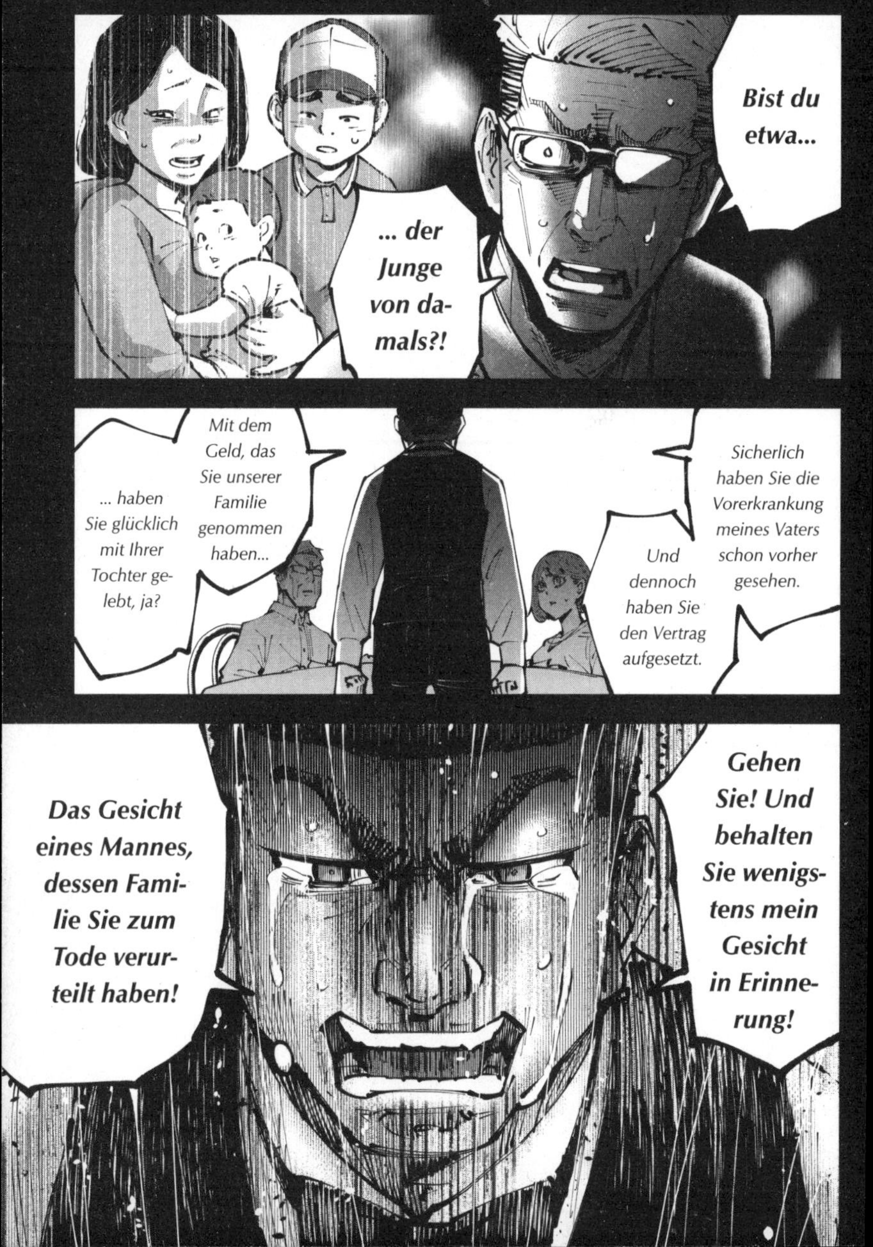
Bist du etwa...
... der Junge von damals?!
Sicherlich haben Sie die Vorerkrankung meines Vaters schon vorher gesehen.
Und dennoch haben Sie den Vertrag aufgesetzt.
Mit dem Geld, das Sie unserer Familie genommen haben...
... haben Sie glücklich mit Ihrer Tochter gelebt, ja?
Gehen Sie! Und behalten Sie wenigstens mein Gesicht in Erinnerung!
Das Gesicht eines Mannes, dessen Familie Sie zum Tode verurteilt haben!

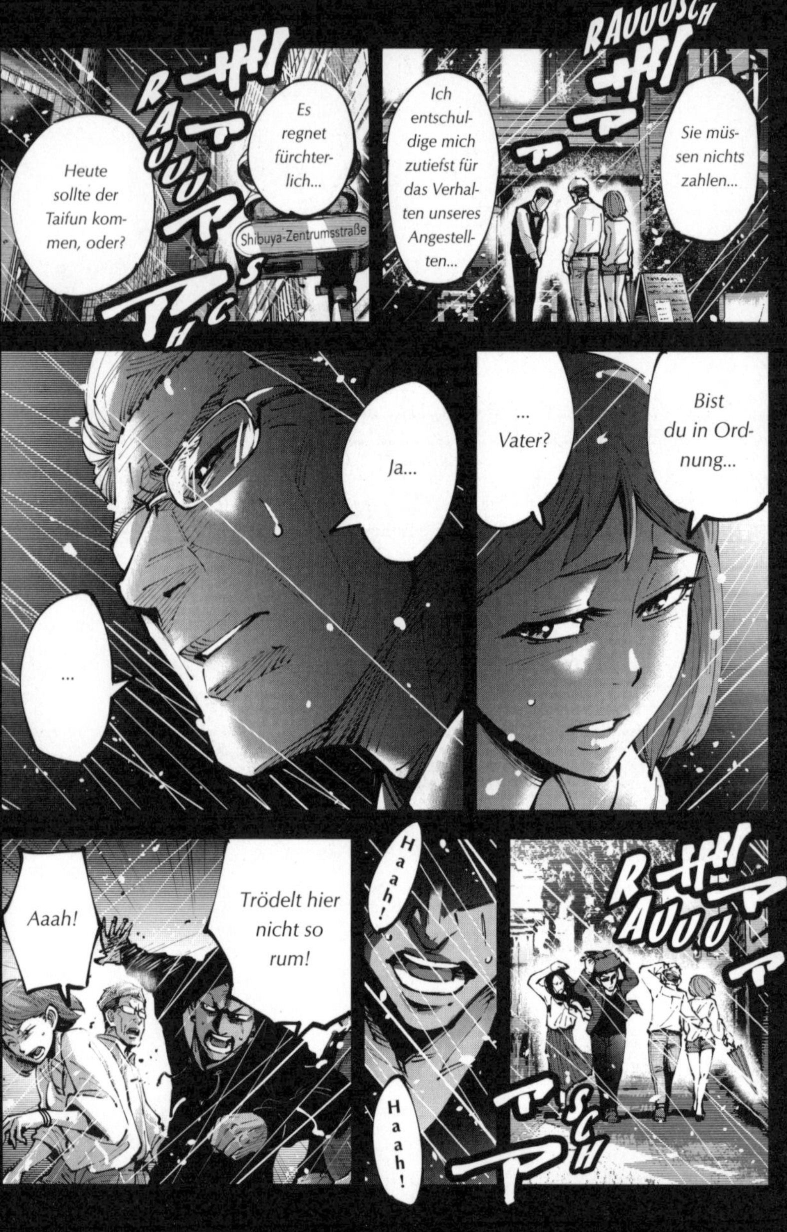
RAUUUSCH
Sie müssen nichts zahlen...
Ich entschuldige mich zutiefst für das Verhalten unseres Angestellten...
Es regnet fürchterlich...
Shibuya-Zentrumsstraße
Heute sollte der Taifun kommen, oder?
RAUUUSCH
Bist du in Ordnung...
... Vater?
Ja...
...
RAUUUSCH
Haah!
Haah!
Trödelt hier nicht so rum!
Aaah!

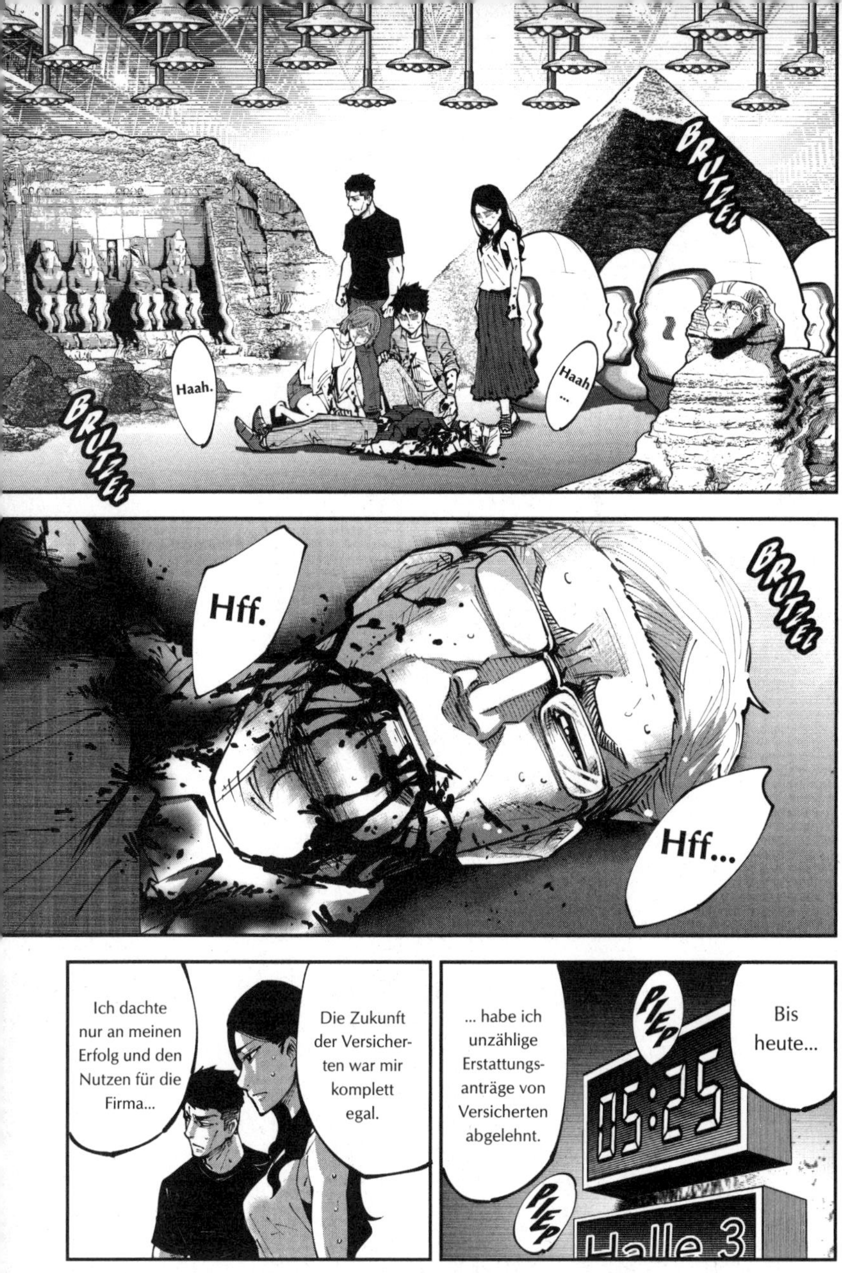
BRUTZEL
Haah ...
Haah.
BRUTZEL
BRUTZEL
Hff.
Hff...
PIEP
Bis heute...
05:25
... habe ich unzählige Erstattungsanträge von Versicherten abgelehnt.
PIEP
Halle 3
Die Zukunft der Versicherten war mir komplett egal.
Ich dachte nur an meinen Erfolg und den Nutzen für die Firma...

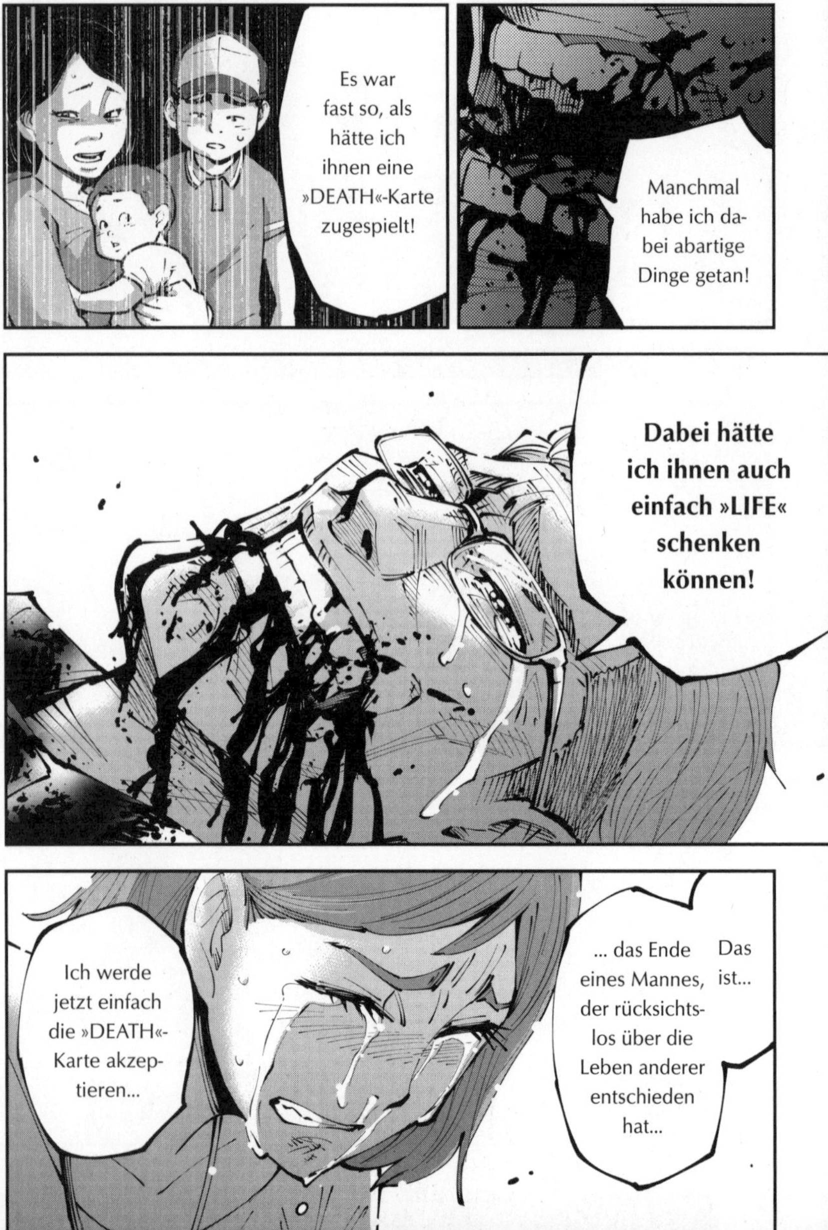
Manchmal habe ich dabei abartige Dinge getan!
Es war fast so, als hätte ich ihnen eine »DEATH«-Karte zugespielt!
Dabei hätte ich ihnen auch einfach »LIFE« schenken können!
Das ist...
... das Ende eines Mannes, der rücksichtslos über die Leben anderer entschieden hat...
Ich werde jetzt einfach die »DEATH«-Karte akzeptieren...

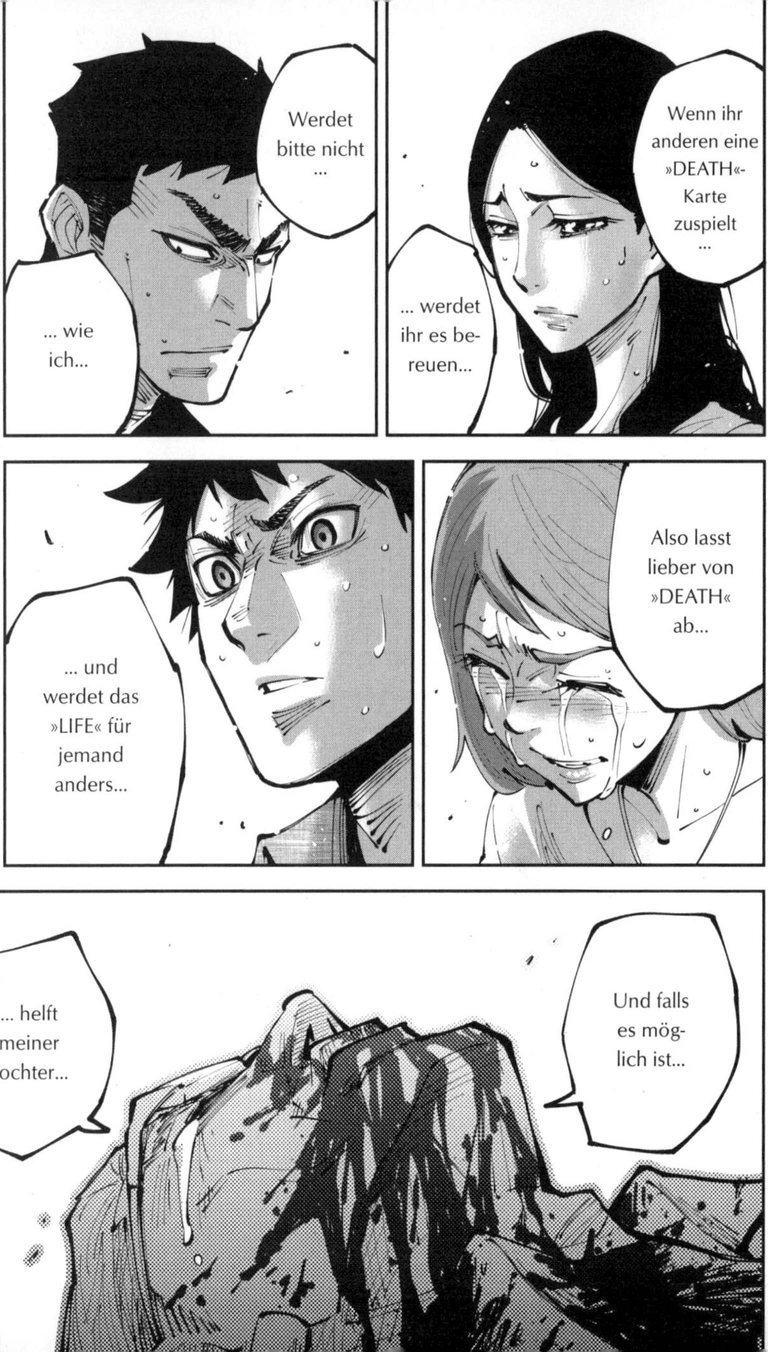
Wenn ihr anderen eine »DEATH«-Karte zuspielt ...
... werdet ihr es bereuen...
Werdet bitte nicht ...
... wie ich...
Also lasst lieber von »DEATH« ab...
... und werdet das »LIFE« für jemand anders...
Und falls es möglich ist...
... helft meiner Tochter...

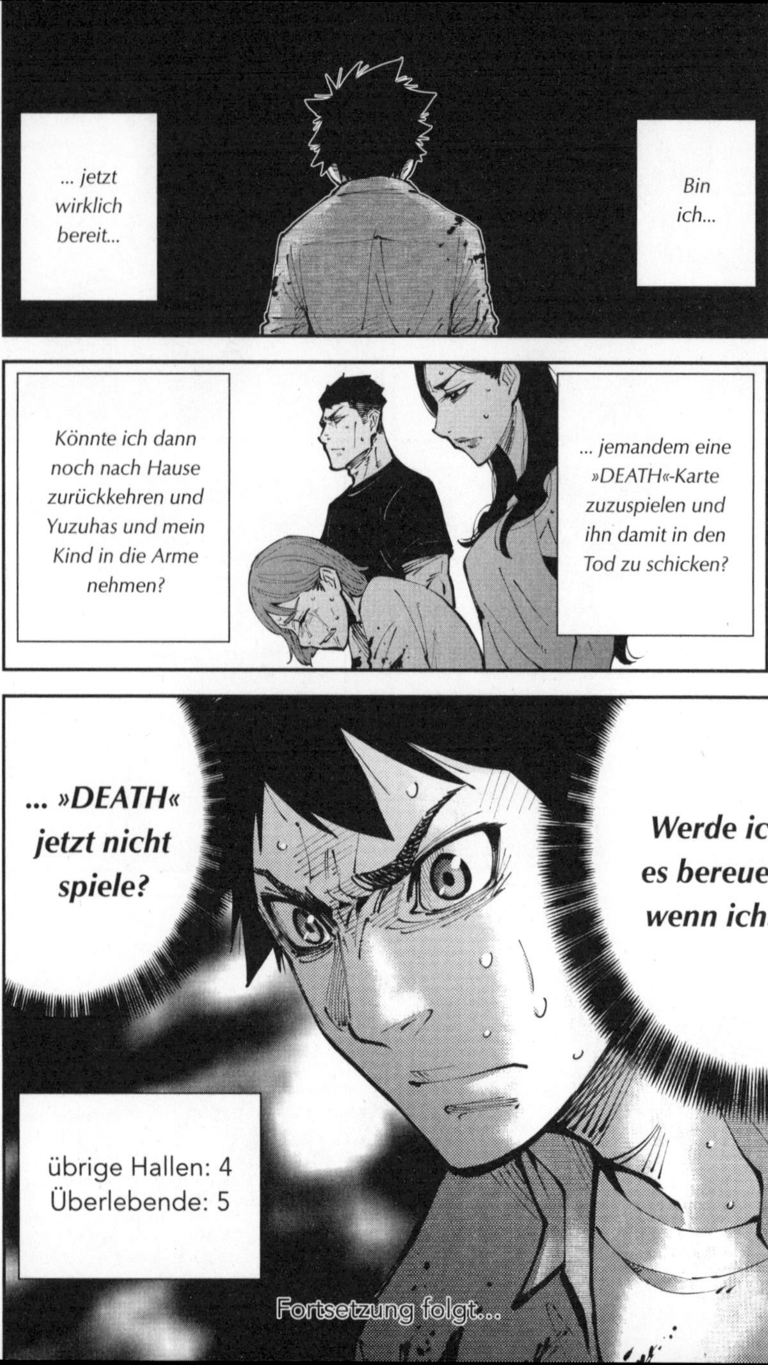

Bin ich...
... jetzt wirklich bereit...
... jemandem eine »DEATH«-Karte zuzuspielen und ihn damit in den Tod zu schicken?
Könnte ich dann noch nach Hause zurückkehren und Yuzuhas und mein Kind in die Arme nehmen?
Werde ich es bereuen, wenn ich...
... »DEATH« jetzt nicht spiele?
übrige Hallen: 4
Überlebende: 5
Fortsetzung folgt...

ALICE
IN BORDERLAND RETRY

HAYABUSA
2024 Carlsen Verlag GmbH,
Völckersstraße 14 – 20, 22765 Hamburg
Aus dem Japanischen von Lasse Christian Christiansen
IMAWA NO KUNI NO ALICE RETRY Vol. 1
by Haro ASO

Original Japanese edition published by SHOGAKUKAN.
German translation rights in Germany, Austria, Liechtenstein and German speaking area in Switzerland, Belgium, Italy and Luxembourg arranged with SHOGAKUKAN through VME PLB SAS.
Original Cover Design: Sekine Shinichi Seisaku Shitsu
Covergestaltung: Ronny Willisch
Redaktion: Katharina Altreuther & Germann Bergmann
Produktionsmanagement: Ronny Willisch

ISBN 978-3-551-62158-0